てってい的にキルケゴール

その三

本気で、つまずくということ

中島義道

ぷねうま舎

装画＝川名　京
装丁＝矢部竜二《BowWow》

三　罪の弁証法

◆目次

第二章　絶望の秘密
——〔B　この病（絶望）の普遍性〕

第五章　無限な自己というイロニー――〔第二篇　絶望は罪である〕

〔A　絶望は罪である〕

〔第一章　自己意識の諸段階（神の前に、という規定）〕

一　宗教的詩人

1　「神の前で」絶望すること

『死にいたる病』の「第二篇　絶望は罪である」に入ります。第二篇Aの標題もまた同じ「絶望は罪である」ですが、第一章に入る前に四頁ほど「序」のようなものがあります。

> 罪とは、神の前で、あるいは神の観念をいだきながら、絶望して自己自身であろうと欲しないこと、もしくは、絶望して自己自身であろうと欲することである。それゆえに、罪は強められた弱さ、もしくは強められた反抗である。つまり、罪は絶望の度の強まりなのである。重点は、神の前で、あるいは神の観念がいだかれている、というところに置かれている。罪を弁証法的に、倫

理的に、宗教的に、法律家のいわゆる「情状加重の」絶望たらしめるものが、神の観念なのである。

（セーレン・キルケゴール『死にいたる病』桝田啓三郎訳、ちくま学芸文庫、一九九六年、一四三頁）

ここでは、第一篇で論じられたこと（タイトル）が、ギュと凝縮して書かれているだけなので、解説の必要はないでしょう。しかし、「罪は強められた弱さ、もしくは強められた反抗である」は新しい表現です。前者が、「絶望して自己自身であろうと欲しないこと」であり、後者が「絶望して自己自身であろうと欲すること」ですから、前者は実際以上に自己を弱くみなすこと、後者は実際以上に、つまり神に反抗などできないはずなのに、自己を強くみなすことであって、わかると思います。

「情状加重」については、後ろの訳注〔桝田注（133）〕、および一四九頁を読めばわかるとおり、ある身分や能力のある人をそうでない人より重く罰することであって、現代刑法では「結果的加重犯」と言います。すなわち、「反抗」という絶望の最高段階にある者は、「神の観念」をしっかり形成しているからこそ、その罪はそうではない場合より重いということ。

さて絶望と罪との関係について反省してみると、ここで言われる罪とはアダムに由来する「原罪」です。想い起こしてみると、この問題をキルケゴールは熟考していて、「絶望することができるということは、無限の長所である。けれども、絶望しているということは、最大の不幸であり悲惨であるにとどまらない。それどころか、それは破滅なのである」（三一頁）と書いたのでした。

つまり神は人間を絶望しうるように創ったのですが、人間が現に絶望することは人間の罪だという論法です。でも、生きている限り、人間は現に絶望しないでいることはできないのですから、そして自殺も罪なのですから、人間はどう生きても「絶望という罪」に陥ることになり、人間をこのように「絶望しうるように創った」神も無罪ではない可能性が出てくる。

さて、これをどう考えるか？　すなわち、人間を創った神に罪を着せるわけにはいかないという要求と、しかし、どんな人にも生まれつき罪が帰せられるという教義とをどう調整するかです。キルケゴールは絶望する可能性と現実性のあいだに線を入れてどうにか逃げきろうと（？）しますが、説明としては納得できるものからほど遠いでしょう。

それ以前に、そもそもアダムの原罪物語の中に、理性的思考を打ち砕くものがある。たしかにアダムがエヴァに誘惑されて知恵の木の実を食べたのですが、神は全知・全能ですから、アダムの心の動きもその行為も知っていたはず。さらに言えば、アダムを誘惑するようにヘビやエヴァを創り、またアダムをその誘惑に負けるように創った、とさえ言える。それなのに、アダムは罪を問われ、楽園を追放されたのですから、不合理なことこのうえないですよね。

そして、これこそ「決定論と自由」の対立として、キリスト教の教義における難問中の難問であり続けました。キルケゴールは、神の決定を強く読むアウグスチヌス、スピノザ、パスカルなどと異なり、神の決定を弱く読み、アダムの自由を強く読もうとする。だから、A（キルケゴール）は安心して（？）神に反抗するほどまで絶望するのです。

つまりは、こういうことです。もし神の全知・全能を強調するなら、キルケゴールがセムシであることを神が（その理由が、人間にはわからないかたちで）決定したように、キルケゴールが本書を書き、絶望の最高段階として「反抗」を書いたことも、神が決定したことになる。この道を進むと、神に「反抗」することも完全に神の手のうちにあることになり、これでは神によって踊らされているだけとなり、そもそも神に反抗する意味がない。絶望の最高の段階としての「反抗」の意味が瓦解していくことになりましょう。

よって、まさにキルケゴールはこうした硬い決定論に対して闘っているのです。それが、プロメテウスの例をもってきた理由です。もう一度繰り返しますと、たしかに神のもとから「火（自己）」を盗んで、人間の手でそれを保管しても、こうした仮設的自己は何の固有の力ももっていないはずでしょう。

これを知ったうえで、キルケゴールは「仮設的自己」（とされるもの）にしがみつく、というのは、彼にはどうしてもそれが「仮設的」には見えないからです。そこに、「自己における永遠なもの」に劣らない、「ほんもの」を見てしまったからです。とすると、この転倒こそ、「反抗」の真の意味であることが、わかってきたのではないでしょうか？

「この」肉体に打ち込まれた棘のひりひりする痛みに悲鳴を上げない絶望とは何でしょうか？　棘の打ち込まれた「この」肉体をもって、ヤコブのように、神とまともに格闘しない絶望って、いったい何でしょうか？

2　「詩人」とは？

この第二編、少なくともこのAの項には、心理学的な記述を試みる余地もなければ、またここはそれをするにふさわしい場所でもないけれども、しかしここに、絶望と罪とのあいだのもっとも弁証法的な境界領域として、宗教的なものの方向を目指す詩人としての生き方とでも呼ばれるも

のを挙げておかないわけにはいかない。（一四三頁）

第二篇のはじめ、第一章の前にキルケゴールはあえて、（翻訳で）四頁にわたって「宗教的なものの方向を目指す詩人としての生き方とでも呼ばれるもの」を語っている。もちろんすべて自分自身のことであって（多少偽装していますが）、一方で「宗教的なものの方向を目指」しながら、他方、ものを書かねば生きていけない「詩人（自分自身）」の宿命、その不安定な地位について書いている。いわば、告白とでも言える部分でしょう。

そのさい、まず「詩人（Dichter）」という言葉の響きに騙されてはならない。前にも何回も言いましたが、「詩人」とは「人間の宗教的な生き方」からすると、マイナスなものであることをしっかりとらえておかねばならない。なぜかというと"dichten"とはもともと「捏造する」、すなわち「ウソを語る」ことであって、真実を語るべきだという宗教的生き方からすると堕落形態だからです。

これもすでに言いましたが、ゲーテの有名な自伝のタイトルは『詩と真実』（*Dichtung und Wahrheit*）ですが、この心地よい響きに惑わされてはならず、核心の意味は、わが生における「ウソのことと本当のこと」という意味。また、同じく有名なトーマス・マンの『トニオ・クレエゲル』の主題は、トニオという少年が詩人にしかなれず、立派な市民になれない「落ちこぼれ」の宿命を描いたもの。

何度も言いますが、キルケゴールは大体この線上にいます。彼にとって、本来の正しい生き方は牧師となり、同時に結婚して立派な市民になることであり、間違った生き方は、ドン・ファンになり、それを描く詩人になること。これに、大詩人としてのシェイクスピアが濃い影を落としていて、マクベス、ハムレット、オセロ、リア王……など神から見放された人間的苦悩を、これでもかこれでもかと描いていますね。

近代の詩人は（古代と異なり）神のレベルではなく、人間のレベルの苦悩（場合によっては歓び）を描く者なのです。よって、宗教的＝教化的と詩人的＝心理学的とが対立概念となり、それがそのままこの書のアンチ・クリマクスとキルケゴールとの対立となっているわけです。

というわけで、第二篇の開始に当たって、自分のような「宗教的なものの方向を目指す詩人としての生き方」の矛盾（葛藤）に満ちた中途半端な生きにくさを反省してみようということです。異様に長く真に迫っている叙述は、キルケゴールにとってこの告白がとても重要だからでしょう。

以上を押さえておけば、以下は比較的簡単に解読できると思います。

それはすなわち、諦めの絶望と或る共通点をもってはいるが、ただ神の観念がいだかれている点でそれとは異なる生き方である。そのような詩人の生き方は、これらの範疇の結合と位置からも推知せられるように、もっとも優越な意味における詩人としての生き方であろう。キリスト教的に見ると（美学がなんと言おうとも）、詩人の生き方はいずれも罪である、存在するかわりに詩作し、空想によって善と真とにかかわるばかりで、善や真であろうとしない、すなわち、生き方として善や真であろうと努力しない、という罪なのである。

（一四三―一四四頁）

「諦めの絶望」は、宗教的詩人の絶望が「ただ神の観念がいだかれている点でそれとは異なる」とあることから、「神の観念が抱かれていない絶望」でしょうか？　第一篇の絶望段階論ではそんな段階はなかったので、「弱さの絶望」に無限に近いとだけ言っておきましょう。

さて、宗教的詩人は、「神の観念がいだかれて」かつ言語的創作をしている。そして、キルケゴールはこうした「詩人の生き方はいずれも罪である」と言っている。そのあとの「存在」を「信仰」と言い換えればむしろはっきりするように、それは「信仰」にまっしぐらに突き進まず、「詩作」にかかわっている罪なのです。

「空想によって善と真とにかかわるばかりで、善や真であろうとしない、すなわち、生き方として善や真であろうと努力しない」もわかりますね。作品を創造して、その「想像空間」の中で善や真を追究するという転倒を犯しているのです。読者諸賢はどうか知りませんが、私はこういう言葉を聞くと嬉しくなる。だいたい、私は哲学者、作家（文学者）芸術家という種族がまったく偉いとは思わないのであって、キルケゴールも、自分が詩人であるからこそ、詩人の生き方をまるで賞讃していない、むしろ「罪びと」と見なしているところが、私の趣味にあっていますね。閑話休題。

3　宗教的詩人の計り知れぬ混乱

わたしたちがここで問題にする詩人の生き方は、それが神の観念を身につけているという点で、あるいは、神の前にあるという点で、絶望とは異なっている。しかし、詩人としての生き方はおそろしく弁証法的で、自分が罪であることの意識をどれほど漠然としかもっていないかということについて、測り知れぬ弁証法的な混乱のうちにあるのである。

（一四四頁）

「神の観念を身につけている詩人の生き方」が「弁証法的混乱」であるという意味がわかりましょうか？　そういう詩人は、「自分が罪であることの意識をどれほど漠然としかもっていないか」という意味がわかりますでしょうか？　ここを課題にしようともしたのですが、そうすると例によって以下の説明ができなくなるので、仕方なく答えてしまいましょう。おそらく、ここに書いていないことが重要なポイントです。すなわち、ドストエフスキーでもトルストイでも、芥川でも太宰でもいいのですが、神（真実）を求めて苦悩する人生を「書く」ことに生きがいを感じてしまうと、いつしか神を求めることではなくて、詩作――とりわけ立派な作品を書くこと――そのものが自己目的になってしまう。そして、まさに「弁証法的に」その苦悩が解決することを恐れるようになる。なぜなら、そうするともう書けなくなるからです。

これが、こうした類の詩人たちが薄々感じている「自分が罪であることの意識」なのですが、それでも自己欺瞞的（弁証法的）にそれを覆い隠して、作品の完成に没頭する。まさにこれは、「測り知れぬ弁証法的混乱のうちにある」こと以外の何でしょうか？

次のキルケゴールの文章からは、これと同じ「音色」が聞こえてきます。

このような詩人は非常に深い宗教的要求をもちうるし、彼の絶望のなかには、神の観念が含まれている。彼は何物にもまして神を愛している、神はかれにとって彼のひそかな苦悩の唯一の慰めである。それなのに、彼は苦悩を愛し、彼は苦悩を捨てようとはしない。彼は神の前で自己自身でありたいと思う、けれども、自己が悩みとするその一定点に関してはそうでなく、そこでは彼は絶望して自己自身であろうと欲しないのである。（一四四頁）

詩人である限り、「彼は苦悩を愛し、彼は苦悩を捨てようとはしない」。よって、詩人は、「(苦悩を愛するという)その一定点に関しては」、苦悩を脱して信仰にいたることはない。すなわち、創作のほうを信仰より優位に置くという、「測り知れぬ弁証法的混乱のうちに」にあって、「絶望して自己自身であろうと欲しない」のです。

彼は永遠がその悩みの点を取り除いてくれるであろうことを期待していて、この現世において、どれほどそれに悩んでいようとも、それをわが身に引き受けようと決心することができず、信仰をもってそのもとにへりくだることができない。しかもそれにもかかわらず、彼は依然として神とのかかわりをもちつづける、そしてそれが彼の唯一の祝福なのである。（一四四頁）

この箇所もそれまでの「混乱」を別の言葉で表現したものにすぎず、詩人は「どれほどそれに悩んでいようとも」、その悩みが枯渇すると、創作も枯渇するので、「それ(悩みが消えること)をわが身に引き受けようと決心することができず、信仰をもってそのもとにへりくだることができない」のです。それでいて、「彼は依然として神とのかかわりをもちつづける」のですから、傲慢至極のあきれた種族ですよね。

4　宗教的詩人が望む、甘い父親としての神

このあと、宗教的詩人に対するキルケゴールの批判はますます辛辣になっていく。

神をもたずにいなければならないとしたら、これほど彼にとって恐るべきことはないであろう、「そうなれば、絶望するほかあるまい」。それだのに、彼は実はあえて、おそらく無意識的にではあろうが、神をあるがままの神とは少しばかり違ったふうに、子供の――これだけはという願い事を、なんでもかんでもかなえてやる甘い父親のようなものとして、創作するのである。恋において不幸になり、そのために詩人になった者が恋の幸福を優にやさしく讃美するように、彼は宗教性の詩人となる。　（一四五頁）

宗教性の詩人の「生態」はだいたい辿ってきましたが、この箇所はキルケゴールのイロニーがまさに全開しています。「神をもたずにいなければならないとしたら」とは、「苦悩をテーマにした言語的創造をせずに、神をもたずにいなければならないとしたら」という意味でしょう。その場合、まさにストレートに「絶望するほかあるまい」ということ。ここで、キルケゴールはふふふと笑ったことでしょう。

しかし、宗教的詩人は、自分がまったく救いようのない者ではないことを期待して、彼はついでに「（神を）これだけはという願い事を、なんでもかんでもかなえてやる甘い父親のようなものとして、創作する」のです。すなわち、自分の都合のよいように、神が自分の作品を読んでくれれば、その苦悩を知って父親が涙を流すように、涙を流してくれる（?）と信じている、というわけでしょうか。

このあとの二行はどうでしょうか。「恋」を「宗教性」に置き換えれば、「宗教において不幸になり、そのために詩人になった者が宗教の幸福を優にやさしく讃美する」となります。宗教において（すなわち人生において）不幸であることを取り除くのではなく、それに浸ったまま、その「幸福」を賛美する作品を創るのです。

さて、次はかなりストレートな生態分析であって、もういいのにと思いますが、キルケゴールは無性にこだわるのですね。

彼は宗教心において不幸になった、彼は、この苦悩を捨てるよう自分に要求されていることを、すなわち、信仰をもってその苦悩のもとにへりくだり、その苦悩を自分に属するものの一部としてわが身に引き受けるよう要求されていることを、漠然と理解している――つまり、彼はその苦悩を自分から遠ざけようと欲しながら、それによってかえって苦悩をしっかり握って離さないのである。（一四五頁）

「彼はその苦悩を自分から遠ざけようと欲しながら、それによってかえって苦悩をしっかり握って離さない」。なぜなら、そうしないと「書けない」から。この背後には、人生の苦しさにうめき声をあげながらも、どうも自分には詩人としての才能がありそうだから、「それによってかえって苦悩をしっかり握って離さない」という幾分滑稽な「真剣さ」が垣間見えます。そして、その底には、人生がこんなに苦しいのなら、それを作品化し、人々の共感を得、それで生活できれば儲けものだという下卑た根性もうごめいているのです。

もちろん彼にしてみれば、（絶望者のことばがどれでもそうであるように、このことばも、その裏が正しいのであって、したがって、裏返して理解されなければならない）それによってできるだけ自分を苦悩から引き離し、およそ人間に可能なかぎり苦悩を投げ捨てているつもりなのである。（一四五頁）

この箇所を、対話のための課題1にします。キルケゴールのイロニーが極まったところですので、丁寧に解読してください。

しかし、信仰をもって苦悩をわが身に引き受けること、それは、彼にはできない、つまり、結局は、彼はそれを欲しないのである。あるいは、ここで彼の自己が朦朧としてしまうのである。けれども、かの詩人の恋愛の描写と同じように、この詩人の宗教的なものの描写には、既婚者や聖職者の描写には見られない魅力があり、叙情詩的な感動がある。彼の語るところも虚偽ではない、けっして虚偽ではない。彼の描写するものは、彼のより幸福な、彼のよりよき我にほかならない。

（一四五―一四六頁）

この箇所も、繰り返す必要はないかと思いますが、「朦朧」とは「測り知れぬ弁証法的混乱」の言い換えでしょう。とはいえ、「かの詩人の恋愛の描写と同じように、この詩人の宗教的なものの描写には、……魅力があり、叙情詩的な感動がある」というあたり、きわめてナルシスティックです。まあ、すべての哲学者はナルシスですが、キルケゴールには特別その傾向が強いでしょう。彼は、自分の著作を深く愛しているに違いなく、「既婚者や聖職者の描写には見られない魅力」は、「ヘーゲルには見られない魅力」と読み換えればわかりやすいでしょう。

「彼の描写するものは、彼のより幸福な、彼のよりよき我にほかならない」は一つのヒントであって、彼は著作で「自分のこと」ばかり書くのですが、そこに登場する「自分」が実際の自分よりはるかに魅力的であり、幸福であり、善良である。しかも、詩人はこれを逆転して、著作の中の自分のほうが現実の自分よりずっとリアリティをもっていると信じている。

言いかえれば、詩人は、こうした「救い」、すなわち自分が創造した理念のすばらしさに自分自身が真っ先に囚われて——洗脳されて——しまい、それによる陶酔を感じているので、本物の宗教における「救い」に対して歯止めがかかってしまう……というメカニズムが、ここには働いているのでしょうか。

> 彼は宗教的なものに関しては、不幸な恋人である。すなわち、彼は厳密な意味では信仰者でない、彼は信仰に先立つもの、すなわち、絶望をもっているばかりであり、絶望のうちにあって宗教的なものへの燃えるような渇望をいだいているばかりである。
> （一四六頁）

彼、すなわち宗教的詩人は、これほどまでに苦悩する自己を愛してしまっているので、それからの「救い」は難しいということは、もうわかりますね。「絶望のうちにあって宗教的なものへの燃えるような渇望をいだいている」状態をずっと保っていきたいのですから。

以上、キルケゴールの告白とも言える心理描写がえんえんと続きました。では、彼は脳天気なナルシストかというとそうではなく、たぶんもっとも自己嫌悪に苛まれている男でしょう。自己愛と自己嫌悪は立派に両立するのであって、私の経験では、自己愛の激しい人ほど自己嫌悪も激しく、自己愛の希薄な人ほど自己嫌悪も希薄です。
さて、こう断じた後の次の箇所はどうでしょうか。

彼の葛藤はもともと次のようなものなのである。自分は召された者なのであろうか、肉中の刺は自分が何か異常なことに用いられるべきものであるということのしるしなのであろうか、自分が異常なものになったということは、神の前で至当なことなのであろうか？　それとも、肉中の刺は、自分を謙虚にさせ、普遍人間的なものを達成させようとして、自分に与えられるものなのであろうか？――こういう議論はもうたくさんだろう。わたしは真理のもつ語勢をもっていえるのだ。いったいわたしはだれに向かって語っているのか、と。こういう心理学的研究を何乗してみたところで、そんなものにだれがかまってくれるだろう。牧師の描いたニュルンベルクの版画のほうがずっとわかりがいいだろう。これなら、だれもかれもに、たいていの人に、似ているような錯覚を起こさせる、だが、精神的な意味では何者にも似てはいないのである。（一四六頁）

ここを対話のための課題2にしましょう。なかなか読み解くには難しく、真剣そうな問いを出した後で、「こういう議論はもうたくさんだろう」と言う。だから、この問いについて解釈する必要はなく、なぜ「たくさん」なのかの説明があればいい。そして、これを「心理学的研究」と言い換えて、きっぱり拒否している。これもなぜか？　そして、ニュルンベルクの版（『死にいたる病』訳注〔桝田注（134）参照〕）の比喩、これもなぜか？　……となかなか跳び越すのが大変な障害物がそろっています。
今回の課題は少し難しく、ここに書いていないキルケゴールの「心の動き」を辿っていく作業が求められます。

対話 1

危険な解答は、「これだ」という思い込みで「精緻に」解釈すると、ズンズン「固有の論理」に従って。キルケゴールの本来言いたいこととは微妙にあるいは大幅にズレていってしまうことです。

課題1は、

もちろん彼にしてみれば、（絶望者のことばがどれでもそうであるように、このことばも、その裏が正しいのであって、したがって、裏返して理解されなければならない）それによってできるだけ自分を苦悩から引き離し、およそ人間に可能なかぎり苦悩を投げ捨てているつもりなのである。

（一四五頁）

これは、宗教的詩人のウソクサさを皮肉（イロニー）たっぷりに告発したもの。彼はクリスチャンとして苦悩からの救済を求め、「およそ人間に可能なかぎり苦悩を投げ捨てているつもり」なのですが、まっすぐ神に向かわず、けっして「詩作」という手段を手放すことはない。観念的な苦悩の世界を描くこと（詩作）によって現実の苦悩から逃れようとしているのですが、じつは本末転倒していて、苦悩がなくなると詩作ができなくなるので、このすぐ後にあるように「苦悩をしっかり握って離さない」。ですから、引用文中の（　）内は、絶望を自認して詩作する宗教的詩人の言葉は、「裏返して〔目的・手段関係、あるいは主・従関係を逆転して〕理解されなければならない」ということ。

課題2

彼の葛藤はもともと次のようなものなのである、自分は召された者なのであろうか、肉中の刺は自分が何か異常なことに用いられるべきものであるということのしるしなのであろうか、自分が異常なものになったということは、神の前で至当なことなのであろうか？　それとも、肉中の刺は、自分を謙虚にさせ、普遍人間的なものを達成させようとして、自分に与えられるものなのであろうか？——こういう議論はもうたくさんだろう。わたしは真理のもつ語勢をもっていえるのだ。いったいわたしはだれに向かって語っているのか、と。こういう心理学的研究を何乗してみたところで、そんなものにだれがかまってくれるだろう。牧師の描いたニュルンベルクの版画のほうがずっとわかりがいいだろう。これなら、だれもかれもに、たいていの人に、似ているような錯覚を起こさせる。だが、精神的な意味では何者にも似てはいないのである。（一四六頁）

ここは、詩人に対するキルケゴールの嫌悪感（すなわち自己嫌悪）をしっかり受け止める必要があります。詩人とは、言葉にがんじがらめになって自己反省する人種であり――だから哲学者でもいいかもしれない――、「こういう議論」とは絶望を語る詩人の言葉のこと。

彼らは、自分の特技を活かして（？）絶望に対する自分自身の態度について反省し尽くし、言語によって分析し尽くす。しかし、その精緻な「心理学的研究」のすべては、真の絶望すなわち真の救済にとって二の次のこと。なお、「真理のもつ語勢をもって」では何のことだかわからない。ドイツ語では"mit dem Nachdruck der Wahrheit"ですから、「真理を強調すれば」くらいの意味。

「ニュルンベルクの版画」のくだりは、ひねった解釈が必要でしょう。ここは、こういう詩人の自己反省（葛藤）の呟きであって、自分の心血を注いだ芸術作品化された絶望より、ニュルンベルクの版画そのまま、判で押したように安直な牧師の説教のほうがましだろう。というのも、「たいていの人に、〔真の絶望に〕似ているような錯覚を起こさせるから」というわけで、もちろん、ここは皮肉（イロニー）全開です。最後に、「精神的な意味では何者にも〔いかなる真の絶望にも〕似てはいない」のだけれども、付言して牧師たちに毒矢を放っているのです。

つまり、ここでキルケゴールは、宗教的詩人（つまり自分自身）を、苦悩から逃れようとして苦悩にしがみつく滑稽な人種として外側から突き放して描いているのではなく、あくまでもこの「葛藤」に悩んでいる者として描いている。この点を見過ごさないことが肝要でしょう。

5　諦めと宗教的詩人

先に、「絶望の段階としては第一篇に諦めはない」と断定したことは、迂闊でした。「諦め」をめぐってキルケゴールは、きちんと一〇行以上にわたって「諦め」を論じているからです（『死にいたる病』一三三―一三四頁）。それに、私はその部分を「対話26」（『てってい的にキルケゴール　その二』二二三―二二四頁）で課題にすらしているのですから。

前に、こう「処理」した理由（深層心理）はよくわかりませんが、やはり私のうちで「諦め（Resignation）」と「詩人」との親近関係がまだ納得できていないからでしょう。が、ここに来てあらためて考えてみて、ストンと胸、いや腹に落ちる気がしましたので、以下それを語ってみます。

「諦め」とは救済を諦めることですから、一見して、「絶望して自己自身であろうと欲しない（弱さの絶望）」に分類されるように思われる。しかし、どうもキルケゴールがこれを、「絶望して自己自身であろうと欲する（強さの絶望）」に分類していることによって、逆にここで「諦め」に含ませている意味がわかってくる。

すなわち、「諦め」が強さの絶望である限り、やはり彼は神に反抗して救済を拒否しているのですが、その反抗の仕方は、ほかのすべてのものは神に従うが、「ある特定のもの」、すなわち自分の実存の核となるもの、自分の十字架――キルケゴールの場合なら「悪い血」とその現れとしてのセムシ――だけは断じて承認しないということになる。こういう形で、神に反攻し、救済を「諦める」のです。

しかし、「諦め」の解説（『てってい的にキルケゴール　その二』二二三―二二五頁）でも言いましたが、彼は（第一篇の最後のように）反抗を表に出して積極的に神を攻撃するのではなく、消極的に神を拒否する――だから、「弱さの絶望」に似ているのですね。

こうした「諦め」の絶望は、宗教的詩人の絶望が「ただ神の観念がいだかれている点でそれとは異なる」とあることから、「神の観念が抱かれていない絶望」なのですが、「ある特定のもの」に関してだけ、そうなのだということになります。

宗教的詩人も、これに近いところがある。彼もまた「ある特定のもの」に関してだけ、神に従わない。それは「詩作」です。彼は、詩作を放棄すれば真の意味で救済されることを知ったとしても、絶対に詩作を放棄しない。その意味で、詩作を信仰より上に位置づけている。なぜなら、彼は――信仰ではなく――詩作こそ彼を自己自身にするものだと信じているからです。

最後に、キルケゴールは「諦め」と「宗教的詩人」とを別々に論じながら、両者は――誰の眼にもわかるように――自分自身のことであり、神に対する自分の特異な反抗の仕方を、とくにここで記しておきたかったのでしょう。

二 「無限な尺度」としての神

1 神を「尺度」とするということ

「自己意識の諸段階（神の前に、という規定）」（一四七頁）のはじめからです。

前編において、自己意識の段階が次々と上昇してゆくことが指摘された。最初には、永遠な自己をもっていることについての無知（C，B，a）、次に、確かに永遠なものがひそんでいる自己をもっていることについての知識（C，B，b）、およびこの知識の内部で（α、1、2、β）さらに諸段階が指摘された。この考察全体が今度は新たに弁証法的に転回されなければならない。それはこういうわけである。わたしたちがこれまで問題にしてきた自己意識の段階は、人間的な自己、もしくは、人間を尺度とする自己、という規定の埒内にある。しかし、自己は、それが神に面する自己であることによって、新しい性質と資格をうるのである。この自己は、もはや単なる人間的な自己ではなくて、誤解しないでほしいが、わたしが神学的な自己、神に直面する自己と呼びたいと思うものである。

（一四七頁）

ここで、キルケゴールはあらためて第一篇の構成を語っているのですが、意外な感もします。というのは、「わたしたちがこれまで問題にしてきた自己意識の段階は、人間的な自己……という規定の埒内にある」、さらに「自己は、それが神に面する自己であることによって、新しい性質と資格をうる」と言っているからです。つまり、これまでもけっして、「人間的な自己……という規定の埒内にある」のではなく、「神に面する自己」でもあるように読めるから「意外」なのです。とくに諸段階の最後のC－B－b－βは「神への反抗」ですから、どう考えても「神に面する自己」にほかならない。

こう考えると、どうもキルケゴールは、第一篇では「おもに」人間的な自己を語ったというにすぎず、第二篇では積極的に「神に面する自己」を語ろうとする、ということでしょう。こういう「勇み足」はキルケゴールの場合数々あって、彼はどうも体系的に語ることが苦手のようです。繰り返しになりますが、第一篇の構成だってC－B－b－βという符号に対しても、もっとどうにかせよ、と言いたくなってイライラしますが。

自己が現に神の前にあることを意識するにいたるならば、神を尺度する人間的な自己となるならば、自己は、なんという無限な実在性を獲得することであろう！　牝牛に面して自己であるような牧人……奴隷に面して自己であるような主人も、同様であって、それはもともと自己ではないのである――どちらの場合にも、尺度が欠けているからである。（一四七―一四八頁）

ここで突如、「神に面する自己」は「無限な実在性を獲得する」とありますが、どうしてなのか、何の説明もない。神が「無限な実在性」をもっていることはいいとして、人間がそれを「獲得する」とはいかなることなのか？

読んでいくうちにだんだん見えてきますが、こうした「暴挙」も（じつは）ヘーゲル学派の用語をそのまま使っているからなのです。そして、次に「無限な実在性を獲得する」ことの厳密な意味を説明ずる代わりに、キルケゴールは「牝牛（Kuh）」をポンともちだして、比喩的な説明に終始している。

さて、なぜ「牝牛」か、わかりますか？　牝牛とは、何も考えずに生きている者の象徴ですから、絶望とは対極的な存在者とみなせばいいでしょう。ニーチェの『ツァラトゥストラ』にも出てきます。さらに、牝牛は周囲に一切無関心であって、自己充足して平和そうなのです――そんな感じがしますよね。

ある人が、「牝牛の前にあることを意識するにいたる」としても、それは「無」の前と同じこと。よって、自己意識は生じようもなく、よって、自己ではないというのです。このあと、「どちら（神と牝牛）の場合にも、尺度が欠けている」と続く。これはどういうことか？　それには答えずに、キルケゴールは他の例に移っていく。

牝牛に面して自己であるような牧人《(そういうことがありうるとして)は、はなはだ卑しい自己である。》奴隷に面して自己であるような主人も、同様であって、それはもともと自己ではないのである――どちらの場合も、尺度が欠けているからである。　(一四七頁)

《 》の部分が先に引用した箇所では略したところです。こうして補ってみると、やはり「どちらの場合も」とは「牝牛と奴隷」ととるのが自然ですね。ただし、神の場合も「尺度」は独特の意味をもっていて、「尺度とはなりえない尺度」とでも言えるものです。とはいえ、これを「欠けている」と解するのは、やはり無理があるので、ここに追補します。

その上で、右の課題によって、私は何を意図したのかというと、「尺度」という概念を説明するのに、まず「神」をもち出し、次に「牝牛と奴隷」をもち出して、この両極端によって、キルケゴールが何を言いたいのか、ということ。その連関が、はっきり書かれていないので、補ってもらいたいのです。

まず、注意すべきことですが、ドイツ語の尺度に当たる語は"Massstab"であって、これは日本語の語感とは相当ずれている。"massstaeblich"という形容詞は、尺度となる⇩模範となる、という意味であって、例えば「ゲーテのドイツ語は"massstaeblich"だ」というように使います。

これを善悪の領域にもってくれば、Xが尺度（Massstab）であるということは、Aが善悪の規準を決めるということ、ありとあらゆる善悪の評価はXによって決まるということですから、Aは神ないし聖書と考えればいい。

ですから、じつは牝牛や奴隷の話はここでの主要テーマではなく、ドイツ語の語感からして、牝牛や奴隷を尺度（模範）にはできないという単純な意味で、それらは「尺度〔としての資格〕を欠いている」。むしろ、ここでの本来のテーマは、われわれ人間はなぜ神を尺度にできるのか、ということです。

まず、「神を尺度とする人間的な自己」とは何かを考えると、キルケゴールの念頭には、どうも「神を尺度としない人間的自己」もあるらしい。それは、次に扱う「異教徒」の場合でしょう。両者の決定的な違いに、キルケゴールはずっと拘っている。

このことを踏まえて、では、「人間的自己」が「神を尺度する」ことができるのか、と問うと、ここに言う尺度が普通の意味の尺度ではないことが見えてくる。そして、「自己は、なんという無限な実在性を獲得することであろう！」という感嘆の意味もここにかかってくる。キルケゴールがここで使用している「実在性（Realität）」という概念は、ライプニッツ、さらにはシェリング、ショーペンハウエルにいたる意味を踏襲していて、「個体の実在性」です。

人間的固体（実存）は、神を尺度とすることによって、「神に直面する自己」（一四七頁）になる。それは、子供が両親を尺度にしたり、大人が国家を尺度にするのとはわけが違う。では、いかなる尺度なのか？　それに答える部分が次の箇所です。

同質の量だけが加算できるように、あらゆる事物は、それが量られる尺度になるものと同質である。そして質的にその尺度であるものは、倫理的にはその目標なのである。そして尺度と目標とは、質的には事物の本質と同じである。ただし、自由の世界に関しては例外がある、ここでは人間が自分の目標であり尺度であるものと質的に異なっている場合があるが、その場合、その質的堕落の責任はその人自身にあるにちがいない、だから、目標と尺度とはどこまでも目標であり尺度であって、それが裁き手となって、人間が彼の目標であり尺度であるものと同じでないことを暴露するのである。（一四八頁）

ここには、量と質の関係が書かれているのですが、普通の尺度は、質的に差異のないもの（同質なもの）のあいだの量的差異を量る。しかも量るものも量られるものと同質なものです。空間的に延長している物差しによって空間的に延長している図形や物を量るのであり、針が運動する時計によって運動する物やその状態を量るのです。あるいは、尺度とは、倫理的には――子供が両親を、大人が国家を目標にするという倫理的段階においては――その目標なのです。

以上が質的に同一なものとしての尺度ですが、「ただし、自由の世界に関しては例外がある。ここでは人間が自分の目標であり尺度であるものと質的に異なっている場合がある」のです。ここで「自由」が出てくるのは、言葉の連関としてやや杜撰な感じもしますが、このあとキルケゴールはすぐに「質的堕落」の話も始めますので、まさにアダムの原罪、すなわち「悪への自由」の話でしょう。

この部分には次の部分が続きます。「……が、その場合、その質的堕落の責任はその人自身にあるにちがいない」。これは「B　絶望の可能性と現実性」（三〇頁以下）の話を凝縮したものであって、神は人間を「絶望しうる」ように創ったのですが、「現に絶望する」のは人間の責任である、という――なかなか納得できない――「自論」です。

その後、「だから、目標と尺度とはどこまでも目標であり尺度であって、それが裁き手となって、人間が彼の目標であり尺度であるものと同じでないことを暴露する」と、あっと言う間に結論に達してしまう。ここで補うと、他のすべての場合、量るものと量られるものとが質的に同一なものであった。しかし、神という独特の尺度は、量られる人間と質的に異なるものである。よって、神という尺度は子供にとっての両親のように模範になるものではない。神の場合、「目標と尺度とはどこまでも目標であり尺度であって、それが裁き手となって、人間が彼の目標であり尺度であるものと同じでないことを暴露する」のです。

ここの読み方ですが、「目標と尺度とはどこまでも目標であり尺度であって」という部分を肯定的にとらえてはならないのですが、多くの人が、神という尺度を、ここを規準にしてとらえている。

神という尺度は、むしろそれに到達できないという否定的（弁証法的）なところに主眼があるのであって、このことはその後、「人間が彼の目標であり尺度であるものと同じでないことを暴露する」という文章によって裏打ちされます。人間がみずからと質的に異なった尺度をもつことこそ、絶望の源泉であり、原罪の源泉であり、また救済の源泉なのです。

こう仄めかして、ひとまず対話のための課題への解説を終えることにします。

これまで単に、両親を尺度としていたにすぎなかった子供は、大人になって国家を尺度とすることによって、自己となる。しかし、神を尺度とするにいたるならば、なんという無限のアクセントが自己の上におかれることであろう！　自己を量る尺度は、つねに、自己がそれに面して自己であるその当のものである、そしてこれがまた、「尺度」が何であるかの定義でもある。

（一四七—一四八頁）

両親→国家→神という進展には、（またもや）ヘーゲルの図式が透けて見えます。キルケゴールがそれをそのまま踏襲しているのが不思議なのですが、ヘーゲルにとってただの個人は何ものでもない。個人は、彼が属する集団（全体）の中で適切な位置を占めることによってはじめて個性を発揮し、「尺度」を獲得し、「自己」になる。

ですから、家庭という集団に属する両親を尺度とする子供の自己はまだ弱く未完成ですが、より大きな国家という集団において役割を演じ、国家を尺度とする自己はより強く、より完成されているのです。ヘーゲルは国家における自己——あえて言えば、これにルター派の教会における自己を加えてもいい——をもっとも上に考えていますが、キルケゴールの主眼点は、むしろその上の神という尺度における自己です。

さて、こういう段階を設定した上で、キルケゴールは、「自己を量る尺度は、つねに、自己がそれに面して自己であるその当のものである」と言う。ある人が家庭を尺度にするか、職場を尺度にするか、国家を尺度にするか、神を尺度にするかによって、その人の「自己」の実在性の量がわかるということでしょう。しかし、キルケゴールにとって世俗のもののあいだの差異はどうでもいい。ひとえに、ある人がこれら世俗なものを尺度にしているか、それとも神を尺度にしているかの差異（のみ）が重要なのです。

以上のことはよくわかるでしょう。しかし、ここまでいたって、キルケゴールはわき道に逸れるように思われる――じつはそうではないのですが。

同質の量だけが加算できるように、あらゆる事物は、それが量られる尺度になるものと同質である。そして質的にその尺度であるものは、倫理的にはその目標なのである。そして尺度と目標とは、質的には事物の本質と同じである。ただし、自由の世界に関しては例外がある。ここでは人間が自分の目標であり尺度であるものと質的に異なっている場合があるが、その場合、その質的堕落の責任はその人自身にあるにちがいない、だから、目標と尺度とはどこまでも目標であり尺度であって、それが裁き手となって、人間が彼の目標であり尺度であるものと同じでないことを暴露するのである。（一四八頁）

さて、少し大変かもしれませんが、この箇所を次の対話のための課題にしましょう。そして、この課題に答えることが、さきほど触れずにおいた「どちら（神と牝牛）の場合も、尺度が欠けている」（本書四〇頁）という文章の解明になりますので、これについても触れてください。

2 「神の前」における結果的加重犯？

このあと、話の方向が少し変わります。

罪を恐るべきものたらしめるのは、罪が神の前にあるということである――これはきわめて正しい思想であって、比較的古い時代の教義学はしばしばそこへ帰っていったものである、ところが、のちの教義学は、この思想に対する理解と感覚を欠いていたために、しばしばこれを非難したのであった、またこの思想は時には逆用されもしたけれども、それはあくまでもきわめて正しい思想であった。その後、この思想に基づいて、人は地獄の刑罰の永劫性を証明した。（一四八頁）

ここに言う「罪」とは、おもに「原罪」のこと。われわれが「神の前（coram Deo）」にあるからこそ、その罪が「恐るべきもの」だという自覚が生ずる。しかし、「教義学」がこれを「非難し」というのは、後ろの訳注〔桝田注（137）〕（『死にいたる病』ちくま学芸文庫版）にはシュライエルマッヘルが挙げられていますが、それだけではなく、教会の近代化とともに、原罪を軽減しようとする教義学は次々に出てきましたし、「逆用」とは、原罪という思想が教会による人民支配の道具にされたということ。「地獄の刑罰の永劫性」も、またその道具として使われたのでしょう。

もっと時代がくだると、人は利口になって、こう言った。罪は罪である、罪はそれが神に対してあるとか神の前にあるとかといって、いっそう大きくなるものではない、と。奇妙なことだ！法律家でさえ情状加重犯ということを問題にするではないか、法律家でさえ、或る犯罪が、たとえば、官吏に対してなされたものであるか、私人に対してなされたものであるかを区別し、刑罰を与えるのにも、父親殺しと普通の殺人とのあいだに区別を立てるではないか

（一四八―一四九頁）

ここでは、キルケゴールは、「神の前」という条件は罪の大きさとは関係がない、という（利口ぶった）思想に対して、法律の分野においても、人は地位身分によって罪が重くなることがあるという「情状加重犯」（わが国の法律用語では「結果的加重犯《かちょうはん》*」という）の例を挙げて反撥しています。ただし、救済と刑法は一緒にはできないので、ここはただのお話でしょうが……。

* なお、この「結果的加重犯」について、「身分犯」ではないか、という疑問が出されるでしょう。「結果的加重犯」とは、暴行を加えて結果として死にいたらしめたとき、その「結果」に対してあらためて重い刑を科するというもの。これに対して、ある身分（公務員）でなければ「公文書偽造罪」は成立しないのであって、これを「身分犯」と言います。訳者が（ドイツ語では）“das qualifizierte Verbrechen”（質的に差異化された犯罪）を「加重犯」と訳してしまったので（他の斎藤訳も鈴木訳も同様）、私はその訳語につられてしまったのです。

3　「無限な尺度」である神への反抗

確かに、その点では、神に対する罪であるということは、罪の度を無限に強める、とした古い時代の教義学が無限に正しかったのである。誤りは、神が何か外的なものと見なされたところに、神に対する罪がただときどき犯されるにすぎないかのように思われたところにあったのである。

しかし、神は、警察官と同じような意味で外的なものではない。（一四九頁）

ここで、キルケゴールは、まず「古い時代の教義学」も罪を「神に対する罪」ととらえていて、これは無限に正しかった、と言う。しかし、それは「外的」であり、内的でなかった点が誤っていた。これは少し後に出てきますが、「殺人、盗み、姦淫」など、十戒に書いてあることに反する具体的な罪でしょう。「神に対する罪」がルター以降の「神の前の罪」でない点がすべてであって、キルケゴールが問題にするのは、こうした外的罪ではなく、内的罪なのです。

左の箇所を、次の対話のための課題としましょう。

ここで注意しなければならないことは、自己が神の観念を有しながら、しかも神が欲したもうようには欲せず、したがって神に不従順であるということである。また、ただときどき神の前で罪が犯されるというのでもない。なぜかというに、あらゆる罪が神の前で犯されるのだからである。あるいはもっと正しい言い方をすれば、本来の意味で人間の負い目を罪たらしめるものは、負い目ある者が現に神の前にあるという意識をもっていたということなのである。（一四九頁）

これが、キルケゴールにとっては「神の前の罪」の基本なのですが、「文章に沿って」正確にわかるでしょうか？　その中核は「罪」と「負い目」との関係であり、ドイツ語では「罪」は“Suende”であり、「負い目」は“Schuld”です。内容になるべく正確に対応づけて考えてください。

絶望の度は自己意識に比例して高まる、そして自己の度は、自己を量る尺度に応じて強まり、神が尺度となる場合には、無限に強められる。神の観念が増すにつれて、それだけ自己も増し、自己が増すにつれて、それだけ神の観念も増す。自己が、この一定の単独な自己として、現に神の前にあることを意識するとき、そのとき初めて、自己は無限な自己なのである。そこで、このような自己が神の前で罪を犯すのである。

（一四九—一五〇頁）

この部分も、対話のための課題を考えるさいのヒントになるかもしれませんが、解読は比較的簡単です。第一篇Cの「B　意識という規定のもとに見られた絶望」（八一頁以下）に当たりますが、「神が尺度となる場合には、無限に強められる」ということは、先の「人間が彼の目標であり尺度であるものと同じでないことを暴露する」という弁証法を含意していて、「自己は無限な自己なのである。そこで、このような自己が神の前で罪を犯す」というような展開になることは予想できます。それは、第一篇の絶望段階論にそって考えると、「神への反抗」に極まるでしょう。つまり、相手が無限な尺度であることを自覚しながら、すなわち、反抗することが完遂できないことを自覚しながら、反抗するということです。

ここで注目されるのは、こうした「(無限な尺度である）神への反抗」という最終段階にいたってはじめて「無限な自己」（無限と自己との関係）が発現されるということでしょう。

まず次の二点に注意しなければなりません。①原罪とは、アダムの犯した罪を「この」自分が引き受けるということで、（普通の感覚では）「不条理」であるという点。②「神の前」に関して、キルケゴールの思想がいかに甚だしく正統的ルター派の思想とは異なるかという点。

ここで注意しなければならないことは、自己が神の観念を有しながら、しかも神が欲したもうようには欲せず、したがって神に不従順であるということである。また、ただときどき神の前で罪が犯されるというのでもない。なぜかというに、あらゆる罪が神の前で犯されるのだからである。あるいはもっと正しい言い方をすれば、本来の意味で人間の負い目を罪たらしめるものは、負い目ある者が現に神の前にあるという意識をもっていたということなのである。
（一四九頁）

これは、まさに「原罪」のこと。それは、「負い目（Schuld）」と「罪（Suende）」からなっています。前にも強調しましたが、両概念の関係を明晰に語ってもらいたいというのが課題の中心をなします。まず、ここで言う「罪」とは「原罪」のこと。それは、ドイツ語で“Erbsünde”（遺伝による罪）と呼ばれるように、「アダムの犯した罪に淵源する罪」です。もう少し敷衍すると、見ず知らずのアダムが数千年前に犯した罪（神の命令に背いたこと）が、その後ずっとえんえんとすべての人間の「うち」に、よって〈いま〉「私」のうちにも、遺伝形質のように現在しているということ。

そして、「負い目」については、「私」がアダムに淵源する罪に関して神に負い目を意識している、という点が強調されねばならない。引用箇所の最後にある「負い目ある者が現に神の前にあるという意識をもっていたということ」に当たります。過去形になっているのは、むしろ現在完了形として訳さねばならず、「負い目ある者が生涯ずっと、現に神の前にあるという意識をもち続けるということ」という意味でしょう。

喩えて言えば、遥か昔にアダムが神に一〇〇万円の「借金（Schuld）」をしたが、〈いま〉生きているこの「私」がそれを返さねばならないという「負い目（Schuld）」をもっている、ということです。

こう書きかえたのは、「原罪」がいかに不合理的な思想であるかを示すためであって、どうも現代日本人には、この不合理に対する驚きや反撥が伝わらないらしい。これが最大の問題だと思いました。この不合理をどう理解するかに、パウロも、ルターも、カルヴァンも、キルケゴールも、心をすり減らし、身をすり減らして、思考の限りを尽くしたのであって、現代日本人のほとんどは――私もある程度そうですが――、キルケゴールを熱心に読んでも、これを「切実な自分の問題」としてとらえていない。その限り、真の意味でキルケゴールが「わかった」とは言えないと思います。

次にもう少し本文に密着して解説しますと、まさに「罪」すなわち「原罪」とは、アダムのように、「自己が神の観念を有しながら〔アダムはなぜか、すでに神の観念を有していた〕、しかも神が欲したもうようには欲せず、したがって神に不従順であるということ」ですね。

この原罪はすべての人の奥深くに、遺伝形質のように潜んでいるのですから、「ただときどき神の前で罪が犯されるというのでもない」。人間の行為すべてが、真の意味で「従順」ではなく、「不従順」であるわけです。言いかえれば、神の声を聴いてそれに従おうとしても、そこに何らかの「不純物」が忍び込んでいるわけです。しかも、アダム以来すべての人はすでに神の観念をもっているのですから、「あらゆる罪が神の前で犯される」のです。

しかも、さきほど挙げた箇所ですが、罪を犯しながら、「現に神の前にあるという意識をもって〔もち続けて〕いた」のです。つまり、原罪とは、「各人が、かつてアダムが犯した罪に関して〈いま〉神に対して無限の負い目の意識をもつ」ことです。そして、これは各人が〈いま〉「神の前にある」ということにほかならない。これによってキルケゴールは、ルター派の公理とも言うべき「神の前（coram Deo）」に、正統的ルター派から見ればかなり偏向した意味を注ぎ込んでいると言えましょう。

この連関で、とくに重要なことは、キリスト者なら誰でも「原罪」という概念を知っているでしょうが、キルケゴールはそれを全身で痛切に感じていたということ。どうしようもない「負い目」の意識をもっていたということです。自分のセムシも、若いころのドン・ファン（女たらし）振りも、レギーネとの結婚破綻も、国教会との闘争も、そしてそうしながら、自分がなぜこのように「不安」なのかを、絶えずこうした「負い目」の意識から、すなわち「アダムに淵源する原罪」という観点から見ていた。

以上のことから、対話の参考にしてもらうものとして補足的に挙げた箇所ですが、「絶望の度は自己意識に比例して高まる、そして自己の度は、自己を量る尺度に応じて強まり、神が尺度となる場合には、無限に強められる」という比例関係もわかってくる。「自己が、この一定の単独な自己として、単に神の前にあることを意識するとき、そのとき初めて、自己は無限な自己なのである。そこで、このような自己が神の前で罪を犯すのである」という繋がりもわかってくる。

すなわち、こうした「神の前にある」自己は、無限の神の視線を痛いほど浴びている「単独者」であって、この意味で「無限な自己」であり、「このような自己が神の前で罪を犯す」のです。ここで、先に触れたように、「神の前」という意味が、正統的ルター派からほとんど反転（逆転）していることに注意しなければならない。正統的ルター派にとってもキルケゴールにとっても、「神の前にあること」は「無限な自己であること」なのですが、前者においては「神の前で完全に真実、誠実であること」なのに対して、キルケゴールにとって、それは「神の前で（絶望して自己自身であろうと欲しない、あるいは自己自身であろうと欲するという）罪を犯すこと」です。

しかも、絶望の最高段階である「神への反抗」は「絶望して自己自身であろうと欲する」というわけですから、この段階おいてはじめて各人は、「無限の自己」として「無限の神」に対しうる。キルケゴールは、これほどの逆転をしていながら、これこそが正しい「神の前にある」という意味だと言い切るのです——このことは、すぐ次に引用する冒頭の箇所が明示しています。

4 異教徒の「罪」とは？

ここで話は、一段落し（？）「異教界」の話に移っていく。比較的わかりやすいので、長めに引用しておきます。

それゆえに、異教界の主我心は、たとえそれについてどのようなことが言われようとも、キリスト教界にもそれが見られるかぎりにおいて、キリスト教界の主我心ほどその度を強められてはいない。それは、異教徒が神に面する自己をもっていなかったからである。異教徒や自然のままの人間は、ただ人間的な自己を尺度としてもっているにすぎない。それだから、いっそう高い観点から見て、異教界は罪のうちにあると見られるのは、おそらく正しいであろう。しかし、実をいえば、異教界の罪は、神についての、現に神の前にいるということについての、絶望的な無知だったのである。その罪は、「神なくして世にある」ことなのである。（一五〇頁）

「主我心」のドイツ語は"Selbtsucht"です。こんなドイツ語はないのですが、"Eifersucht"（嫉妬）や"Mordsucht"（殺人欲）などを参照して創ったもの。また、「異教徒（Heide）」とは、キルケゴールにあっては、おもにソクラテスなど古代ギリシア人を指すのであって、それ以外は眼中にもありません。総じて過去形が使われているのもそのせいでしょう。

異教徒は、（キリスト教の）神という観念をもっていなかったのですから、「罪のうち」にはいないとも思われるけれど、「いっそう高い観点から見て」そのこと自体が「罪」であると言えないこともない、というよくある議論です。ここで、なぜキルケゴールが長々と異教徒の話をするのか、釈然としませんが、さらに続きます。

それゆえに、他の面から見れば、異教徒は、もっとも厳密な意味では、罪を犯さなかったということも真なのである。なぜかというに、異教徒は神の前で罪を犯したのではなかったし、すべての罪は神の前で犯されるものだからである。さらにまた、異教徒が、多くの場合、りっぱに世を渡りえたということも、或る意味でまったく確かなことである。それは、異教徒のペラギウス派的な軽薄な考え方が彼を救ってくれたからにほかならない。しかし、それだから、異教徒の罪は別のところに、つまり、このようなペラギウス的な軽薄な考え方にある。（一五〇頁）

「ペラギウス派」については、後ろの訳注〔桝田注(138)〕にこうあります。

ペラギウス Pelagius は五世紀ごろの神学者で、彼を中心とする人々は、神の恩寵や原罪説を否定し、人間の意志の自由と責任を強調し、信仰や律法の実現は、人間自身の力によって果たされうると主張した。（三〇八頁）

もっとも、古代ギリシア人はペラギウス派ではなく、ここでキルケゴールは「ペラギウス派的な軽薄（pelgaaianisch-leichtsinnig）」と言っているだけなので、古代ギリシア人（哲学者）がいかに「りっぱに世を渡りえた」としても、その「原罪」を消去した都合のよい「軽薄な考え方」は「罪」である、というところに力点があるのでしょう。

ところが他面においてまた、人間が厳格なキリスト教的教育を受けたばかりに、或る意味で罪におちた場合が多かったということも、まったく確かなことである。それは、キリスト教の考え方全体が、彼にとって、特に彼の生涯のまだ若い時代にあっては、厳粛にすぎたからである。しかしその場合でも、また別の意味では、罪が何であるかについての、このいっそう深い考え方が、彼にとって救いとなるものでもある。

（一五〇―一五一頁）

ここは一読して、キルケゴールの若いころをそのまま語っていることが明らかであり（訳注（桝田注（140）」参照）、「罪におちた」とか「厳粛すぎた」という表現に興味をそそられますが、「罪が何であるかについての、このいっそう深い考え方が、彼にとって救いとなるものでもある」とは、まさに「神に対する反抗」がすなわち「救い」だということを仄めかしているのでしょう。

三　不服従と「つまずき」

1　不服従という罪

罪とは、神の前で絶望して自己自身であろうと欲しないこと、あるいは、神の前に絶望して自己自身であろうと欲すること、である。しかし、この定義は、ほかの点では確かに幾多の長所をもっていると認められるにしても（なかでも、いちばん重要な長所は、それが聖書にかなった唯一の定義だということである、というのは、聖書は常に罪を不従順として定義しているからである）、それはあまりに精神的にすぎはしないであろうか？　この疑問に対しては、なによりまず、こう答えられなければならない。罪の定義があまりに精神的でありすぎるということはありえない（ただし、それが精神的でありすぎて、罪を排除してしまうというのであれば、話は別である）と。というのは、罪とはまさに精神の規定にほかならないからである。（一五一頁）

この長い引用において、最後のセンテンス、「これはあまりに精神的すぎはしないであろうか？」これは以前、すでに述べたことですので繰り返しませんが、ただ「不服従」とは「反抗」ですね。さて、それでは「精神的」とは何を意味するのか？　これは、次の引用箇所に示されている、いわゆる刑法でも裁かれる罪とは違うということでしょう。

私（キルケゴール）がここで問題にしている「罪とはあくまでも『原罪』であって、この世の犯罪行為ではない」ということ。「それが精神的でありすぎて、罪を排除してしまう」とは皮肉（イロニー）の極致であって、「それ〔神に反抗するという罪〕」が精神的でありすぎて、〔他の諸々の一般的〕罪を排除して〔無関心になって〕してしまうというのであれば」、困ったことだが、という意味です。

これは、次の引用箇所によってより鮮明にわかる。つまり、ここで問題にしているのは刑法に書いてあるような具体的な罪（犯罪）ではないということです。

それなら、いったいなぜ、あの定義が精神的にすぎるというのであろうか？　この定義が、殺人、盗み、姦淫などを問題にしていないからなのであろうか？　しかし、この定義はそれらのことを問題にしているのではあるまいか？　それらもまた、神にさからう我意、神の命令に反抗する不従順ではないか？　ところが逆に、罪が云々されるに当たってそのような罪だけが問題にされると、そういう事柄は万事、人間的にいえば、或る程度まで都合よくいっておりながら、しかも生活全体が罪であることがありうる、ということが、ともすると忘れられがちなのである。

（一五一頁）

ここはよくわかるでしょう。世間の人々は「殺人、盗み、姦淫」といった罪ばかり問題にしている。もちろんこれらの罪（犯罪）も問題なのだが、あまりにもこうした犯罪に気をとられる限り、「或る程度まで都合よくいっておきながら、しかも生活全体が罪である」という「原罪」、すなわちもっとも中核的な「罪」を忘れてしまうのではないか、ということ。

この罪はよく知られている種類の罪、すなわち、人間の自己というものがそのもっとも内密な願いや思いひとつひとつに関しても……いかに限りなく深い意味で、神に従順であるように意味づけられているものであるかということを、精神をもたぬためか傲慢不遜なためか、いつまでも知らぬままでいるか、それともそれを知らずにいようとするかする我意という、あの輝かしい悪徳*なのである。

（一五一―一五二頁）

「神に従順である」ことが、キリスト教にとって最高の美徳であることについてはいいですね。ですから「不従順」は悪徳なのですが、この悪徳の発生するのは「精神をもたぬためか、傲慢不遜なためか、いつまでも知らぬままでいるか」でもあるのですが、ここ（キルケゴールの絶望段階論）ではそうではなく、「それを知らずにいようとする（意図的に従順であることを拒否する）」という独特の不従順であるわけです。「輝かしい悪徳」については、次の訳注を参照してください。

＊　パリサイ人たちが、イエスの病気治療の奇蹟は、聖書の力によっておこなわれるものだといって非難することば、「この人が悪霊を追い出しているのは、まったく悪霊のベルゼブルによるのだ」（『マタイ伝』一二・二四）によった表現。（『死にいたる病』三〇八頁、桝田訳注（142））

肉体の罪は卑しい自己の我意である。しかし、ひとりの悪魔が別の悪魔の助力によって放逐され、しかも後の悪魔のほうが前の悪魔よりもいっそうたちが悪いということも、しばしばあることである。実際、世の中というものは、まさにそうしたものなのである。（一五二頁）

「悪魔」とは神への信仰――この場合は従順――をさまたげる我意ですが、ある悪魔がある人にとりついてある我意を実現させる。それを必死の思いでとり除くと、すぐに他の悪魔がとりついてもっと悪質な我意を育てる……というふうに、我意は根絶されず、次々にさまざまな悪魔の助力によって成長していくのです。その具体例が、次に書いてある、

まず、人間は脆《もろ》さや弱さから罪を犯す、次には――もちろん、それから人間が神のもとへ避難することを知り、一切の罪から救ってくれる信仰にまで助け導かれるということもあるが、いまここではそれには触れない――人間は自分の弱さに絶望して、絶望的に自分の弱さを一種の合法的な正義に祭り上げるパリサイ人となるか、それとも、彼は絶望してふたたび罪のなかへ跳び込む

か、するのである。　　　　　（一五二頁）

ここを次の対話のための課題にします。とくに後半の「いまここではそれには触れない」のあとを正確に解読してください。

対話4

ほとんどの人は、「絶望的に自分の弱さを一種の合法的な正義に祭り上げるパリサイ人」という言葉から「響いてくる」現代型パリサイ人には触れていませんが、この分析は私の特殊な実感に基づくのかもしれず、一般の読者にはそこまでは要求できないかもしれません。

長い一文ですが、「――」で囲まれた部分は、「脆さや弱さ」から一直線に「信仰にまで助け導かれることもある」という――マグダラのマリアやパウロやアウグスチヌスのような――例外的事態を述べたのであって、この書でキルケゴールはこういう例外を扱っていないのを知ることが重要です。

また、『聖書』には、「パリサイ人」とか――ここにはありませんが――「取税人」が登場しますが、こうした言葉を読むときには、ローマの属国であり、その土地で正統的宗教としてはユダヤ教のみが容認されていた当時のイスラエルの状況を忘れてはなりません。イエスは――ユダヤ教から見ると――宗教改革者だったのであり、その戒律をことごとく転倒し、外面的に戒律を守るよりも内面的に神の前で謙虚であることを重視する、という危険思想の持ち主だったのです。

つまり、先に述べたように、現代の「勝利の教会」という視点から見るとあたりまえのことを、当時の「戦闘の教会」という視点から見直さねばならない、というキルケゴールの視点を忘れてはならない。イエスの語ったこと、なしたことは当時としては犯罪的なことであったこと、これをまずしっかり押さえる必要がある。

また、取税人があれほど嫌われたのは、彼はローマに税金を納めることを強要する、「ローマの手先」であったからです。「パリサイ人ですら、悪をなす」とか、「取税人ですら善をなす」と言うと、大変な逆説（イロニー）なのですが、「勝利の教会」の視点ではこれはわからないでしょうね。

この連関で付言しますと、マグダラのマリアに関しては、民衆が彼女を引きずり出して、「罪深い娼婦め！」と石を投げ、撃ち殺そうとしたときに、イエスが通りかかり、「この中でまったく罪のない者は石を投げよ！」と告げたら、次々に人は立ち去って誰もいなくなった、という話があります。この話を読むたび思うのは、現代（日本）人は娼婦を見つけても撃ち殺そうとはしないでしょうが、それ以上にイエスの言葉を受け止めて立ち去る人もいないだろうということです。なお、彼女はその後、イエスにつき従うのですが、はじめてイエスの復活を目撃するという重い役割を担わされているのも独特のイロニーです。

現代人には「取税人さえ、娼婦さえ〔自分の罪を反省すれば〕救済される」という発想法がわからないでしょうね。総じて「勝利の教会」に属するキリスト教徒――あるいはキリスト教を学んだ現代日本人――は、その「勝利」に麻痺してしまっていて、イエスの言葉は「ごく自然に正しい」と感じてしまい、イエスを告発する者たちの言葉は、「ごく自然に正しくない」と感じてしまう。しかし、ここは無理にでも思考を逆転することが必要です。でないと、イエスが――ローマの総督ピラトが罪を認めなかったのに――「民衆によって」有罪とされ磔《はりつけ》にされた意味がわからないでしょうね。

　こうした準備をして、問題の箇所を読み直すと、「人間は自分の弱さに絶望して、絶望的に自分の弱さを一種の合法的な正義に祭り上げるパリサイ人となるか、それとも彼は絶望してふたたび罪のなかへ飛び込むか、する」となっている。

　あらためて、ここでキルケゴールが何を問題提起しているかを反省してみると、「信仰とは、自己が、自己自身であり、また自己自身であろうと欲するに当たって、神のうちに透明に基礎を置いている、ということである」（一五三頁）、そして「罪の反対は信仰なのである」（一五三頁）という文章から、「堅固な信仰をもてない者の弱さ」であることがわかる。

　こうした者は、パリサイ人のように外形的に戒律に従うか――キルケゴールによると、これはデンマーク国教会に集う善男善女のほぼすべてでしょう――、それができずに悩むかのどちらかだということ。

　以上はこの箇所をすなおに読解したものですが、このことからキルケゴールがどういうメッセージを「同時代のキリスト者」に告げたいのか、を考えてみる必要がありそうです。と言うのも、キルケゴールは、この書を読む者がパリサイ人や取税人であることを期待していないはずですから。

　すると、「人間は脆さや弱さから罪を犯す、次には（中略）人間は自分の弱さに絶望して、絶望的に自分の弱さを一種の合法的な正義に祭り上げるパリサイ人となる」という箇所をもっと普遍化して理解しなければならないのではないでしょうか？　じつは、このことを私はここの対話の場において期待したのでした。

いま文字通りのパリサイ人は、デンマークにも日本にもほとんどいないでしょうが、真逆のパリサイ人はゴマンといるのではないか？　すなわち、「絶望的に自分の弱さを一種の合法的な正義に祭り上げる」人々であって、「私（俺）は難しい教義もわからないし、学問もないし、ラテン語もドイツ語もできない。だが、これらをべらべら語る奴らは、知識だけであって本質的なことは何もわかっていないのだ」というパリサイ人、「自分は知識もなく教養もないから、そいつらより偉いのだ」という転倒したパリサイ人です。

キルケゴールが敵視していたのも、ヘーゲル学派にどっぷり浸かっている伝統的パリサイ人に加えて、「絶望的に自分の弱さを一種の合法的な正義に祭り上げるパリサイ人」、すなわち現代型の狡賢い転倒したパリサイ人ではないでしょうか？　パリサイ人に対するイエスの告発の尻馬に乗って、正統的パリサイ人を声高に罵倒する膨大な大衆の群れです。キルケゴールが「大衆には真理がない」と言ったのは、まさにこの意味であって、これがこの箇所に続く部分に登場しますが（一五四頁）、「単独者」の背景にあることを押さえておかなければならない。

まさに、彼らは「脆さや弱さから罪を犯す」のであり、これで自分を保てないとき、「〔世俗的に単純に〕絶望してふたたび罪のなかへ飛び込む」のです。

2　罪の反対は徳ではない

それゆえに、さきの定義は、確かに、あらゆる考えられうる現実的な罪の形態を包括している、しかしまた、この定義が、罪は絶望であり（なぜなら、罪は肉と血の狂暴ではなく、精神がそれに同意することであるから）、かつ神の前にあるという決定的な点を強調しているのも、確かに正当である。（一五二頁）

さきの「この定義」とは、「罪とは、神の前で絶望して自己自身であろうと欲しないこと、あるいは、神の前で絶望して自己自身であろうと欲すること」（一五一頁）です。というわけで、ここの解説はほとんど必要ないのですが、「罪は肉と血の狂暴ではなく、精神がそれに同意することである」という言い方が新しいですね。

しかし、これは、定義が出てきた箇所に続く、「あまりに精神的にすぎはしないであろうか？　この疑問に対しては、なによりまず、こう答えられなければならない。罪の定義があまりに精神的でありすぎるということはありえない」というところと呼応します。「肉と血の狂暴」とは、すでに引いた箇所にある、「殺人、盗み、姦淫など」に当たります。そして、何より「精神」とはこの書第一篇本文の出だし、「人間は精神である。しかし、精神とはなんであるか？」（二七―二八頁）に長々と記述されていたこと。ひとことで言えば、神に媒介されている自己です。

それは、定義として、代数のようなものである。もしわたしがいろいろな罪についていちいち詳しく記述してかかろうとしても、それはこの小著では所を得ないことであろうし、のみならず、そういう試みは失敗に終わるにちがいないであろう。主要な点は、定義が網のように一切の形態を包括している、ということだけなのである。

（一五三頁）

「代数」という言葉でキルケゴールが意味しようとしているのは、「変数x」にさまざまな数字を代入すれば、それは「網のように一切の形態を包括している」こと。「神の前での不従順」、すなわち「罪とは、神の前で絶望して自己自身であろうと欲しないこと、或いは、神の前で絶望して自己自身であろうと欲すること」という定義が示している「変数」から、あらゆるその具体的な形態が出てくるということでしょう。

そして、この定義がそのとおりのものであるということは、その反対のもの、すなわち信仰の定義を立ててこれを吟味してみれば、すぐわかることである。その信仰こそ、わたしがこの書物全体において、あたかも航路標識を目指すように、それを目指して舵をとっているものなのである。信仰とは、自己が、自己自身であり、また自己自身であろうと欲するに当たって、神のうちに透明に基礎をおいている、ということである。

（一五三頁）

「自己が、自己自身であり、また自己自身であろうと欲するに当たって、神のうちに透明に基礎をおいている」というこの信仰の定義も、すでに（三〇頁）に出てきたものです――語句は少し違いますが。すなわち、「自己が、自己自身であり、また自己自身であろうと欲するに当たって、神のうちに透明に基礎をおいている」のが信仰であり、「自己が、自己自身であり、また自己自身であろうと欲するに当たって、神のうちに透明に基礎をおいていない」ことが絶望（神への反抗）であるというわけですから、明晰ですね。

「透明に基礎をおいていない」とは、「〈何ものかによって〉不透明に基礎をおいている」ことであり、これこそ先の「我意」にほかならず、言いかえれば「何ものか」とは「人間的な何ものか」でしょう。これこそ、これまでキルケゴールがさんざん述べてきたことであり、その象徴的物語が「プロメテウス」的な「仮設的自己」です。絶望の最高段階の定義が、「絶望して自己自身であろうと欲する」であったことを思い出してください。これをそのまま使うと、信仰とは「信仰によって自己自身であろうと欲する」となりますね。

このきれいな対比が、しばらく続きます。

しかし、罪の反対がけっして徳ではないということは、実にしばしば見逃がされてきたことである。そのような見方はかなり異教的な考え方であって、単なる人間的な尺度で甘んじ、罪が何であるかを、あらゆる罪が神の前にあるということを、けっして知らないものである。（一五三頁）

「罪の反対は徳である」という考えが異教的であることについてはいいでしょうか？　キルケゴールにとって、「異教的」とは「古代ギリシア的」とほぼ同義なので、ソクラテス、プラトン、あるいはストア派やエピクロス派の典型的な考えを思い浮かべればいい。彼らにとって生きる上での最高の価値は、徳――その内容はさまざまですが――を実践することでした。よって、それを実践しないこと、いわばその反対が罪というわけです。

言いかえれば、人間がどんなに徳を積み、「心の平静（autarukeia, akrasia）」を実現したとしても、キルケゴールから見れば、彼らは「人間的尺度に甘んじ」ていて、「神の前」という点が決定的に欠けているのですから、罪がなくはないことになる。

> そうではなくて、罪の反対は信仰なのである。それゆえに、ロマ書十四章二十三節には、すべて信仰によらぬことは罪なり、と言われている。そして、罪の反対が徳ではなくて、信仰である、ということは、キリスト教全体にとってもっとも決定的な規定の一つなのである。（一五三頁）

ここに「信仰によってのみ義とされる」というルターの考えの原点が登場してきます。どんなに善行を積もうと、どんなに観想の生活・清貧の生活に徹しようと、どんなに結果として無意識的に模範的クリスチャンの生活を貫いても、信仰が欠けていれば、そのすべては罪なのです。

ここに注意すべきは、とはいえ「信仰」さえあれば、いかに「殺人、盗み、姦淫」を犯そうと救われるか否かの判断には慎重でなければならないということ。ここには、親鸞の「悪人正機説」に対する「本願ぼこり」の危険が常につきまとっている。俺は悪の限りを尽くしてきたが、それをいま深く反省しているから、救われるのだ、という一見、真のキリスト者が認めそうな「危険思想」です。これについては、ここにおけるキルケゴールの主題ではないので、深入りすることはやめましょう。

3 「つまずき」について

付論　罪の定義がつまずきの可能性を蔵しているということ、
　つまずきについての一般的な注意

罪——信仰、この対立はキリスト教的なものであり、それはキリスト教的に、あらゆる倫理的な概念規定を改造し、これを一段と深めるものである。この対立の根柢には、神の前に、という決定的にキリスト教的なものが横たわっており、この規定がさらに、背理、逆説、つまずきの可能性、というキリスト教的なものの決定的な標識を含んでいる。そしてこの標識が、キリスト教的なもののあらゆる規定において指摘されることは、もっとも重大なことである。なぜなら、つまずきということこそ、思弁に対するキリスト教的なものの防壁だからである。（一五四頁）

どうも、キルケゴールは、第一篇で「絶望」を強調して書きすぎてしまい、少なからぬ読者は「絶望」こそ偉いのだ、「救済」にもっとも近いのだ、と単純に——イロニーなし、弁証法なしに——読んでしまったかもしれない、という怖れにとらわれて、あらためて第二篇で、大原則である「絶望は罪である」（第二篇の標題）ことを語りなおしているような感じです。

そのためか、第二篇をここまで読んできても「弱さの絶望」しか語らず、絶望の最高段階である「強さの絶望＝反抗」はどこへ行ってしまったのだろう、という疑問が浮かんでくる。この疑問はしばらくとっておいて、この箇所の出だしは「罪——信仰、この対立はキリスト教的なものであり」と宣言されていますが、「絶望は罪である」、そして「罪の反対は信仰」（一五九頁）なのですから、単純に考えて、絶望は信仰の側にではなく、罪の側にあることになる。

さらに、この対立に「神の前に」というルター派の基本教義を重ね合わせると、ひとことで「信仰」と言っても、それには強さ（堅さ）と弱さがあり、信仰の弱さという「罪」を自覚せざるをえないことになる。

「背理、逆説、つまずきの可能性、というキリスト教的なものの決定的な標識」は、きわめて重要であって、『聖書』には理性（理性的思考）が受け容れることのできない事柄が満載です。その最たるものが、「イエス」の存在であって、これを理性的思考が受け容れようとしないとき、キリスト教では「イエスにつまずく」と言います。彼の行う数々の奇跡、彼が十字架に架けられ、殺された後に蘇ったこと、そして、何より彼が神を父とし、人間マリアを母とする存在者である――よって神であって、かつ人間である――ということ。

なお、後ろの訳注〔桝田注（144）〕にもあるように、ここにヘーゲルが介入し、キルケゴールにとってヘーゲルが「思弁（概念）」によって神をとらえようとした代表的パリサイ人であることは間違いない。とくに「あらゆる倫理的な概念規定」という表現はヘーゲルを念頭においていて、キリスト教はそれを「改造し、これを一段と深める」という構図になっているのでしょう。

最後の「つまずきということこそ、思弁に対するキリスト教的なものの防壁」とは、これを逆の観点から語っているのであって、「思弁＝合理的思考」がつまずくところにこそ、「キリスト教的なものの防壁」がある、となる。言いかえれば、イエスの存在は、ここにつまずいて起き上がれない理性的な人を排除する、という仕方でみずからを防御する壁の機能を果たしている、ということです。

なお、「つまずき（Ärgernis）」という言葉に関しては、訳注〔桝田注（133）〕に詳細な解説があります。

4 「つまずき」から脱する可能性

それではいま、つまずきの可能性はどこにあるのであろうか。それは、人間が、単独な人間として、現に神に面している、という実在性をもつべきであるということであり、したがってまた、そこから帰結することであるが、人間の罪は神にかかわるべきであるということである。

（一五四頁）

ここはわかりにくいでしょう。キルケゴールは「つまずきの可能性」と語っていますが、そのあとに実際に書いてあることは、「思弁による理解を『つまずき』だと自覚する可能性」という意味だからです。事柄を、人間的思弁のレベルではなく、「単独な人間として、現に神に面している」というレベルでとらえるとき、はじめて「つまずき」から脱することができる、ということ。

後者のレベルを「実在性」と呼んでいるのは、まさにこうした人間の「あり方」こそ実在的であり、思弁のレベルの「あり方」は非実在的だ、ということでしょう。すなわち、人間がこうした実在のレベルに達しないで、あくまでも思弁のレベルに留まって「つまずく」こと、このことがまさに罪だということになる。

神の前にある単独の人間ということは、思弁〔Sspekulation〕のけっして思いつかないことである。思弁はただ個々の人間を空想的に、類において一般化するばかりである。或る不信仰なキリスト教が、罪は罪である、それが神に面してであろうとあるまいと、それはどうでもよいことだ、などということを考え出したのは、まさにそのためであった。つまり、彼らは神の前に、という規定を払いのけようと欲したのである。

（一五四頁）

「思弁はただ個々の人間を空想的に、類において一般化するばかりである」とは言いすぎだという印象です。というのは、むしろ聖書物語と大同小異の神物語こそ「空想的」だと思うのが、一九世紀デンマークにあっても普通だと思うからです。「類において一般化する」とは、まさに概念は一般しか扱わない、「この私」という実存を扱わないということ。また、罪を——キリスト教の——神なしにとらえるというのは、古代ギリシャをはじめとして、ごく普通の態度でしたが、キルケゴールの矛先はこうした態度に向かっていく。

そしてそのために、いっそう高い知恵をもでっちあげたのであるが、ところが、実に奇妙なことに、それは、もちろんふつうより高い知恵と思われるものの例にもれず、あの古代の異教より以上のものでも以下のものでもなかったのである。

（一五四—一五五頁）

さて、これは何のことでしょうか。「古代の異教」とは古代ギリシャの神々以外ではないのですが、しっくりわからないかもしれない。ここを対話のための課題にしましょう。

「これまでの基本思想」を言葉だけ変えて繰り返しているだけではダメです。課題の箇所に隠されているキルケゴールの「新たな（角度からの）論法」を読み取ってもらいたいと思います。例えば、「実に奇妙なことに」という言葉に響くイロニーや、「古代の異教より以上のものでも以下のものでもなかった」という微妙な表現に立ちどまってもらいたいのですが……。

留意してもらいたいことは、キルケゴールの思想の大枠をいったん「括弧に入れ」て、しかも与えられた言葉の——背後の思想ではなく——、言葉自体の端々に神経を注いで読むことでしょうか。

この箇所は、前の文章の続きなので、その部分をふたたび挙げておきます。

神の前にある単独の人間というこのことは、思弁〔Spekulation〕のけっして思いつかないことである。思弁はただ個々の人間を空想的に、類において一般化するばかりである。或る不信仰なキリスト教が、罪は罪である、それが神に面してであろうとあるまいと、それはどうでもよいことだ、などということを考え出したのは、まさにそのためであった。つまり、彼らは神の前に、という規定を払いのけようと欲したのである。（一五四頁）

「思弁」とあることから、標的はヘーゲル——あるいはヘーゲル学派——であることは確かですが、とくに矛先は「類において一般化する」ことに向けられる。つまり、キルケゴールにとって、「神の前に」とは「単独者として神の前に」という意味であって、次の箇所は〔 〕のように補って読まねばならない。

……それが〔単独者として〕神に面してであろうとあるまいと、それはどうでもよいことだ、などということを考え出したのは、まさにそのためであった。つまり、彼らは〔単独者として〕神の前に、という規定を払いのけようとした。

こう準備したうえで、課題の箇所を解説すると、まず「いっそう高い知恵」や「より高い知恵」――この両者はドイツ語では同じです――が問題になる。敵がヘーゲル――およびヘーゲル学派――だとすると、「いっそう高い知識（Wissen）」のほうが適切な感じですが、これと「古代の異教」における「いっそう高い知恵（Weisheit）」とを比較するためでしょう。

そして、キルケゴールにおいて、これがソクラテスの知恵を意味することは明らかです――このことは、「第二章　罪のソクラテス的定義」（一六二頁以下）で詳細に論じられています。こう足許を固めてから、後半を検討してみましょう。

まず、壮大なほどの思弁を重ねたヘーゲルの哲学体系が、「まったくダメだ」というのなら簡単なのですが、そうではなく、「あの古代の異教〔ソクラテスの知恵〕より以上のものでも以下のものでもなかった」という慎重な（据わりの悪い）言葉遣いに注意する必要がある。このことは、その前の「それは、もちろんふつうより高い知恵と思われるものの例にもれず」という表現にも関係し、さらに遡って、「ところが、実に奇妙なことに」という表現にも関係している。

すなわち、ソクラテスは異教徒にもかかわらず、奇跡的なほど「高い知恵」に達した。これは、キルケゴールからすると、「実に奇妙なこと」なのです。そして、これをそのままキリスト教（徒）に対して「逆照射」すると、その後のヘーゲルにいたるまでのキリスト教（徒）の哲学は、「実に奇妙なこと」にまったく進歩していない。二〇〇〇年経っても、異教徒のソクラテスが達した高みを超えることがなかった――より以上のものでも以下のものでもなかった――のです。

もちろん、この背景には、「自分がはじめてソクラテスの高みを超えた」という自負心があり、この自負心は自分にいたるまで超えられなかった、というキリスト教（徒）としての負い目の感情に裏打ちされている。そして、その「高み」の核心をなすものは「神の前にある単独の人間」なのであって、それは「思弁（Spekulation）のけっして思いつかないこと」だったのです。

異教徒哲学の最高峰に位置するソクラテス、②キリスト教哲学の完成者としてのヘーゲル、③真のキリスト教哲学者としてのキルケゴールと並べて、「実に奇妙なこと」に、ヘーゲルにいたるこの二〇〇〇年のあいだ、キリスト教の哲学者は異教徒の哲学者ソクラテスを超えることができなかった。自分にいたってやっとそれを超えられる、という恐ろしいほどの自負心と使命感に支えられた構図であり、これこそ修士論文『イロニーの概念』以来のキルケゴールの心境です。

彼の頭の中ではいつも、ソクラテスは異教徒なのに、なぜあれほど知恵があるのか、そしてヘーゲルはキリスト教徒なのに、なぜあれほど知恵がないのか、という「大いなる疑問」がブンブン唸っていたことでしょう。言いかえれば、ソクラテスは異教徒なのに、なぜほぼ純粋なかたちで――神の前にではないにしても――「単独者」を実現しえたのか、これに対して、ヘーゲル

——およびヘーゲル学派の哲学者や聖職者——はキリスト教徒なのに、なぜ「(単独者として)神の前にという規定を払いのけようとする」のか、という疑問です。

人がキリスト教につまずくのは、キリスト教があまりに暗く陰鬱であるからだとか、あまりに厳格だからだとか、そういうことが、こんにち、実にしばしば言われている。そこで、そもそもなぜ人間がキリスト教につまずくのか、その理由を、一応、説明しておくのが、おそらくもっともふさわしいことであろう。その理由というのは、キリスト教があまりに高いということである、キリスト教の目標が人間の目標でないということである、キリスト教が人間を、人間の頭では理解することができないような並はずれたものにしようとするということである。

(一五五頁)

この部分はまだ具体的に何も語っていないので、「解説」のしようがありませんが、むしろ前半は(一九世紀にいたって)「キリスト教があまりに古臭く、幼稚で、非合理的で、神話的だからつまずく」と言われている、としたほうが実情にかなっているようです。そうすると、「いや、逆に、キリスト教があまりに高いからつまずくのだ」というキルケゴールの反論も明確になってくるでしょう。

このことは、つまずきが何であるかについて、まったく簡単な心理学的な説明を加えてみても、判明することであろうし、その説明によって同時に、人がキリスト教を弁護しようとしてつまずきを取り去ったのが、いかに限りなく愚かなやり口であったかが、明らかとなるであろう。それは、愚かにもまた厚顔にも、キリスト自身の教訓を無視したものである、

（一五五頁）

ここは、長文なので、あえてピリオドでないところで切ります。「心理学的な説明」とは、中扉に「教化と覚醒のためのキリスト教的、心理学的説明」とあるように、人間の目線での説明ということであり、これに対立するのが「キリスト教的」すなわち神の目線での説明、先の引用箇所の「人間の頭では理解することができないような並はずれたもの」に対応する。つまり、「心理的説明」とは、あくまでも人間の目線で、キリスト教の「矛盾＝つまずき」を取り去って合理化し、「弁護しようと」するということでしょう。

これは、キルケゴール以前からあって、その典型例が「理神論（deismus）」であり、神と科学的知見とを両立させようとするもの。世界創造の「最初の一撃」のみを神に帰して、後はニュートンの運動法則通りに信仰していくというものです。

デカルトやカントも近いところにいて、デカルトの場合は、「恩寵の光」と「自然の光」とを分けて、基本的に後者に基づいて自然は進行していくのですが——じつはしぶしぶ？——、任意のときに前者の「奇跡」を認めていいというもの。カントは、さらに徹底していて、——ご存じのように——理性的でないような『聖書』の文言はすべてカットすべきであって、いかなる奇跡も認めず、自然はニュートンの運動法則通りに進行し、神は「あたかもあるかのような」理念と

して想定できるにすぎない、というものです。

5　イエスに「つまずく」ということ

キリストはしばしば、また深く心を痛めながら、つまずくことのないようにと戒めておられる、すなわち、つまずきの可能性がそこにあり、また、そこにあるべきだということを、キリスト自身が示唆しておられるのである。おもうに、もしつまずきの可能性がそこにあるべきでなく、それがキリスト教的なものの永遠に本質的な一要素をなすものでないとすれば、キリストがそれを取り除きたもうことなしに、心を痛めながらつまずくことのないようにと戒めたもうということは、キリストとしては、実に人間的なナンセンスでしかないであろう。（一五五―一五六頁）

前にも言いましたが、神やイエスに対して「たもう」とか「おられる」という敬語を使うことに対して、はなはだ違和感を覚えます――日本聖書協会訳もそうなっていますが。逆に人間臭くなってしまうというのが私の語感。また、ついでに「おる」は謙譲語であり、それに「られる」をつけても尊敬語にはならない、という語感ですが、これに関しては「申される」など、近世以降崩れてきたという国語の変遷も聞いたことがあります――日本聖書協会訳はこれも採用していますが。

さて内容ですが――ここでは「マタイによる福音書」から引用しますと――、イエスが数々の奇跡を起こした後に、獄中からバプテスマのヨハネはイエスに弟子たちをつかわし、「来るべき方はあなたなのですか」と問わせたのに対して、イエスは言っています。

行って、あなたがたが見聞きしていることをヨハネに報告しなさい。盲人は見え、足なえは歩き、らい病人はきよまり、耳しいは聞こえ、死人は生きかえり、貧しい人々は福音を聞かされている。わたしにつまずかない者はさいわいである。

（「マタイ」一一章4—6節）

ここは、ストレートな意味であって、人間のかたちをしたこの男が「神の子」であると信じることに「つまずかない」ことです。また、最後の晩餐のときにイエスは弟子たちに向かって、「今夜あなたがたは皆わたしにつまずくであろう」（「マタイ」二六章31節）と言う。まもなくローマ軍に捕らえられ、十字架上で刑死する自分を見て、あなたがたの信仰は崩れるであろう、とイエスは予言するのですが、すぐにペテロが、「たとい、みなの者がつまずいても、わたしは決してつまずきません」（二六章33節）と断言する。

するとイエスは、「今夜、鶏が鳴く前に、あなたは三度わたしを知らないと言うだろう」（二六章34節）と答え、実際ペテロはそのとおりのことをして「激しく泣いた」（二六章75節）のです。「マタイ」はとりわけこの逸話を描き出していますが、他の弟子たちも誰ひとり捕まらなかったことから、大同小異、みなつまずいたのでしょう。

さて、次の「いまここに」（『死にいたる病』一五六頁4行）から、「貧しい日雇い人夫と帝王」の寓話が一五八頁6行目まで続きますが、読めばすぐわかるので、すべてカットします。この書には、こういう「イソップ物語」的寓話が頻繁にさし挟まれている。

なお、これはイエスの言葉にある比喩が、「わかる人にはわかり、わからない人にはわからない」という試金石となっているのとは異なり、読めば誰にもわかるのですが、こうした寓話がこの書に彩りを添え、魅力的にしていることは疑いない。とはいえ、あらためて「解説」は必要ないでしょう。

四　神の謙虚さと「つまずき」

1　神の人間に対する「謙虚な勇気」

このあとですが、急に語調が柔らかくなって、牧師の説教のようになる。ほとんど解説する必要のないことですが、途中少し省いて、引用はしておきましょう。

さて、キリスト教はどうであろうか。キリスト教は教える、この単独な人間が、したがって、男であろうと、女であろうと、女中であろうと、大臣であろうと、商人であろうと、理髪師であろうと、学生であろうと、そのほか何であろうと、とにかく何であれ単独な人間めいめいが、この単独な人間が、現に神の前にある、と。〔……〕この人間が現に神の前にあり、いつなんどきでも好きなときに神と語ることができ、確実に神に聞いてもらえるのである、要するに、この人間にごく心安く神といっしょに生きることが申し出られているのである！（一五八頁）

「単独者（der Einzelne）」がここでは、性別、職業、知識、社会的地位などとはいっさい関係のないことが言われている。こういう文章を読むと、キルケゴールがこうしたあたりまえのことを声高に語らざるをえなかった、当時のデンマーク国教会の状況が逆に炙り出しになる。当時、デンマーク国教会（の聖職者）はヘーゲル学派が牛耳っていたのですが、たしかに「女中や大臣や商人や理髪師」、あるいはほとんどの「学生」がヘーゲル哲学の「思弁」を理解するのは至難の技でしょう。

それればかりではない、この人間のために、またこの人間のゆえに、神は世に来たり、人の子として生まれ、難を受け、死にたもうのである。そしてこの受難の神が、この神が、この人間に向かって、どうか救助の申し出を受け入れてくれるようにと、ほとんど乞いかつ嘆願していられるのである。ほんとうに、世にそのために正気を失うほどのものがあるとしたら、これこそそれであろう。あえてそれを信じるだけの謙虚な勇気をもたない者は、誰でもそれにつまずくのである。

（一五八―一五九頁）

この引用二行目の「そして」以下が、キルケゴールの「読み」です。「神の子」という想像を絶して高い者が、上から目線で「救ってやろう」というのではなく、「この〔下卑た〕人間に向かって、どうか救助の申し出を受け入れてくれるようにと、ほとんど乞いかつ嘆願していられる」というのです。この恐ろしいほどの謙虚さに、われわれ人間は「正気を失い」、信じることができなくなる。こうして、つまずくのです。

しかし、なぜ彼はつまずくのであろうか？　それが彼にはあまりに高きにすぎるからである、彼の頭ではそれが納得できないからである、彼がそれに面して素直な気持ちになることができず、したがって、それを取り除き、それをなくし、それを狂気の沙汰にし、ナンセンスにしてしまわずにはいられないからである。それは彼を窒息させようとしているもののように思われるのである。

（一五九頁）

この部分も、前の部分の続きですが、ここにおいて気づくことは、キルケゴールは「神であってかつ人間である」イエスに「つまずく」という、そのもともとの意味を――少なくともその重点を――変えて、われわれ人間は神の「恐るべき謙虚さ」に「つまずく」としている。すなわち、それは「あまりに高すぎる」のであって、「納得できない」のであって、「素直な気持ちになれない」のであって、まさに「窒息させられる」ようで……よって大部分の人間は、このすべてを「なくして」しまいたくなるのです。

こういう「つまずき」の原因に関するキルケゴールの考察は、むしろ特殊であって。あまりに自分に対して親切な人は、何か魂胆や企みがあるのではないかとかんぐり、恐ろしさのあまり「素直な気持ちになれない」という、ごく普通の気持ちにも通じます。

いったい、つまずきとは何であろうか？　つまずきとは不幸な驚嘆である。それゆえに、それは嫉妬に似通っている、しかしそれは妬む者自身に向かう嫉妬である、もっと厳密にいうなら、もっとも意地悪く自分自身に立ち向かう嫉妬である。自然のままの人間の狭量さは、神が彼に与えようと思われた並みはずれたことを受け入れることができない、そこで、彼はつまずくのである。

（一五九頁）

さて、ここを対話のための課題にしましょう。きわめてキルケゴール的イロニーが効いた箇所ですから、この箇所の解読はキルケゴールが「わかる」試金石になるかもしれません。「自分自身に立ち向かう嫉妬」という事態がその要なのですが、はっきり言って、この表現の解読はかなり難解です。人間の心理を相当深く研究していなければ、答えられないでしょう。「われこそは」と思う方は挑んでみてください。

対話6

「自己自身に対する嫉妬」と「つまずき」との関係を探っていくには、かなり強靭な思考力が必要です。なかなか中核にいたることができないのは、「つまずき」の本質をとらえていないからでしょう。つまり、われわれは神が人間の形（イエス）として現れたこと、そして人間たちによってもっとも悲惨な仕方（磔）で殺されたことに「つまずく」のです。

まず、出だしの「つまずきとは不幸な驚嘆である。それゆえに、それは嫉妬に似通っている」という意味の分析から始めます。他人の特性に対する「嫉妬」とは、その特性のもつ美点を承認している――それに驚嘆している――からこそ成り立つのですが、しかも相手に対する憎しみで色づけられている「不幸な驚嘆」です。

「つまずき」も同じとは、どういうことでしょうか？　さしあたりわかることとは、イエスの言動に対して驚嘆しながら、それがあまりに「並外れたこと」であり、あまりに謙虚だから、「憎しみ」とは言えないとしても、それを認めたくないという感情と考えられましょう。しかし、キルケゴールの分析にはもっと奥があるようです。この箇所の解読の要として「自分自身に立ち向かう嫉妬」というフレーズを挙げましたが、この解読がすべての根幹です。他人のみならず自己自身に向かう感情はわりにあって、愛、憎しみ、軽蔑、憐憫、讃美、尊敬……などに関して、自己愛、自己嫌悪、自己侮蔑、自己憐憫、自己讃美、自尊心などの言葉があるように、自分を二分して、対象としての自己に対して主体としての自分がこうした感情を懐く。

だが、感情のなかにはこうした「自己〜」という熟語を形成しても意味がはっきりしないものがあり、理解に苦しむものがある。「嫉妬」はその一つです。いったい、私が自分に嫉妬するとはいかなる事態でしょうか？

それに答える前に、嫉妬はいくつかの類型に分かれますが、そのことについて。①ある女Fをめぐって二人の男AとBとが競う場合、Fによって「より愛されている」男に、そうでない男は嫉妬する。そして、②だいたい、同業者のあいだに生ずるのですが、世間的により成功している者に対して、より少なく成功している者が嫉妬する場合。さらに、もう一つあって、③知性や容貌や特殊才能や境遇など、人間としての（世俗的）美点をより多くもつ者に対して、より少なくもつ者は嫉妬する。

さて、以上は準備的考察であり、ここで問題になっているのは「つまずき」に関する感情ですから、イエスの言動ないしキリスト教の教えに関して「つまずかない」自分に対して、「つまずく」

自分が嫉妬する。「神が彼に与えようと思われた並みはずれたこと」をすなおに信じてしまう自分に対して、それを「受け入れることができず」に「つまずく」、自分が嫉妬のあまりその足を引っ張るのです。

ここで一番はじめに戻って、「人間は無限性と有限性との……綜合である」（二七頁）という根本規定が頭に浮かぶ。すると、有限性である自分が無限性である自分を嫉妬するという構造が比較的ラクに導ける。これが、「自己自身に対する嫉妬」です。神が自分をセムシに「悪い血」の持ち主に創造したことにあてはめて、このことに納得する自分を、納得しない自分が嫉妬する、という解答を導き出すわけです。

しかし、先に述べたように、「つまずき」とは独特の現象であって、なによりも神＝人間（イエス）という等号につまずくことなのです。とすると、自分の中にはイエスにつまずかずにすっと信仰に入っていける「無限性」の要素も確かにあるのに、「自然のままの人間の狭量さ」、すなわち「有限性」の要素も存分に残っている。よって、後者が前者を嫉妬して、神＝人間につまずいてしまう、これこそ、「もっとも意地悪く自分自身に立ち向かう嫉妬」なのです。この問題は、この項の最後の部分に深く関係しますので、そこに譲ることにします。

2 「つまずき」の二つのタイプ

このあとテーマが変わって、「つまずきの度」の話になります。現代日本人の「生態」を重ね合わせると、なかなか興味深い分析です。

ところで、つまずきの度は、人間が驚嘆することにどれだけの情熱をもっているかにかかっている。想像力も情熱も持っておらず、したがってまた素質としてほんとうは驚嘆するに適しない散文的な人間でもつまずきはする、しかし彼らは、そんなことはわたしの頭ではわからない、そんなことはほっとけばいい、というばかりである。これは懐疑家の態度である。（一五九頁）

大部分の現代日本人に、イエス物語を中心とした「聖書物語」を聞かせると、「つまずく」に決まっている。しかし、たぶん、いかなる「想像力も情熱も」なく、すなわちそれに大いなる反感をもってではなく、あまりに馬鹿げているので、「そんなことはほっとけばいい」という態度で切り捨てるでしょう。こういう「つまずき」こそ、キリスト教（キリスト教布教者）からするともっとも手ごわい相手です。どんなに言葉を尽くしても、特別に反対するのでもなく、弁明するのでもなく、醒めた態度を変えることなく拒否する。

これに対して、次のような「つまずき」もあるのですが、たぶん現代日本ではほとんど見当たらないでしょうね。

しかし、人間が情熱と想像力とをもつことが多ければ多いほど、したがって、或る意味で、つまり、可能性において、よく心にとどめてほしいことだが、並みはずれたもののもとに謙虚にぬかずいて、信仰することのできる状態に近づいていればいるほど、つまずきもそれだけ情熱的となり、ついには、それを根こそぎにし、無きものにし、泥まみれに踏みにじらないでは気がすまな

くなる。　　　　　　　　　　　　　　　　　（一五九―一六〇頁）

イエスの処女降誕、イエスのなした数々の奇跡、イエスが復活したこと……に対して「情熱と想像力」をもって反対する人は、ここでキルケゴールがシャープに抉り出しているように、「並みはずれたもののもとに謙虚にぬかずいて、信仰することのできる状態に近づいていればいるほど」反転図形のようにコロッと信仰に転ずる可能性がある。

これは私の体験にもぴったり当てはまる。世の中には「哲学嫌い」がワンサといますが、大まかに二種類に分かれる。一つは、「哲学なんかやって何になるの?」という懐疑家タイプであり、こう語ることに対して「想像力も情熱も」なく、心身問題をはじめ哲学的難問をエンエンと説明しても、「そんなことはわたしの頭ではわからない、そんなことはほっとけばいい」とあっさり立ち去ってしまう人。こういう人は「哲学におけるつまずき(?)」から立ち直ることがほぼ不可能です。

しかし、もう一つあって、何かというと哲学(者)につっかかってくる人。哲学の虚しさ、無意味さ、傲慢さ……を「情熱をもって」述べ立てる。こういう御仁はある日、コロッと、「哲学におけるつまずき」から立ち直る(哲学者になる?)可能性もあるのですね。

と、他の例を出して語りましたが、あたりまえであり、イエス(聖書物語)に対してであろうと、哲学に対してであろうと、「情熱をもって」反対するのは、それが実存の深いところで、当人にかかわっているからです。

つまずきというものを理解することを学びたければ、人間の嫉妬心を研究するがいい、この研究は、とくにわたしの課題としているもので、またわたしはこれまでに徹底的に研究しつくしたと自負している。嫉妬とは隠された驚嘆である。献身によって幸福になれないと感ずる驚嘆者は、その驚嘆の対象を嫉むことを選ぶにいたるのである。そうなると、彼の語ることばも違ってくる。そこで、実は彼が驚嘆しているものが、なんでもないとか、馬鹿げた、くだらぬ、奇妙な、とっぴなことだとかというのである。驚嘆は幸福な自己喪失であり、嫉妬は不幸な自己主張である。

（一六〇頁）

3 嫉妬は不幸な自己主張である

この箇所は、さきほど説明した「対話6」の箇所に重なりますので、簡単に終えましょう。新しいメッセージとしては、第一にキルケゴールが、「わたしはこれまでに徹底的に研究しつくしたと自負している」と語っていること。これは、彼の実人性を振り返るに、まずレギーネとの結婚が破綻した後に、彼女が実際に結婚した相手に対する嫉妬が考えられる。

『あれか、これか』に収められている「誘惑者の日記」では、その男の馬鹿さ加減を笑い飛ばす文章が並んでいますが、これも嫉妬の表れと解釈できるでしょう。前に述べたように、キルケゴールは結婚後もレギーネにまといつき、手紙を何通も書くのですから、その男に対して嫉妬していないわけがない。

なお、余談ですが、レギーネはその男との結婚生活をまっとうしながら、キルケゴールの著作はほとんどすべて読んでいて、夫の死後インタビューを受け、キルケゴールを「いい人だった」と回顧しているとのこと、救われる気持ちになりますね（『現代思想　キルケゴール』青土社、二〇一四年二月号、とくに三三頁を参照）。

「嫉妬」はこれだけではないでしょう。もっと深いところでは、キルケゴールがその男をはじめとして、セムシではなく、「悪い血」のもとに生まれたのではない、男女すべてに嫉妬したことは当然考えられる。そして「研究」に関しては、シェイクスピアを愛読していた彼は、嫉妬をテーマとする『オセロ』には特別の思いを込めていたことでしょう。

そのうえで反省してみるに、「嫉妬とは隠された驚嘆である」とはなかなかうまい言い方であり、ある人（X）に嫉妬している（Y）は、まずXの美点を承認（美点に驚嘆）することが必要条件であり、しかしそれを普通Xやほかの人には表明しない、という居心地の悪い状態にある。これを「隠された驚嘆」というわけです。

「献身によって幸福になれないと感ずる驚嘆者」という部分は、YがXの才能や容貌や人間的魅力という美点そのものに嫉妬する場合であって、YはXに対する「献身〔讃美、服従〕によって幸福になれないと感ずる」のであり、ただ驚嘆を「嫉妬」のもとに包み隠すという「不幸」を「選ぶにいたる」のです。かくしていたった「驚嘆は幸福な自己喪失〔すなわち自己を無にしての相手に対する献身〕であり、嫉妬は不幸な自己主張〔すなわち相手に対する非難や罵倒〕である」とは名言ですね。

この後、キルケゴールはこうした嫉妬と「つまずき」を関係づけるのですが、その道筋はかなりわかりにくいかもしれない。

つまずきもそれと同じである。人間と人間とのあいだの関係において、驚嘆――嫉妬、であるものが、神と人間とのあいだの　関係においては、礼拝――つまずき、なのだからである。あらゆる人間的知恵のツヅマルトコロは、度ヲ越スナ、過ぎたるは及ばざるがことし、というあの「黄金の」知恵である、というよりも、より正確に言うなら、おそらく、金めっきの知恵である。人と人とのあいだでは、これが知恵としてやりとりされ、驚嘆の念をもって尊敬されていて、その相場はけっして変動することがない、全人類がその価値を保証しているのである。

（一六〇―一六一頁）

これは、イエスに対する、（真剣な）キリスト者の関係を考えれば、いちばんわかりやすいでしょう。イエスは、「人間」であれば、まさにいなかる欠点もない驚嘆すべき人間であり、彼に献身（讃美し、服従）できない場合は、われわれは「隠された驚嘆」である「嫉妬」に向かうでしょう。

しかし、イエスは人間ではなく神なのですから、「献身」ではなく「礼拝」の対象なのであり、「嫉妬」ではなく「つまずき」の対象なのです。ここにいたって「嫉妬」と「つまずき」とを重ね合わせるキルケゴールの意図がようやくわかってくる。つまり、人間に対して「隠された驚嘆」としての「嫉妬」という感情を形成するものが、神に対しては、やはり「隠された驚嘆」なのですが、「つまずき」という感情を形成する。驚嘆しつつ、その驚嘆の対象となるものを素直に認めたくない、という点で両者には共通点があります。

この後に「過ぎたるは及ばざるがごとし」という「『黄金の』知恵」が出てきますが、「金めっきの知恵」と言いかえているように、これは、断じて厳密な意味での真理――キルケゴールの場合は、「神の前に」という状況においてのみ現出する――を語っているのではなく、世渡りの知恵にすぎないのです。

つまり、ここにいたって「嫉妬」と「つまずき」の表面的な類似性をひと皮めくってみると、互いにずいぶん違うことがわかる。なぜYはXに献身せずに嫉妬するのか？　同じ人間だからこそ、Xが自分より遥かにすぐれたものをもっていることを認めたくないのです。Xに驚嘆しつつも、それをおし隠して嫉妬を育て上げ、「ほどほどの欠点もあるほうが人間らしくていい」という、「金めっきした知恵」が頭をもたげてくる。もちろん、そういう彼でも「神の前」では、こんな知恵など吹っ飛んでしまうことを知っている。しかし、多くのキリスト者は、今度は「つまずき」というかたちをとって、神に驚嘆することをおし隠す、という似た振舞いを繰り返すのです。

ところが、ときたま、天才があらわれて、ほんの少しばかり度を踏み越す、すると、彼は――賢い人々から――気違いにされてしまうのである。しかし、キリスト教は、度ヲ越スナ、というこの知恵を踏み越えて、背理のなかへ巨大な一歩を踏み入れる。キリスト教は――そしてつまずきは、そこに始まるのである。（一六一頁）

「天才」とはパウロであり、ルターであり、そしてたぶんキルケゴール自身でしょう。このことは、次の「ほんの少しばかり度を踏み越す、すると、彼は――賢い人々から――気違いにされてしまうのである」という箇所から読みとれます。これに対して、「賢い人々」が「度を越すな」という「金メッキした知恵」を教える人々を意味するのはいいですね。「天才」はそれに反して、あえて「度を越す」

のですが、それはすなわち「背理のなかへ巨大な一歩を踏み入れる」ことである。そして、これこそが——真の意味での——「つまずき」だと言っているのです。

ここにいたって「つまずき」の相貌はガラリと変わり、むしろ「賢い人々」は真の意味でつまずかない、ただ紋切り型につまずいている振りをしているだけだ、という弁証法的局面が照らし出される。ここには、全身でつまずいて悲鳴をあげることが、真の意味での「つまずき」だ——そして、信仰への真の道だ、というロジックが忍び込んでいる。

そして、やっとここで、次のようにも言える。すなわち、このことは、イエスという存在のみならず、自分という存在（実存）、すなわち「神が自分を悪い血のもとにセムシとして創造したこと」にどうしても納得できない、という「つまずき」をも含意している、と。

4　キリスト教を「弁護する」ということ

以下には、なかなか意味深いことが書かれている。

もうおわかりであろうが、キリスト教を弁護するなどということは、実に並はずれて（せめて、何か並みはずれたことを残しておきたいのだろう）馬鹿げたことであり、いかに人間を知らないかを暴露するものであり、キリスト教的なものを結局ハ弁護によって救われるほかないといったような憐れむべきものにしてしまって、たとえそれと知らずにいようとも、実はひそかにつまずきと馴れ合いになろうとするものである。

（一六一頁）

ここは、「弁護」の意味を探究することによってはじめてわかる。「弁護」に当たるドイツ語は“Verteidigen”であって、ソクラテスが実践した「自分の正しさを弁明する」という意味、もっと一般的な日本語に直すと「自分を正当化する」に当たるでしょう。

さて、「正当化」とは何でしょうか？　ある事柄Xが疑わしいとき、その正しさの根拠を直接的直感によって、あるいは推論によって示すことでしょう。そして、われわれはある人（Y）がある人（X）に対してこういう態度に出るとき、YはXを信じていないと直感するのです。かつて私は、『哲学の道場』（ちくま文庫、二〇一三年）で、サルトルを下敷きにして、以下のように書きました。

われわれは、例えば友人あるいは恋人が自分を裏切ったという噂を聞いたとき、「彼（女）を信じている」と言います。それは、もうぎりぎりの事実が目の前に突きつけられるまでは、その噂に惑わされないという決意です。つまり、他のことは一切信じないという決意です。といって、みずから友人あるいは恋人を調べ上げることはしない。それは彼（女）を信じていない証拠ですから。私が友人あるいは恋人が私を裏切ることもあるかもしれないと信じているからこそ、友人あるいは恋人の誠意を信じようとするのです。私は信じていないからこそ、信じようとするのです。

（『哲学の道場』一五〇頁）

もう一つ例を挙げると、娘が万引きしたという連絡を受けて、駆けつけた親が、娘が万引きしていないことを、論理を駆使し、さまざまな証拠を挙げて冷静沈着に証明しようとするとき、親は娘を信じてはいない。こういうことをしないことが、娘を信じることなのです。私は神を信じているゆえに、神を弁護（正当化）したくない、という態度表明は、これ以上でも以下でもないのです。

それだから、キリスト教界においてキリスト教を弁護することを思いついた最初の男は、事実上ユダ第二号だ、と言って間違いない。彼もまた接吻をもって裏切るものである、ただ彼の裏切りが愚かさの仕業だというだけの違いである。何かを弁護するということは、いつでも、そのものを悪く推薦することである。

（『死にいたる病』一六一頁）

後ろの訳注〔桝田注（154）〕にあるように、「マタイ」によると、ユダは銀貨三〇枚と引き換えにイエスをローマ軍に密告した。ユダはローマ軍に最後の晩餐の場所を教え、そこにいる男たちのうちで「私が接吻する男がイエスだ」とあらかじめ伝えていた。そして、彼はローマ軍の面前でイエスの頬に接吻し、イエスは逮捕されたのです。

この話をベースにして、キルケゴールは「キリスト教を弁護することを思いついた最初の男は、事実上ユダ第二号だ、と言って間違いない」と言い放ち、さらに「彼もまた接吻をもって裏切るものである」と続けている。右の訳注〔桝田注（154）〕を超えて、さらにこの意味がわかるでしょうか？　これを、対話のための課題にしましょう。

この課題に対して、「ユダ」や「接吻」や「裏切り」の意味を深堀りしないと、「ユダ第二号」という猛烈なイロニーの意味を解読することができない。ユダはそれほど単純な男ではないのです。

こういう課題に答えるとき（とくに私に？）、いままでの大枠を繰り返すことが期待されているのではないので、細部の表現に注意することが肝要です。例えば、なぜ「ユダ第二号」なのか？「接吻をもって裏切る」とはどういうことか？　そうする者は、ユダ（第一号）と違って、なぜ「愚かさの仕業」なのか？

この疑問に答えるには、「ユダ」がいかなる男かを知る必要がある。もちろん神が、イエスを裏切る者としてユダを創ったのですが、神の視点ではなく、人間の視点から見ると、ユダの行為には数々の疑問が湧いてくる。それらの疑問は、彼はなぜイエスを裏切ったのか、そしてなぜ、その直後に自殺したのか、という二点に絞り込まれます。

私が学生時代（一九七三年、ですから五〇年ほど前）に『ジーザス・クライスト・スーパースター』というハリウッド映画が公開されましたが、それによると、ユダは、イエスが神の子であることを信じていなかった。さらにマグダラのマリアとの関係を疑っていた。そしてイエスを密告し、その後、自分の惨めさを自覚して自殺した、となっている。この映画では、ユダが、他の弟子たちと同じように――いや、ほかの誰にも増して――イエスを愛していたこと、そして同時に激しく憎んでいたことが描かれている。

この解釈が正しいかどうかはペンディングにして、一般にユダは悪魔のような男と解釈されていますが、たしかに彼は銀貨三〇枚と引き換えに、イエスの居所をローマ軍に知らせると約束したのですが、イエスが実際に捕らえられる光景を目の当たりにすると、たちまち後悔してその銀貨を返そうとしたこと、それが拒否されると、首を吊って死んだこと（「マタイ」二七章3－5節）、このことをよく考えてみなければならないでしょう。

さて、課題に戻りますと、「接吻」とは愛情の表現ですが、それが同時にこの場合は裏切りのサインとなっている。その点だけを切り取ると、たしかにユダは卑劣ですが、私の解釈はちょっと穿ったもので、このことをもって、ユダはやはり自分がイエスを愛していることを最後に示したかったのではないか？　ユダがイエスの頬に接吻したとき、それがすなわち裏切ることになる、ということを彼は一瞬忘れていたのかもしれない。しかし、その合図でイエスが逮捕されたのを呆然と眺めて、はっと我に返り、狂気のように自分を責めたのです。

これに加えて、もう少し解釈を続けますと、ユダは、なぜ褒美の銀貨三〇枚をもらう約束をしたのか？　彼にとってそのとき、カネなどどうでもよかったはず。ここのところですが、ユダは自分を卑劣の極致に追いやることを望んでいる。どうも銀貨は、極限的な自罰的（自虐的）行為へともっていく道具に見えるのです。そうすると「接吻をもって裏切る」というユダの行為は、「愚かさ」と言うにはあまりにも重たい意図的行為でしょう。

課題の部分は、「彼の裏切りが愚かさの仕業だというだけの違いである」となっていて、キリスト教を弁護しようとする者は、「接吻」してキリスト教に愛情を表現したつもりでいるが、じつのところキリスト教を裏切る第二のユダにほかならない。しかも、（第一の）ユダの苦しみなど微塵もなく、ただ「愚か」なだけだということ。自分の卑劣さに自殺することもなく、ただ気がつかないだけ。ですから、そういう輩はその後もユダのように自殺などせず、のうのうと生き延びるのです。

なお、「何かを弁護するということは、いつでも、そのものを悪く推薦することである」という最後の部分は、前に説明したこと以上には出ませんが、他の角度から整理してみると（これも『哲学の教科書』〔講談社学術文庫、二〇〇一年〕に書きましたが）、母親が息子を「イケメンで秀才だから愛している」と「論証する」なら、相当オカシナ親であり、妻が夫を「これまで浮気をしなかったから信じている」と「弁護する」のも相当オカシイ。

まさに当人を「悪く推薦する」のではないでしょうか（なお、デンマーク語から直接訳した鈴木祐丞訳では「推しているようで推していない」となっています）？

なぜか？　本来の「信じる」ないし「愛する」は、属性の束ではないその個人（主語）そのものに向かうからであり、それは一般に言語化を拒む性質をもっているからです。このことは、みんなよく知っていて、「なぜだかわからないけど、（彼女だから）彼女を愛している」とか、「どうも説明がつかないけれど、（彼だから）彼を信じている」という語り方が「正しい」のです。

とはいえ、ここで注意しなければならないのは、「だから」言葉は虚しいとか、すべては行為だという方向に傾いてはならない、ということです。キルケゴールが言っているのは、定型的な弁護や論証の言葉を過信してはならない、ということであって、それでも“philo=sophia”を諦めない限り、言葉（対話）を諦めてはならないのです――キルケゴール自身、なんと言葉を信頼して語り続けることでしょうか。

というわけで、「キリスト教界においてキリスト教を弁護することを思いついた最初の男」＝「ユダ第二号」は、その後のキリスト教界において想定される一人かもしれませんが、ここはやはり「キリスト教界においてキリスト教を弁護することを思いついた最初の男」＝「ユダ第二号」＝「ヘーゲル」と等号を延長すれば、どんなにヘーゲルが概念を駆使して神を弁護しようとも、「事実上（de facto）ユダ第二号だ」という表現によって、キルケゴールの言わんとすることが、ハッとするほどよくわかるのではないでしょうか。

ところで、キリスト教であるが、むろん、キリスト教を弁護する者は、いまだかつてそれを信じたことのない者である。もし彼が信じているとしたら、そのとき、あるものは、信仰の感激である――弁護などではない、いな、その感激は攻撃であり勝利である、信ずる者は勝利者なのである。（一六一―一六二頁）

「信仰の感激」とは唐突な感がしますが、弁護（正当化）という回りくどい手段が無意味に思われるほど直接的に感激している、ということでしょうか？

キリスト教的なものとつまずきも同じことである。かくして、つまずきの可能性は、まったく正当にも、罪についてのキリスト教的定義とともに与えられているのである。それは、神の前に、ということである。自然のままの人間である異教徒にしても、罪が存在するということを、進んで承認する。しかし、本来の意味で罪を罪たらしめるはずのこの「神の前に」ということは、異教徒にとっては、あまりにも度を越えたことなのである。それは（ここに述べたのとは違った仕方においてではあるが）異教徒にとって、人間であるということを、あまりにも過大視することである。も少し小さいことなら、異教徒も喜んでそれに同意するだろう、――「しかし、過ぎたるは過ぎたるなり」なのである。（一六二頁）

イエスが数々の奇跡を起こして超人的能力を示すところに、われわれはつまずくのではない。むしろ、そのイエスが、あまりにも弱く人間的であるところに、われわれはつまずくのです。このあたり読み違えてはなりませんが、「神の前に」は異教徒の目には、神と人間との絶対的差異を強調しすぎることであって、「〔神であることと〕人間であるということを、あまりにも過大視することと」なのです。

イエスが人間なら、「そういう驚嘆すべき謙虚な男がいた」で終わりであって、われわれは断じてつまずかないでしょう。イエスを神のひとり子であると信じているからこそ、そしてその神のひとり子が人間に対してあまりに謙虚であり、人間によってあまりに惨めな殺され方をしたからこそ、われわれはつまずくのです。

第六章　無知と啓示――〔第二篇　絶望は罪である　第二章　罪のソクラテス的定義〕

一　ソクラテスの「無知の知」

1　ギリシア的なもの

罪のソクラテス的定義」からです。ここで突然、いままでとはまったく異なった光景が開かれてくる思いです。

罪は無知である。これが、周知のように、ソクラテス的な定義であり、その定義は、すべてソクラテス的なものがそうであるように、つねに注目に値する見解である。しかしながら、このソクラテス的なものも、他の多くのソクラテス的なものと同じ運命をたどった、つまり、人はさらに先へ進もうという要求を感ずるにいたったのである。（一六二―一六三頁）

訳注〔桝田注（156）〕にソクラテス的な定義の意味が要領よくまとめられていますが、これだけでは何のことか、わからないでしょう。前にも言いましたが、キルケゴールの処女作（修士論文）は『イロニーの概念』であって、アリストファネス、プラトン、クセノフォンのソクラテス像を比較検討したもの。

これを通じて、キルケゴールはソクラテスの、いわゆる「無知の知」をイロニーの原型としてとらえ直した。それは、わかる人にはわかり、わからない人にはわからないという独特の仕方で真理をわからせる方法なのです。異教世界（古代ギリシア）において、ソクラテスは例外的に傑出していたのですが、キリスト教の信仰がないために最高の真理の洞察にはいたらなかった。キルケゴールにとってソクラテスとは、こういう居心地の悪い「気になる」存在なのです。

そのソクラテスにとって「罪は無知である」――あるいは逆にして「無知は罪である」としても同じことですが。「罪」のありかは「無知」にある。こう決めつけたうえで、キルケゴールは、キリスト者としてこの卓越したソクラテスの見解に戦いを挑む。最後の「人はさらに先へ進もうとする要求を感ずる」が何を意味するかは、この次の文章によってようやくわかってきます。

いかに数知れぬ多くの人々が、ソクラテス的な無知を越えてさらにその先に進もうという要求を感じたことであろう――察するに、それは彼らが、無知のもとに立ちどまっていることは自分たちには不可能だ、と感じたからのことであろう。考えてみれば、わずか一カ月のあいだだけでも、一切についての無知を生き方のうえに表現することに堪えられるような人が、各世代にいったい何人いることであろうか。

（一六三頁）

はじめに日本語の間違いについて。「堪える」は下一段活用ですから、可能を表す助動詞「られる」は、未然形「堪え」に接続して、「堪えられる」です。

さて「無知の知」ですが、ソクラテスはある日、「ソクラテスはアテナイ一の知者である」というデルフォイの神託を受けるのですが、そんなはずはないと思い、アテナイにおいて知者と目されている船大工、詩人、弁論家などと対話する。すると、たしかに彼らは自分の専門的領域においては知者であったが、それを超えて「真理とは何か？　善とは、美とは何か？」と問うと、まったく知らなかったのだが、知ったふりをしている。しかし、私はそれを知らないことを知っている。この一点において、私は彼らより知者である。

教科書的には、だいたいこういうことでしょう。しかし、最近になって、私はそういうことではないのではないか、と思うようになりました。これだと結論があまりにネガティヴであって、私は人間の知恵（知識）の限界を知っていることによって知者であるという、まるでカント的認識論になってしまう。

たしかに、プラトンによって描かれている膨大な「対話篇」を読むと、そういうネガティヴな終わり方をするものも少なくない。しかし、その底から響いてくるのは、ソクラテスが求めるような「真・善・美」は、彼の対話の相手のような技術的――現代なら「科学的」――な知識ではなくて、対話を遂行するという方法によって次第に、しかも終わりがないかもしれないというかたちで「知る」ものなのだ、ということ。

それが、すなわち“philo=sophia”（愛知＝哲学）なのであって、もし哲学が、何らかの技術を知るように「真・善・美」を「知る」ことであるなら、ソクラテスは「私は何も知らない」と告白するほかないのです。だからこそ「〔その後〕人はさらに先へ進もうとする要求を感ずるにいたった」わけです。

次の文章は、結論先にありきの感じで、はっきり言って相当杜撰だと思います。

それだから、わたしは、無知のもとに立ちどまることはできないというだけの理由で、ソクラテス的な定義を片づけてしまおうなどとはけっして思わない。むしろわたしは、キリスト教的なものを念頭ニおきながら、ソクラテス的な定義を利用して、キリスト教的なものを鮮明に描き出したいと思う――そのわけは、ソクラテス的定義こそ紛れもなくギリシア的なものだからであり、それ以外の定義で、もっとも厳密な意味で厳密にキリスト教的でないような定義はことごとく、つまり、あらゆる中途半端な定義は、いつものことながら、この罪の問題の場合にも、明らかに空虚なものにすぎないからである。（一六三頁）

ここで、キルケゴールは、なぜ「ソクラテス的定義こそ紛れもなくギリシア的なもの」であるのか、そしてソクラテスの定義以外のものがなぜ「中途半端」であり、「空虚」であるのかを書いていないので、論理の運びの筋道が一向にわからない。

思うにキルケゴールは、異教徒のうちでソクラテスのみを「敵対者」に選んで、その“philo=sophia”に関する思索は、なるほどすばらしいけれど、それでもキリスト教をその脇に据えてみると、なお単純かつ不完全である、と言いたい。はじめから、そういう方向にことを進めているように思われます。

2　根源的無知と作り出された無知

これだけ準備しておきますと、キルケゴールの進んでいこうとする道が、ぼんやりとではありますが、見えてきます。

さて、ソクラテス的定義にまつわる難点は、この定義が、無知そのもの、その起源などがさらに立ち入っていかに理解されるべきであるかということを、無規定のままにしている点にある。すなわち、たとえ罪が無知（キリスト教なら、おそらくむしろ愚かさということであろうが）であるにしても、そしてこれは或る意味ではけっして否定されないことではあるが、その無知とは根源的な無知のことなのか、したがって、それは、真理についてこれまで何も知ったことがないし、また知ることもできなかった人間の状態なのか、それとも、それは作り出された無知、あとから生じた無知なのか、といった難点である。

（一六三―一六四頁）

まず、何気なく補足されたかのような「（キリスト教なら、おそらくむしろ愚かさということであろうが）」という箇所は、これからのテーマの先触れであって、ソクラテスの場合、「知るべきことを知らない」ことは罪なのですが、キリスト教においては、むしろ「知るべきことを知らない愚かさ」という方向に傾いていくということ、このことは、のちに取り上げます。

そのほかは、明晰ですね。キルケゴールは「無知」を「根源的無知」と「作り出された無知」とに分ける。このあたり、彼は掛け値なしの「近代人」と言っていいでしょう。その上で、後者こそ、彼の抉り出したい「無知」であることも、充分予想できるでしょう。

もし後の場合であるとすれば、むろん罪は、もともと、無知とは別の或るもののなかに潜んでいるのでなければならない、罪は人間が自分の認識を曇らせるにいたったその活動のうちに潜んでいるのでなければならない。しかし、このことが認められたとしても、頑固ではなはだ執拗な難点がまた表われてくる。すなわち、人間は自分の認識を曇らせ始めたその瞬間に、はたしてそのことを明瞭に意識しているものかどうか、という問題が起こるからである。（一六四頁）

キルケゴールは、あること（X）について、「無知であることを生じさせた原因（U）」が何かあるかもしれないと問い進む。そのようなUは、「無知とは別の或るもののなかに潜んでいるのでなければならない」のです。例えば、Aは弁論術を知ることが知識のすべてだと思い込み、さらに、「真理とは何か？　善とは何か？」と問うことをしないとすれば、そのように自分を形成した原因Uがあり……とすると、Aには、何らかの意味でその責任（罪）があるのではないでしょうか？

これが、「罪は人間が自分の認識を曇らせるにいたったその活動のうちに潜んでいるのでなければならない」ということです。Aが目の前の他人Bの苦悩に気づかないとすれば、それはAが「自分の認識を曇らせるにいたった」からであり、そのように自分を形成した罪によるのです。

私が、いまここで起こっていることが何を意味するか、とくにいま他人が何を感じ、何を考えているか、気がつかない鈍感な人――じつに多くいるものです――が嫌いなわけもここにあります。それは、はっきりした「罪」でしょう。

キルケゴールはさらに、「人間は自分の認識を曇らせ始めたその瞬間に、はたしてそのことを明瞭に意識しているものかどうか」と問う。これ、わかりますか？　この辺り、サルトルの自己欺瞞論に無限に近づいているのですが、「自分の認識を曇らせるにいたったその活動」はそれほどはっきりしていない。

というのも、「明瞭に意識している」のなら、完全に意図的（自発的）に「自分の認識を曇らせ」ていることになりますが、そんな人間はほとんどいない。記憶力のいい人が意図的に自分を忘れっぽくするかのようであって、そもそも不可能のような気さえします。と言って、逆にまったく無意識的に「曇らせる」ことも考えにくい。

そう、真相は、意識（意図）と無意識（意図なし）との中間にあって、多くの場合、じつはそういう人は、半ば意識的・半ば無意識的に「自分の認識を曇らせる」ようにしているのであって、サルトルの言葉を使えば、彼はその成り行きを「半透明に」知っている。彼は世の中の個々のことを「見ないように、感じないように」しているのであり、それが慣らい、習慣となっているのです。

私の父がそうであって、たいした秀才なのですが、いま妻が四〇度の熱に堪えて食事の支度をしていることに「気づかない」。息子が明日にでも自殺したいと悩んでいるのに「気がつかない」。母は、そういう父に絶望していましたが、彼にはまったくわからなかった。そして、そのまま死にました。

一般に、何ごとかに「気がつかない人」を「気がつく」ように変えることはできない。その人は、幾十年にもわたる苛酷な（？）訓練によって、何ごとにも「気がつかない」ように自分を鍛え上げていったからです。

もし人間がそのことを明瞭に意識していないとすれば、認識は、人間が曇らし始めるまえに、す

でにいくらか曇っていたわけである、これでは問題はただもとへ戻るだけのことである。（一六四頁）

ここを次の対話のための課題にしましょう。なぜ「もとへ戻るだけのこと」なのでしょうか？

対話8

こういう問題の場合、哲学の問いの類型を学んでいれば、「これは、あの類型に入るな」と当たりをつけることができる。しかし、この場合もそれでいいでしょうか？　いま問題になっているのは「ソクラテス的無知」です。

少し遡ってこの部分にいたる論述を振り返ってみますと、キルケゴールの問いは「その無知とは根源的な無知のことなのか、したがって、それは、真理についてこれまで何も知ったことがないし、また知ることもできなかった人間の状態なのか、それとも、それは作り出された無知、あとから生じた無知なのか」（一六四頁）です。こう問うた後に、キルケゴールは前者を切り捨て、後者に思考を集中させる。

そして、「罪は人間が自分の認識を曇らせるにいたったその活動のうちに潜んでいるのでなければならない」という結論にいたる。ある者Xが自分の認識を曇らせ、その結果、無知であるなら、その一連の過程においてXは有罪なのです。そして、キルケゴールはさらに「人間は自分の認識を曇らせ始めたその瞬間に、はたしてそのことを明瞭に意識しているものかどうか」と問う(同頁)。

「自分の認識を曇らせ始めたその瞬間」とは、曇っていない意識から曇った意識への転換でしょう。ここでこの転換が、A完全に意図的(自発的)であるか、Bそうではないか、という二本の道が分かれる。キルケゴールは、キリスト教はAを肯定するが、これはソクラテスの視野にはなかった、と言いたいのです。とは言え、逆にまったく無意識的に「曇らせる」ことも考えられないので、ソクラテスの視野にあったのは、ある人Xが半ば意識的・半ば無意識的に「自分の認識を曇らせる」ようにしている、ということでしょう。こうした推理において、この過程は一挙に起こるのではなく、だんだんに起こるのだ、という閃きがなければならない。

ここまでいたって、先に言った「類型」とは何か? これは、ギリシア哲学以来の「(連続量を前提にした)運動のパラドックス――『アキレスと亀のパラドックス』はその特殊例」であることがわかる。すなわち、もし時間が連続量であるなら、静止から運動の始まりへの移行、運動から静止への移行が不可解になる。なぜなら、静止をtoとするとその「次の時点」がないから、静止する物体が運動し始める瞬間がわからない。この関係は運動をtoにしても同じであり、運動する物体が静止し始める瞬間がわからない。

これを先の箇所に適用してみると、「認識は、人間が曇らし始めるまえに、すでにいくらか曇っていた」という主張には、まったくの曇りのない状態(0)から「曇らすこと(−1)はできない」という論理が控えている。Xは「認識がすでにいくらか曇っていた(−1)からこそ、さらに曇らすことができた」のです。そして、「そのすでに曇っていた(−1)こともXがなしたことなら、この場合も、Xは『認識がすでにいくらか曇っていた（-0.5）』からこそ、さらに曇らすことができた」のです。

こうして、永遠に「まったく曇りのない状態（0）」にはいたらない。Xの認識は、はじめから「いくらか曇っていた」のでなければならない。こうして、はじめから認識は曇っていたのであるから、無知（曇っていること）は罪ではないことになる。

これをキルケゴールは、「これでは問題はただもとへ戻るだけのことである」とまとめている。すなわち、罪を犯すときに「認識がすでに曇っていた」と仮定するなら、これをいくら遡っていっても「ただもとへ戻るだけ」、すなわち「すでに曇っていた」ことを繰り返し確認するにすぎない。ちなみに、独訳は“die Frage stellt sich nur immer neu”（問題はいつも新たに立てられるだけである）であり、岩波文庫の斎藤信治訳（岩波文庫）では「単に先に押しやられたにすぎない」となっていて、事態を正確にとらえていると思います。

こうして、この道を進む限り、どこまでいっても「無知だから罪ではない」という可能性は閉じられず、「罪は無知である（無知が罪である）」というソクラテス的定義にはいたらない。だから、ソクラテス的定義にいたるには、あと一捻り必要なわけです。

3　ソクラテスは倫理家である

これに反して、人間が認識を曇らし始めたときにそのことを明瞭に意識しているとすれば、その場合には、罪は（無知が結果であるかぎり、罪は無知ではあるけれども）認識のうちにあるのではなく、意志のうちにあるのであり、そこで、認識と意志との相互の関係という問題が起こらざるをえないであろう。すべてこのようなこと（人は幾日でもこの調子で問いつづけることができるであろう）には、もともと、ソクラテス的な定義はかかわりがないのである。（一六四頁）

先に「人間が自分の認識を曇らせるにいたったその活動」を、私は「意図的（自発的）」と言いましたが、ここでキルケゴールははっきり「意志」と呼び、その上でここに生じている問題を「認識と意志との相互の関係という問題」というふうにまとめています。そして、あっさりと「罪は……認識のうちにあるのではなく、意志のうちある」と宣言している。これは、先の私の分類ではAにあたり、「曇っていない意識から曇った意識へ」の「意志」による転換です。

そして、じつはこれはキリスト教的定義ですから、「もともと、ソクラテス的な定義にはかかわりがない」と念を押しているのです。ここに見えはじめてきたのは、「対話8」の解説のように分析すると、人間の認識はもともと曇っていた（無知）ことになり、「罪は無知である」という定義にはいたらない。ゆえに、「罪のソクラテス定義」にいたるには、まだ語られていない一つの前提が必要なのです。次からはその話です。

ソクラテスは、もちろん、倫理家であった（これは古代がむろん無条件に彼に認めているところで、彼は倫理学の創始者なのである）、第一級の倫理家であり、二人と出ない独特な倫理家であり、いつまでもそうである。ところが、そのソクラテスが無知をもって始めるのである。知的には、彼の目指すものが無知、何一つ知らないということ、である。倫理的には、彼は無知ということをそれとはまったく違ったものと考えている、そしてそういう無知から始めるのである。

（一六四―一六五頁）

いきなりキルケゴールが、ソクラテスを「第一級の倫理家」と呼ぶことに戸惑う人もいるでしょうが、そんなにとっぴなことではない。というのも、キルケゴールは「知〔認識〕」と「倫理」とを峻別していて、前者の意味における「無知」は「私は自分が無知であることを知っている」という、いわゆるソクラテス的無知ですが、「倫理的には、彼は無知ということをそれとはまったく違ったものと考えている」のです。

この脈絡において、キルケゴールは「罪は無知である（無知は罪である）」という「罪のソクラテス的定義」を位置づけようとしているのですが、なかなか論述をずんずん展開してくれない。まどろっこしいことに、いつまでも「倫理家」という概念に拘っています。

しかしそれにもかかわらず、ソクラテスは、当然のことながら、本質的には宗教的な倫理家ではない、ましてや教義家（キリスト教的倫理家なら、そういうことになるだろうが）ではない。それだから彼は、キリスト教がそこから取りかかるような研究には、もともと一歩も踏み込まない、罪が前提とされ、そしてキリスト教的には、宿罪の教義において説明されるような先決問題には足を踏み入れない。もっとも、わたしたちにしても、この研究では、せいぜいその境界まで行き着くにすぎないのではあるが。

（一六五頁）

これは、まあ予想できることであって、ソクラテスの罪概念にはキリスト教的な「宿罪〔原罪〕」が含まれていない。それは、キルケゴールによると「神への反抗」、すなわち「曇っていない意識から曇った意識へ」の「意志」による転換ですが、これがないからこそ、ソクラテスは「倫理家」なのです。

したがって、ソクラテスは実は罪の規定には達していないのである、これはもちろん、罪の定義にあっては、欠陥である。それはどうしてなのか？　もし罪が無知であるならば、罪は実は現に存在しないことになるからである。なぜかといって、罪は意識にほかならないからである。正しいことに無知であって、それがために不正をなすということが罪であるならば、その場合には、罪は現に存在しない。もしそれが罪であるならば、人が正しいことを知りながら不正なことをしたり、不正なことと知りながらその不正なことをする、というような場合は、もちろん起こらないと考えられるし、ソクラテスもまたそう考えたのである。（一六五頁）

ここにいたって論理は明晰になりました。ソクラテスがなぜ「罪は無知である」と信じたかの背景がよくわかるように書かれている。それは、まず「人間」と言っても自由人の成人男性と限っていること。また、アテナイという小さな都市国家という場に限っていること。これらゆえに、何が正であり何が不正であるか、普通に生きていれば、「人間」は知っているはずなのです。

「もしそれが罪であるならば、人が正しいことを知りながら不正なことをしたり、不正なことと知りながらその不正なことをする、というような場合は、もちろん起こらないと考えられる」（一六五頁）。ここを貫いているのは比較的単純なロジックであり、キルケゴールは、本来的な罪は「意識・意志」を伴ったものと考えているのですが、ソクラテスの視野ではこうした罪は「現に存在しない」。ソクラテスにとって、そういうことは「もちろん起こらないと考えられる」のです。

ですから、それにもかかわらず、それに「無知」であるのは、その人の責任（罪）となりましょう。この場合の罪は「意志」ではなく、現代法的に言えば過失に近くなる。そして、もちろんこの思想は、子供やある程度以上の知的能力欠如者には「知」を期待できないから罪を問わない、という現代法の思想にも繋がっている。

さて、こうした単純な思想を心情にしているソクラテスを、キルケゴールは「倫理家」と呼んでいる。例えば、ツルゲーネフ以来の（通俗的）「ニヒリスト」とはこうした枠組みを認めない人々を意味しますから、これに反して、「倫理家」を、その社会の正・不正を素朴に信じている人のことと考えれば、現代でも普通の使い方でしょう。

考えてみれば、こういう素朴な信念があったからこそ、誰でも真剣に誠実に対話すれば、正や不正とは何かが「わかる」とソクラテスは考えたのですね。一方で、ソクラテスは「私は何も知らない」というポーズを崩しませんが、他方――ギリシア語をとっている人には、わかるように――、彼は「正しい」とか「不正」という言葉をごく素朴に使う。

彼は絶えず、「～は正しいのではないかね？」とか、「～は不正なのではないかね？」と訊いて平然としているし、若者たちもけっして「ソクラテスよ、その場合『正しい』とはどういう意味ですか？」とは問わない。現代倫理学的に言えば、メタ倫理的発想がゼロなのであって、その限定された社会の限定された人間にとってその意味は自明でしたから、問題にならなかったわけです。

とすると、ソクラテスの全対話は、正義を不明瞭に知っているレベルから明瞭に知っているレベルへと引き上げる「活動」ということになる。その場合、やはり数学的無知と倫理的無知とは似ているようであって違っていて、前者は思考力の欠如ないし弱さにすぎないのに対して、後者は罪となる。つまり、あらゆる知のうちで倫理的知がもっとも重要であること、これこそキルケゴールが、ソクラテスを「倫理家」と規定したもう一つの理由でしょう。

しかし、このあと情景はガラリと変わり、文章はソクラテスから離れていき、突如全体がわかりにくくなる。


したがって、ソクラテス的定義が正しいとすれば、罪はまったく存在しないことになる。

（一六五―一六六頁）


なぜ「したがって」なのか？　ここには、かなりの内容が詰まっています。キリスト教的観点から見ると、「罪は無知である（無知が罪である）」という「ソクラテス的定義」を基準にすると「罪はまったく存在しないことになる」という方向に進む。するとここに、論理的に「無知でも罪ではない」という選択肢Aと「無知でなくても（知でも）罪である」という選択肢Bが残されていることになります。

そして、キルケゴールによると、Bこそ「罪」の核心をなすものであるけれど、ソクラテスは、この選択肢を視野に入れなかったので、その視野では「（核心となる）罪はまったく存在しないことになる」のです。

以上の解釈は、原罪こそ「罪」の核心であるのに、ソクラテスは「キリスト教的には、宿罪〔原罪〕の教義において説明されるような先決問題には足を踏み入れない」（一六五頁）。よって、「ソクラテスは実は罪の規定には達していないのである。これはもちろん、罪の定義にあっては、欠陥である」（一六五頁）という前掲箇所にも対応します。

4　罪のキリスト教的定義

ところが、どうだろう、このことが、このことこそが、キリスト教的に見ると、まったく当たり前のことであり、いっそう深い意味でまったく当然なことであり、キリスト教的な関心において、証明セラレネバナラナカッタコトなのである。キリスト教をもっとも決定的に異教から質的に区別させる概念こそ、罪であり、罪についての教説なのである。（一六六頁）

解説の必要はないでしょう。「原罪」こそキリスト教の罪概念の核心ですが、この観点から見ると、ソクラテスの「罪は無知である（無知は罪である）」は罪概念の核心に達していない——先に見たように、これに対立する罪概念「無知でも罪ではない」も、もちろんそれに達していない。

それだから、キリスト教が、異教徒も自然のままの人間も罪が何であるかを知らないと見なすのも、まったく当然である、そればかりか、キリスト教は、罪が何であるかを明らかにするためには、神からの啓示がなければならない、と考えるのである。すなわち、皮相な考察が考えているように、贖罪の教説が異教とキリスト教とのあいだの質的な区別なのではない。そうではなくて、キリスト教が実際またおこなっているように、もっともっと深いところから、罪から、罪についての教説から始められねばならないのである。（一六六頁）

ここを対話のための課題とします。比較的わかるのではないでしょうか。ソクラテスは「ダイモンのお告げ」を聴いた（?）でしょうが、「神からの啓示」を受けたわけではない。「ダイモンのお告げ」は、現代風に言えば「良心」に当たるでしょう。これと「神からの啓示」をそれほど異なったものではないと解釈する哲学者もいますが——フィヒテなど、カントも近いかもしれない——、キルケゴールは質的に（絶対的に）異なると見なすのです。

対話9

この箇所のポイントは、「贖罪＝救済」より「罪＝原罪」にこだわり続けることであり、それをさらにどこまで深く正確に具体的に掘り下げられるかという規準をもってくると、なかなか難しい。また、とくにキルケゴールの当面の敵は——キリスト教一般ではなく——正統的ルター派であるという視点が、忘れられがちです。

「贖罪の教説」とは、どのように原罪から抜け出て救済にいたるかの教説であり、正統的ルター派にとってその道とは、こうしてはならない、こうしなければならない、という戒律（十戒）よりむしろ「信仰によってのみ義にいたる」という教えです。そして、こうした教えにしがみつくことが――間違いではなく――「皮相」だとキルケゴールは言うのです。

なぜなら、この点に重心をかけますと、「いかに罪から救われるか」という面ばかりが強調されて、いったい罪――すなわち原罪――とは何かという考察がおろそかにされるから。これに、本来のクリスチャンの考察は、「罪から、罪についての教説から始められねばならない」という文章が自然に繋がります。

この大枠を打ち破って、さらに内面を探っていくと、キルケゴールの言いたいことが見えてくる。それは、記憶をたどる限り自覚できない――身に覚えのない――罪である「原罪」は、人間理性のレベルでは理解不能であるからこそ、啓示のレベル、すなわち神との「直接対話」に突き進むほかないということ。

ここであらためて、キルケゴールがこれほど「原罪」に拘るのは、まさに彼が父から自分が不義の子であって自分の血は穢れているという告白を受け、それと外形的なセムシ、さらには少年のころからの極度の不安を重ね合わせたことを思い返してみる必要がある。つまり、これが実存主義の要であって、普遍的な人生の苦しみ――そんなものはありません――ではなく、「この具体的な苦しみ」を直視することから、真の信仰も救済も始まるのです。

こうした具体的原罪の現れは、彼を自殺の寸前にまでいたらしめるほどずたずたに引き裂いた。そして、――これが重要ですが――彼は、その後に「大地震」とみずから呼ぶ体験によって神と出会ったのです。これは普通の回心とはずいぶん趣きが違いますよね。つまり、はじめから彼はまさに原罪をめぐる「反抗」の相手として神に出会っている。第一篇において、彼が絶望の最高段階として「神への反抗」を設定していることの秘密はこのあたりにあると見ていいでしょう。

それにしても、「真の信仰とは神に反抗することだから、自分は反抗しているのだ」という悟りきったトーンになりやすい。そうではないのです。自分は自分に誠実であるためには、たとえ真の信仰にいたらず救済を投げ打っても、どこまでも原罪に拘り、神に反抗して絶望の最高段階に留まらざるをえない——絶望が信仰の真逆であることを忘れてはなりません。

このことを強調するあまりに、キルケゴールは「贖罪の教説が異教とキリスト教徒とのあいだの質的な区別なのではない」とまで言ってのける。すなわち、キリスト教が異教より優れているのは、その贖罪の思想ではなく、原罪の思想なのであり、いかなる異教徒も、ソクラテスさえも、「罪」をこれほど深く考えていないから、——ほんものの——クリスチャンより劣っているのです。

なお、聴講のお一人から、「3　ソクラテスは倫理家である」で取り上げた次の箇所についてわかりにくい、という感想をいただきました。

> 正しいことに無知であって、それがために不正をなすということが罪であるならば、その場合には、罪は現に存在しない。もしそれが罪であるならば、人が正しいことを知りながら不正なことをしたり、不正なことと知りながらその不正なことをする、というような場合は、もちろん起こらないと考えられる……。　（一六五頁）

これは比較的単純なロジックであり、キルケゴールは、本来的な罪は「意識・意志」をともなったものと考えているのですが、ソクラテスの視野ではこうした罪は「現に存在しない」。ソクラテスにとって、そういうことは「もちろん起こらないと考えられる」ということです。

さて、このあとですが、「皮相な考察が考えているように、贖罪の教説が異教とキリスト教とのあいだの質的な区別なのではない」とはどういう意味でしょうか？　そろそろみなさんもキリスト教の基本教義がわかってきたと思いますので、この基本教義に反対して、あえて「罪だ」と宣告するキルケゴールの心情（信念）を受け止めてください。

それだから、キリスト教が正しいとして承認せざるをえないような罪の定義を異教がもっているとしたら、それはキリスト教に対するどれほど危険な抗議となることであろう。

（一六六頁）

この箇所については、訳注〔桝田注（160）〕にかなり細かい説明があります。ソクラテスが「神からの啓示」がなくて、しかも同じほど深い「原罪」の洞察にいたっていたとしたら、神の存在が希薄になりますから、「キリスト教に対するどれほど危険な抗議となることであろう」ということです。

5　レギーネの「その後」

ここでは、その後のレギーネのいきさつについて、ご紹介します。以下は、藤野寛の「キルケゴールの人と生」によります（『現代思想』「キルケゴール特集」二〇〇四年二月号）。藤野によると、「レギーネに関する『四七六頁に及ぶ』浩瀚なレギーネ書が、いまや〔Joakim Garff、デンマーク語、二〇一三年〕刊行されている」そうです（『現代思想』特集、三五頁）。

レギーネは、キルケゴールから一方的に婚約破棄されたのち（キルケゴール、二八歳、レギーネ、一九歳）、昔の（暗黙の）婚約者であったシュレーゲルと結婚したのですが、さまざまな入門書でも藤野の論文でもこの経緯はわからない。普通、こんな目に遭った女性は大屈辱なのであって——当時のブルジョア階級の娘ならなおのこと——そう簡単に「心を整理して」、かつての許婚と結婚することなどできないはずでしょう。シュレーゲルのほうから見ても、レギーネは一度は彼を「捨てて」、キルケゴールと正式に婚約したのですから、やはりすぐに納得できるはずはないですね。

どうも、こうした推測をやり出すと——キルケゴールが「普通でない」ことはよくわかっているけれど——、この二人の「人間」（人間性）がわからなくなる。幸い、やがてシュレーゲルは外交官として西インドに赴任するのですが、レギーネは夫に同行して、彼の地で一八六〇年まで過ごし——ということは、一八五五年にキルケゴールが死んだときも、知らなかったでしょう——、一八九六年に夫が死んだ後、一九〇四年（八二歳）まで生きるのです。

どうもわからないのは、（藤野によると）「シュレーゲルの残した書物の中にはキルケゴールの著作六—七冊も含まれていた」（『現代思想』特集、三四頁）とあること。なぜ彼は「恋敵」の著作を買ってきて保存し、そして（たぶん）読んだのでしょうか？　さらにわからないのは、（藤野によると）「レギーネは、かつての婚約者に対する関心が高まり、それが今や国境を越えるにいたっていることを、ことのほか喜んでいた」（同頁）ということです。

すでに書きましたように、レギーネは、「キルケゴールを『いい人だった』と回顧しているとのこと」。これを「永遠の愛」という方向にもっていくのには抵抗がありますが、少なくともレギーネは――キルケゴールほどではないにしても――、あまり「普通」ではなかったようです。

二　ソクラテス的なものとキリスト教的なもの

1　ギリシア的な知性

前回は、中途半端なところで切ってしまいました。ソクラテス的な「罪は無知である」（無知は罪である）という原理α、すなわち「われわれが不正をなすのは無知だからだ」という原理αに対して、キルケゴールは「われわれは不正と知って不正をなす」というキリスト教の原理βを掲げる。次の箇所はその文脈にあるものです。

それだから、キリスト教が正しいとして承認せざるをえないような罪の定義を異教がもっているとしたら、それはキリスト教に対するどれほど危険な抗議となることであろう。（一六六頁）

訳注〔桝田注(160)〕に手際よい解説がありますが、もし異教徒がまかり間違って原理βをもっているとしたら、異教徒は罪の正しい洞察をなしえていて、かつキリスト教の神を認めないことになり、これはキリスト教に対する「危険な抗議となる」。そうならないように、ソクラテスのような例外的に優れた異教徒であっても、原理αに留まっていて原理βを知らない、という論点を――キルケゴールとしては――どうしても守らねばならないのです。

それでは、罪を規定するに当たってソクラテスに欠けている規定とは、いかなる規定なのであろうか。それは、意志、反抗である。人がそれと知りながら善をなすことを怠ったり、それと知りながら、正しいことについての知識をもちながら、不正なことをなしたりしうるということを理解するにしては、ギリシア的な知性は、あまりに幸福であり、あまりに素朴であり、あまりに美的であり、あまりにアイロニカルであり、あまりに機知的であり――あまりに罪深かったのである。ギリシア精神は、知的な無上命令をかかげるのである。（一六六―一六七頁）

この箇所の前半は、すらっとわかるでしょうが、次に続く「ギリシア的な知性は、あまりに幸福であり、あまりに素朴であり……」という文章をずっとたどっていくと、「あまりにアイロニカルであり、あまりに機知的であり――あまりに罪深かった」と折れ曲がっていく。ちなみに、ドイツ語訳では順次"zu glücklich, zu naiv, zu ästhetisch, zu ironisch, zuwitzig"です。

ソクラテスは、キリスト教の「罪」概念――すなわち原罪、キルケゴールの強調に従えば原理β――を知らないので、最後にこれらを総括して「罪深い」ということになるのですが、「アイロニカル」と「機知」という途中の二概念は何を意味するのでしょうか？　とくに、両概念が「素朴」とどうして両立するのか？

ここで、ソクラテスの「無知の知」というイロニー（アイロニー）を思い出してもらいたい。それに関して、先の「3　ソクラテスは倫理家である」という項にも、「倫理的には、彼は無知ということをそれとはまったく違ったものと考えている」（『死にいたる病』一六五頁）という箇所を引用しましたが、それこそ「無知は罪である」ということ、すなわち、この項「1　ギリシア的なもの」の冒頭のまとめに従うと、『われわれが不正をなすのは無知だからだ』という原理αです。

そして、キルケゴールによると、ソクラテスはまさにこの原理αの枠内で、若者たちに、漠然と知っていることを正確に言語化する訓練をしたと言えましょう。それが「対話」であり、まさに産婆術であって、若者はみずからの力で真実を産み出すことができるのです。こうした考えはとても「素朴」ですが、そのためには相当の「アイロニカル」で「機知的」な技巧が必要であり、それが――詭弁とまがうような――対話術なのです。ソクラテスがソフィストとごく近いところにいたことを忘れてはならないでしょう、

なお、このあとの「無上命令」については、訳注〔桝田注（161）〕にこうあります。

「無上命令」は、「絶対的命令」「定言的命令」などとも言われる。カントが、人間は道徳律を他の目的のためでなくそれ自身のために、無条件的に守らねばならぬとしたその絶対的な命令のこと。カントではそれが倫理のことであったが、ギリシアでは、特にソクラテスやプラトンでは、人間はその知見にしたがい、その知識の度に応じて、その知識そのもののために、行為しなければならぬ（徳は知であるから）とされたので、この命令を「知的な」無上命令といったのである。

2 ヘーゲルの矛盾

以下、キルケゴールの文章の内容もトーンも急カーブしていきます。

それにしても、ソクラテスの罪の規定のうちに含まれている真理はけっして見逃がされてはならない。おそろしく大きく膨れあがってしかも空虚で実りを結ばぬ知識のなかに迷い込んでしまい、いまこそ確かに、ソクラテスの時代とまったく同様に、いや、それ以上に、人々に少しばかりソクラテス流にひもじい思いをさせてやることが必要になっているといったような、こんにちのような時代には、それをしっかりと心に刻み付けることが、おそらく必要であろう。（一六七頁）

「おそろしく〜」以下は、言わずと知れたヘーゲルに対する揶揄、いや罵倒です。「こんにちのような時代には」ときたら、次にヘーゲル批判が続くと見て間違いない。ソクラテスとヘーゲルは、「ディアレクティケー（対話＝弁証法）」の二大巨頭とも言える。キルケゴールはコペンハーゲン大学で、うんざりするほどヘーゲル哲学を聴講した後、ソクラテスをテーマにした『イロニーの概念』という修士論文を提出して卒業した。こう考えると、この両人は、キルケゴールにとって学生時代から互いに深く関係していたのです。

「人々に少しばかりソクラテス流にひもじい思いをさせてやることが必要になっている」もわかるでしょう。ヘーゲルの概念の大森林は、とにかく料理が大量すぎて食べきれない。ここは概念を大幅にカットして、「ソクラテス流にひもじい思いをさせてやることが必要になっている」というわけです。いつもそうですが、ヘーゲル批判に入ったとたんに、悪意を露出させ、才気がほとばしり、きわめて単純でわかりやすい文章になる。

最高のものを理解したとか把握したとか人々が断言するのを聞くごとに、また多くの人々が最高のものを、抽象的ニ、或る意味ではまったく正しく、叙述するその手際の鮮かさを見るにつけても、笑いたくもなり泣きたくもなるのである――そうしたすべての知識や理解が人々の生活の上に何らの力も及ぼさず、彼らの生活が彼らの理解したところを少しも表わさぬどころか、むしろその正反対であるのを見るにつけても、泣いていいのか笑っていいのかわからなくなるのである。

（一六七頁）

解説の必要はないですね。ずっと前に、壮大な宮殿を建設しながら、自分は「犬小屋」に住んでいるヘーゲルの話がありましたが（『死にいたる病』八四頁、『てってい的にキルケゴール』その二、二四頁）、まさにこの光景こそ「笑いたくもなり泣きたくもなる」のです。

この悲しむべくもまた笑うべき矛盾を眺めては、思わずこう叫び出してしまう。だが、いったい全体、彼らがそれを理解しているなんてことがありうるだろうか、はたして彼らはほんとうにそれを理解しているのだろうか？と。すると、あのむかしの皮肉屋の倫理家はこう答える。おお、友よ、そんなことを信じてはいけない。彼らはそれを理解してなんかいはしない。だって、もし彼らがそれをほんとうに理解しているのだったら、彼らの生活がそれを表わしているはずだし、自分の理解したことを彼らは実行したはずだからだ、と。

（一六七―一六八頁）

訳注〔桝田注(163)〕にもあるように、「むかしの皮肉屋の倫理家」とはソクラテスのこと。大宮殿を建てて自分は犬小屋に住んでいるヘーゲルの、この「笑うべき矛盾を眺めて」、犬小屋がその真のすみかであって、大宮殿はニセモノだろうと勘ぐりたくなる。これを言いかえれば、犬小屋に住んでいるのがふさわしいヘーゲルは、じつはみずからの壮大な宮殿に住めないのだろう――その壮大な著作に書いていることを「理解していない」のだろう――、ということになる。

ここで、キルケゴールは意地悪にもソクラテスを登場させて、ヘーゲルが「それをほんとうに理解しているのだったら、彼〔ら〕の生活がそれを表わしているはずだし、自分の理解したことを彼〔ら〕は実行したはずだからだ」と言わせている。もし、ほんとうに自分の文章を理解しているなら、ヘーゲルも薄汚い犬小屋などに住まずに、まさにその壮麗な宮殿に住むはずだ、ということでしょう。ヘーゲルは、異教徒のソクラテスより数段劣っているというわけです。

してみると、ひとしく理解するといっても、理解の仕方が違うのではないだろうか？　まったくそのとおりである。そして、このことを理解した者は、――といっても、最初の種類の理解をいうのでないことを断っておくが、彼はソレダケデ、アイロニーのあらゆる秘密に通じたものといっていい。アイロニーが問題にするのは。実はこの矛盾なのである。（一六八頁）

ここを対話のための課題にしましょう。だいたい、これまで説明したことに連関しているのですが、それを繰り返すのではなく。「この箇所の言語」を正確にたどって解釈してください。

対話10

この箇所の核心は、後半に二度出てくる「アイロニー」――ドイツ語の発音に準じて「イロニー」と言いたくなりますが――という言葉を正確にとらえること。そのためには、次の箇所を踏まえた解釈が要求されます。

人がそれと知りながら善をなすことを怠ったり、それと知りながら、正しいことについての知識をもちながら、不正なことをなしたりしうるということを理解するにしては、ギリシア的な知性は、あまりに幸福であり、あまりに素朴であり、あまりに美的であり、あまりにアイロニカルであり……。

（一六六―一六七頁）

すでに指摘したように、この「アイロニカル」は、キルケゴールによれば、ソクラテスの対話術（弁論術）の根幹をなしていて、彼はソクラテスをこうした意味で、「アイロニーのあらゆる秘密に通じたもの」ととらえている。すなわち、知ったつもりになっている対話の相手がじつは何も知らないことを、言語を駆使して示してみせる。しかも「彼はソレダケデ（eo ipso）」とすら言っている。この一点にソクラテス的アイロニーのすべてがあるということでしょう。

「矛盾（Widerspruch）」とは、この場合、「知ったつもりになっていること」と「じつは何も知らないこと」とのあいだの矛盾（齟齬）ですから、ここでは「論理的矛盾」ではないことがわかる。思い込みと発話とのあいだに齟齬があること、しかも当人は気づいていない。それを、対話を通じて当人に気づかせることが「アイロニカル」な態度であるわけで、ソクラテスはその達人だということです。

課題の文章に戻りますと、その表層の意味の下層で、キルケゴールがヘーゲルおよびヘーゲル学派（とくにミュンスター監督）を非難していることは明らかですから、「アイロニーが問題にするのはこの矛盾なのである」を「具体化」すれば、「ソクラテス的アイロニーが問題にするのはこの――思い込みと発話のあいだの――矛盾なのである」となる。さらに言えば「この矛盾」とは、――紀元前のアテナイの青年たちと同様――ヘーゲルやミュンスターに見られる、「単なる思い込みを発話してしまうことに含まれる矛盾」ということでしょう。

この矛盾に「気づかせる」のが――異教徒のソクラテスであったように――、クリスチャンのソクラテスである自分だというわけです。視点を逆にしますと、キルケゴールはあえてここでソクラテス的アイロニーをもち出すことによって、もしソクラテスがヘーゲルやミュンスターと対話したら、ご両人のうちに潜んでいる「単なる思い込みを発話してしまうことに含まれる矛盾」を白日のもとに晒し、撃破したことであろう、と考えているのではないでしょうか？

こうして、あらためて確認すると、この書に出てくる、「ソクラテス」とは紀元前五世紀末にアテナイに生きていたあの醜い老人を意味するのみではなく、一九世紀中葉のコペンハーゲンに生きているソクラテス、つまり自分自身を意味することにもなります。

このあとは、さらにわかりやすい。

或る人間が実際に或ることについて無知であるということを滑稽だと思うのは、きわめて低級な滑稽であって、アイロニーの名に価しない。地球は静止していると思っている人々があったとしても。彼らがそれ以上のことを知らないのであったら、もともとそこには、いっそう深い意味で滑稽だと言われるようなものは何もありはしない。おそらく、わたしたちの時代だって、物理学の知識のもっと進んだ時代から見たら、やはり同じようなことになるであろう。この場合の矛盾は、いっそう深い比較点を欠いている二つの異なる時代のあいだにあるのであって、そのような矛盾は本質的なものではなく、したがってまた、本質的に滑稽でもない。（一六八頁）

一九世紀半ばのヨーロッパで天動説を信じていることは、たしかに「無知」ですが、滑稽だとしても低級な滑稽にとどまり、そこに生じている「矛盾は本質的なものではなく、したがってまた、本質的に滑稽でもない」というわけです。この部分は、これからえんえんと二頁近くまで続く「本質的に滑稽である」もののいわば「誘い水」であって、もちろんヘーゲルがいかに滑稽かを、これでもか、これでもか、と訴えたいからにほかならない――こうしたキルケゴールの態度も、ここまでくると「滑稽」ですね。

3　ソクラテスよ、ソクラテスよ、ソクラテスよ

ただし、『死にいたる病』一六九頁の後ろから四行目に始まる最後のお話は、それまでのお話とは格段に違うと言っていいほど「本質的に滑稽である」ことですから、その部分を引用することにします（文章がきわめて長いのですが、そのまま一文を引用します）。

また、キリストがいかに賤しい僕の姿をして歩きまわり、いかに貧しく、いかにさげすまれ、いかにののしられ、聖書のことばによれば、いかに唾をかけられたかを、ことごとく完全に理解したと断言する人に出会った場合、その同じ人が、世間的な意味で居心地のよいところへ用心ぶかく逃げこんで、そこで至極のんびりした暮らしをしているのをわたしが見た場合、そしてその人が、右か左かからちょっとした思わしからぬ風当たりでもあると、まるで生命にでもかかわるかのように、それを避けようとしてびくびくしており、さらに、自分は万人から、万人から無条件に尊敬され信頼されていると言って、それを幸福に思い、それに無上の幸福を感じ、大いに満足し――いや、おまけに、感激のあまりそれを神に感謝するまでに、喜びにあふれているのを見ると、わたしはしばしば心のなかでわたし自身に向かって言ったものだ。「ソクラテスよ、ソクラテスよ、ソクラテスよ、この人は自分では理解していると言うが、それをこの人が理解しているなんてことが、ありうるでしょうか」。わたしはそう言って、むろん、同時に、ソクラテスの言うとおりであってくれることを願ったのである。（一六九―一七〇頁）

訳注〔桝田注（168）〕にもあるように、「この人」は当時のデンマーク国教会のミュンスター監督だ

と考えていいでしょう。彼はキルケゴールが死ぬ（一八五五年一一月）一年前（一八五四年一〇月）に死に、その後継者マルテンセンが――キルケゴールはかつて、この人に家庭教師をしてもらっていた――、その追悼演説でミュンスターを「真理の真正なる証人」と呼んだのに対して、キルケゴールは「それは真実か」という問いを、翌一八五五年二月、『祖国』という新聞に発表しました。

ここに、キルケゴールのデンマーク国教会に対する攻撃が開始され、五月まで二〇回も同紙上に国教会攻撃の論文を公表。じつは、この『死にいたる病』が国教会攻撃の部分を含んでいるので、――最後まで牧師になることに一縷の望みをつないでいた――キルケゴールは脱稿後、刊行（一八四九年六月）を二年も延ばしたのです。

なお、ここで「ソクラテスよ」と三度も呼びかけるところから注目すべきことは、ヘーゲルに対する罵詈雑言、また理論（思想）と行為とが一致しない人に対する嘲笑は、すなわち原理αを携えたソクラテスに対する尊敬を意味している、ということです。

近年いたるところに見られる思想と行為の一致しない夥しい人の群れ――とくにヘーゲル学派の牧師・知識人――を観察するにつけ、キルケゴールはあらためてソクラテスの基本思想である「罪は無知である（無知は罪である）」、すなわち「われわれが不正をなすのは無知だからだ」という原理αを評価しているふりをする？　これこそ最大のイロニーではないでしょうか？

4　喜劇の食卓のお給仕

というのは、どうもわたしには、キリスト教があまりに厳格にすぎるように思われるし、そういう人までも偽善者にしてしまうのは、わたしの経験とも一致しないからである。確かに、ソクラテスよ、あなたのお気持が、わたしにもわかります、あなたはそういう人間を道化者、一種の剽軽者にし、お笑いぐさにされます。わたしがそういう人間のために喜劇の食卓を用意してそのお給仕をしましても――要するにうまくやりさえすれば――あなたにも別にご異存はありますまい、いやむしろ、喝采してさえいただけるでしょう。

（一七〇頁）

どうも変なところで切ってしまったようであり、この前には次の文章がある。

「ソクラテスよ、ソクラテスよ、ソクラテスよ、この人〔ミュンスター〕は自分では理解していると言うが、それをこの人が理解しているなんてことが、ありうるでしょうか」。わたしはそう言って、むろん、同時に、ソクラテスの言うとおりであってくれることを願ったのである。

（一七〇頁）

ソクラテスという武器をちらつかせて、ミュンスター監督を攻撃する文章の直後に、「というのは」に導かれる理由が長々と続くのですが、これ、わかりましょうか？　ここからあとは、アイロニー（イロニー）が全開しています。

なぜ、ミュンスターのような男がありえるのだろうか？　ああ、そうだ、わかった。やはり、キリスト教の教えが「厳格すぎる」からなのだ。おうおうにして厳格な教えは、外面的にだけその教えに従う者、すなわち「偽善者」を大量に産み出してしまう。そのあとの、「わたしの経験とも一致しない」

とは、大層なイロニーであって、「私は昨今のコペンハーゲンでそういう偽善者など一人も目撃していない」という意味。

よって、私には、そういう弱く抵抗力のない――ミュンスターのような――人間を厳しく追及することはやめて、「道化者、一種の0者にし、お笑いぐさに」するに留める、という「寛大な」ソクラテスの気持ちがよくわかる。よってソクラテスよ、私もあなたに精一杯協力しましょう。「わたしがそういう人間のために喜劇の食卓を用意してそのお給仕をしましても――要するにうまくやりさえすれば、――あなたにも別にご異存はありますまい、いやむしろ、喝采していただけるでしょう」というわけです。

とはいえ、このすべては快活な笑いではなく、こう書きながらキルケゴールは、あらためて激しい怒りに襲われ、顔がこわばってくる、という感じではないでしょうか？


ソクラテスよ、ソクラテスよ、ソクラテスよ！　ほんとに、あなたの名はどうしても三度呼ばずにはいられない。もしそれが何かの役に立つなら、一〇度呼んでも多すぎはしないであろう。世界はひとつの共和国を必要としている、と人はいう、新しい社会秩序と新しい宗教が必要だ、と人はいう。けれどもほかならぬこの厖大な知識によって混乱におちいっているこの世界が必要としているものは、どう考えても、ひとりのソクラテスであることに、誰ひとり思い至らないのである。

（一七〇―一七一頁）


この箇所から読み取れることは、一つには、一九世紀中葉の近代化が進むコペンハーゲン、すなわち「膨大な知識によって混乱におちいっている世界」の様子であり、もう一つは、「けれども……この世界が必要としているものは、どう考えても、ひとりのソクラテスである」ということ。

これをズバッと言ってしまうと、「ヘーゲル学派に染められた膨大な知識によって混乱におちいっているデンマーク国教会が必要としたものは、どう考えても、ひとりのソクラテスである自分だ」ということでしょう。すなわち、キルケゴールがソクラテスをもち出すのは、じつのところ自分が現代のソクラテスであるという自覚に基づいている、ということです。

アテナイのソクラテスがアテナイの法（正義）と民会によって死刑判決を受けたように、コペンハーゲンのソクラテスである自分はヘーゲル学派に牛耳られているデンマーク国教会から死刑判決を受けかねない、という予測も含めて。こうした含みで、キルケゴールは「ソクラテスよ（あなたならどうしますか）」と「一〇度呼んでも多すぎはしない」と言うのです。

しかし、これは当然のことだ、もし誰かそれに思い至る者があったら、ましてや、多くの人々がそれに思い至っていたのなら、そしたら、ソクラテスはそれほど必要とはされないことであろう。迷っているときにもっとも必要となるものは、いつでも、いちばん思いつきにくいものなのだ——これは当然のことである、だって、そうでなかったら、それは迷いではないわけであろうから。

（一七一頁）

ここに軽い逆説が描かれていることがわかります。ソクラテスは、確かにアテナイの法廷で裁かれ有罪判決を受けた。しかし、もし「多くの〔アテナイの〕人々がそれ〔ソクラテスの思想〕に〔安直に〕

思い至っていたのなら」、ソクラテスなどの必要性はない。そうではなかったこと、多くの人が「迷っているときに」、彼ひとり毅然と迷いから脱して対話を実践し続けたからこそ、彼は必要だったのです。

と、こう書いても、どうもアテナイのソクラテスに照準を合わせている限り、しっくりこないのですが、これにコペンハーゲンのソクラテス（キルケゴール）の置かれている状況を重ね合わせるとよくわかる。自分がいま必要であることに、コペンハーゲンの国教会およびその信徒たちの大部分は「思いいたっていない」、しかし「迷っているときにもっとも必要となるもの〔すなわち自分の思想〕は、いつでも、いちばん思いつきにくいものなのだ」。そして、だから真実なのだ、というわけで、魔法のようにスラッと読めてしまいます。

5　われわれの時代とソクラテス的なもの

次の段落に進みます。右に書いてしまいましたが、次にキルケゴールは、紀元前五世紀末のアテナイから一九世紀中葉のコペンハーゲンに視点を飛行させ、「われわれの時代」に突入する。

したがって、われわれの時代は、そのような皮肉な倫理的な矯正を確かに必要としていると言っていいであろう、実をいえば、それはわれわれの時代が必要とする唯一のものであるかもしれない――というのは、それは明らかに、われわれの時代がもっとも思いつきにくいものだからである。

（一七一頁）

「そのような皮肉な倫理的な矯正（eine solche ironisch-ethische Korrektion）」とは、ソクラテスのイロニーに充ちた対話（弁論）術による無知の告発、先の言葉を使えば、「単なる思い込みを発話してしまうことに含まれる矛盾」を白日のもとに晒し撃破すること、さらに具体的に言えば、ミュンスター監督はじめヘーゲル学派で充満したデンマーク国教会の矛盾を暴き矯正することです――よって、「皮肉な倫理的な」ではなく、「イロニーに充ちて倫理的な」と訳すべきでしょう。

それこそ、「われわれの時代が必要とする唯一のものであるかもしれない」し、しかも「明らかに、われわれの時代がもっとも思いつきにくいもの」なのです。それがキルケゴール自身の思想であるという自覚ですから、これはもう想像を絶した自信ですね。

わたしたちは、ソクラテスよりも先へ進むことではなく、同じく理解するといっても理解の仕方に違いがある、というソクラテス的なものに立ち帰ることだけが、きわめて必要なのである――しかし、その立ち帰るべきソクラテス的なものは結論なのではない、結論であれば、それは、理解の二つの区別をなくしてしまって、結局人間をこの上なく深い悲惨におとしいれてしまうことになる。そうではなくて、日常生活の倫理観としてのソクラテス的なものに帰ってゆくことが必要なのである

（一七一頁）

ここを、対話のための課題にしましょう。文章がくねくねと一見要領を得ませんが、「その立ち帰るべきソクラテス的なものは結論なのではない。結論であれば、それは、理解の二つの区別をなくしてしまって、結局人間をこの上なく深い悲愴におとしいれてしまうことになる」という箇所が明晰に

わかればいいのですが、かなりハードでしょう。この箇所には、キルケゴールのソクラテス観のエキスが詰まっているとさえ言えるかもしれませんので、自信のある人は挑戦してみてください。

対話 11

この課題では「理解の二つの区別」が洞察できなければ前に進めないのですが、それは、じつは『死にいたる病』一六八頁あたりからずっと書いてあること、すなわち、①行為に移行するような理解（その典型がソクラテス）と、②行為に移行しないような理解（その典型がヘーゲル）です。

もちろん、さしあたり、キルケゴールは①を肯定し、②を否定する。それはいいのですが、この箇所を囲むようにイロニーに充ちた文章が三つ控えている。

①「ソクラテスよりも先へ進むことではなく、同じく理解するといっても理解の仕方に違いがある、というソクラテス的なものに立ち帰ることだけが、きわめて必要なのである」。

②「しかし、その立ち帰るべきソクラテス的なものは結論なのではない。結論であれば、それは、理解の二つの区別をなくしてしまって、結局人間をこの上なく深い悲惨におとしいれてしまうことになる」。

③「そうではなくて、日常生活の倫理観としてのソクラテス的なものに帰ってゆくことが必要なのである」。

①はいいですね。さしあたりソクラテスを凌駕するなどと考えずに、どこまでもそこに「立ち帰ること」だけを目指せばいい。この場合、「ソクラテス的なもの」とは、この二つの区別をしっかりすること、①を②から切り離すことですから、その限りよくわかるのではないでしょうか。

では、②は何を意味するのか？　これがもっとも難しいかもしれない。この区別が「結論」であれば、「人間をこの上なく深い悲惨におとしいれてしまう」と言っているのですが、なぜか？まず、①と②の区別がなくなると、善悪もぐちゃぐちゃになってヒドイ状態になる、という解釈は成り立たない（鈴木祐丞訳〔講談社学術文庫、一六六―一六七頁〕を読むと、そんな感じがしてしまいますが）。なぜなら、結論であれば悲惨になる「ソクラテス的なもの」とは、以上とは逆に①と②を区別すること（①だけを認めること）だからです。

では、どういうことか？　じつはしばらくあとで（一七六頁以下）、長々と論じられているのですが、②は廃棄されて、（真の）理解が①に統一されてしまい、それでオワリだとすると、キリスト教の高い見地からすると大変なことになる、ということ。なぜなら、②こそ、キリスト教的には絶対に切り捨ててはならない事柄だからです。

これがわかるためには、ちょっと後戻りして、「罪を規定するに当たってソクラテスに欠けている規定とは……、意志、反抗である……人がそれと知りながら善をなすことを怠ったり、それと知りながら……不正なことをなしたりしうるということ」（一六六頁）という箇所を再吟味しなければならない。

ここで「反抗」という言葉が出てきますが、当然、第一篇の最後で扱った「神への反抗」が含意されている。つまり、②を切り捨ててしまうと、絶望の最高段階にいたること――すなわち神にもっとも近づくこと――ができずに、「人間をこの上なく深い悲惨におとしいれてしまう」ことになるというわけで、やっとしかるべき解釈に繋がりました。

③とはいえ、このレベルではなく、ネコも杓子も、信徒も聖職者も、年がら年中「②行為に表われない理解」ばかり繁茂しているご時世では、②からきっぱりと区別して「①理解と行為をなるべく一致させる」ように生きるという「日常生活の倫理観」として、「ソクラテス的なものに帰ってゆくことが必要」だというわけです。

いいでしょうか？　キリスト教の高い境地と比較すると、「ソクラテス的なもの」はまだまだ低いところにある。しかし、それは、健全な日常的倫理としては、なお、われわれを納得させるものをしっかり携えているのです。そうは思いませんか？

6　ソクラテスの二重の意味

そこで、ソクラテス的な定義は次のようにして切り抜けてゆく。誰かが正しいことをしない場合には、彼はそれを理解してもいなかったのである。彼は理解したと思い込んでいるだけなのである。理解しているという彼の断言は、見当違いである。誰がなんと言おうと理解しているのだという断言を彼が繰り返せば繰り返すほど、できるだけ大きい回り道をして途方もなく遠くへ遠くへと遠ざかることになる。

（一七二頁）

これは解説の必要はないかと思います。しかし、なぜキルケゴールがここで多くの読者にはすでにわかっているソクラテスの原理（「1　ギリシアな知性」〔本書一二〇頁〕における「原理α」）を長々と語るのかに注目する必要がある。そこで、先に言ったように、読者はおおよそ二種類に分かれる。第一は、「すなおに」これをとらえる読者。そして、第二に「警戒して」これをとらえる読者。もちろん、ここでは後者の態度をとってもらいたいのですが。

というのも、「流れ」からすると、この段落は「それなら～」で始まる次の段落を導くための準備という意味がわかってくるからです。つまり、キルケゴールは、まず思い切りソクラテスをもち上げてから、ズドンと落とすことを意図している。これが、ここに組み立てられた構成であって、こうした効果を狙って、さらにソクラテスに好意的な文章が続くのです。

してみると、この定義は確かに正しいことになる。或る人が正しいことをすれば、むろん彼は罪を犯すのではない。彼が正しいことをしないならば、彼はそれを理解してもいなかったのである。もし彼がそれをほんとうに理解していたのであったら、それはただちに彼を動かしてそれをさせたであろうし、ただちに彼をその理解と一致させたことであろう。ユエニ罪は無知である。

（一七二頁）

この箇所は、この前の箇所に比べると「イロニー度」が増していて、「ユエニ」はラテン語“ergo”が使われているのですが、この場合、明らかに正面からの効果を狙ったイロニーです。つまり、ソクラテスの「位置」を思い出してもらいたいのですが、彼はヘーゲルおよびミュンスター監督を中心とするヘーゲル学派と引き比べると、比較を絶して優れている。しかし、真のクリスチャン――つまり自分――に比べると、比較を絶して劣っている。こういう単純な構造が、行間から身を現してきます。

ということは、キルケゴール（自分）はヘーゲルやミュンスター監督より比較を絶して優れているのですが、このことをソクラテスという「異教徒の中間項」をもってくることによってさらに効果的に論証しようとしている。これって効き目がありますよね。ヘーゲルやミュンスターはクリスチャンなのに、異教徒よりはるかに真理から遠い、ということになるのですから。

すなわち、この箇所が――先の箇所もですが――単純すぎるからこそ、ソクラテスを賞讃しているだけではない「響き」をもっているのは、その裏にヘーゲルやミュンスターの「影」があるからでしょう。耳を澄ませば、「あなたがた、異教徒のソクラテスが言っているこんな簡単なこともわからないのですか？」というキルケゴールのイロニーたっぷりのトーンが聞き取れるはずですが……。

こう考えると、「ソクラテスよ」という三度の呼びかけも、純粋な賞讃ではない、「不純な響き」を多少もってしまう感じですが、いかがでしょうか？　こうして、長々と準備体操をしたあとで、キルケゴールはついに本音を語ることを決心し、正面からソクラテスを批判するのですが、これについては次に譲りましょう。

7　キリスト教的なもののはじまり

それなら、難点はどこにひそんでいるのであろうか。それは、ソクラテス的なものが自分でも、或る程度までそれに気づいていて是正の手段を講じていることなのであるが、或ることを理解し

たということからそれをおこなうということにいたる移行に関する弁証法的規定が欠けているという点にある。（一七二頁）

「ソクラテス的なもの」を書きかえてみれば、「善を理解している者は善行をなし、善を理解していない者は善行をなさない」となりましょう。すなわち「善を解している」が「それをおこなう」ことがない人は、遡って善を理解していなかったのであり、言いかえれば、「善をおこなう」人は、遡って善を理解していたことになる。

理解と行為がピタッと一致しているわけであり、とはいえ、これって意外とどこにでも見られる通俗的道徳観であり、わが国でも強い考え方のように思われる。口でいくらきれいごとを言ってもダメであって、おまえが実際に行為してから信じよう、というわけです。

そして、キルケゴールは、ここには「理解から行為への移行に関する弁証法的規定が欠けている」と言う。「弁証法」という概念が出てきたら、まず思い浮かべねばならないのは、「否定的」あるいは「（一見）矛盾的」ということ。それだけで、キルケゴールの目指すものは、――「理解せずに行為する」という選択肢は、まあないでしょうから――「理解しても行為しない」という方向であることが予想できます。

この移行に当たって、キリスト教的なものがはじまるのである。それからこの道を進んでゆくうちに、キリスト教的なものは、罪が意志のうちにあることを示すところまで、すなわち、反抗の概念にまで、いたりつく。（一七二頁）

この箇所は、『死にいたる病』の第一篇を読んでいればこそわかるのであって、もっと選択肢があるでしょうが、「この移行」の弁証法的高まりから、すなわちこの移行をそのままでは認めない視野が開かれることによって、「キリスト教的なものがはじまる」というわけです。

その後の「意志」という概念につまずく人も多いかもしれない。ここでは、まず「おこなうということ＝行為」を「意志」と言いかえているととらえてください。この場合、「行為」は意図的行為に限られていますから、これが可能なのです。ですから、それは「理解」という概念とペアをなしていることになるのですが、いきなり「反抗」と言っても、まさに第一篇の展開を思い出さねば、まったく不可解でしょう。わかっている人もいるでしょうが、あえて行間を埋めて書き直すと、次のようになる。

この〔理解から行為への〕移行に当たって、〔それを単純に同一化するギリシア的なものに代わって〕キリスト教的なものがはじまるのである。それからこの道を進んでゆくうちに、キリスト教的なものは、罪が意志のうちにあることを示すところまで、すなわち、〔理解していても、あえて行為しないという〕反抗の概念にまで、いたりつく。

次です。

そして終わりをしっかりと締めくくるために、宿罪の教義が付け加えられる――というのは、概念的に把握するという思弁の秘密は、終わりをしっかりと結び付けることをせずに、また糸に結び目をつくることもせずに、縫っていくことにほかならず、それゆえに思弁は、不思議なことに、どこまでもどこまでも縫いつづけてゆくことができる、つまり、どこまでも糸を針に通しつづけることができるからである。これに反して、キリスト教は逆説の助けを借りて終わりをしっかりと締めくくるのである。

（一七二―一七三頁）

その諧謔的口調から直ちにわかるとおり、理解（思考）だけで、行為を考慮しないヘーゲルの概念的弁証法を茶化したもの。ずんずん否定を介して高まっていくのですが、「どこまでもどこまでも……糸を針に通しつづけることができる」のであって、縫い終わることがない。「結び目」とは、それ以上、針が通らないようにあるところで糸を固結びにすること。

「これに反して、〔本来の〕キリスト教は逆説の助けを借りて終わりをしっかりと締めくくる」のであり、理解と行為との関係が「逆説的」であり、それは「理解していても、あえて行為しない」という「反抗」の段階で「終わりをしっかりと締めくくる」のです。

8　ギリシア的なものとソクラテス的なもの

個々の現実的な人間が問題にならない純粋な観念の世界においては、移行は必然的である（体系においては、事実また、一切のものが必然的に起こるのである）、あるいは、そこでは理解することからおこなうことへの移行に何の問題もない。これがギリシア的立場である（しかし、ソク

ラテス的なものではない、それにはソクラテスはあまりに倫理家なのである）。（一七三頁）

「純粋な観念の世界」とくれば、ヘーゲルのことに間違いないように思われる。そこにおいて、理解から行為への「移行は必然的である」わけです。しかし、意外なことに、キルケゴールは、「これがギリシア的立場である」と言っている。そこで考えてみるに、ヘーゲルは、大邸宅を構築して自分は犬小屋に住んでいるという具合であって、理解から行為への「移行」がスムーズに成立していない代表例なのでした。

その後のカッコの中が重要です。こうしたギリシア的なものは「ソクラテス的なものではない」と言う。その理由は「ソクラテスはあまりに倫理的なのである」からというわけですが、ここわかるでしょうか？　ヒントはこれまでの箇所にもいくつかあり、まず次の箇所が呼応するでしょう。

ソクラテスは、もちろん、倫理家であった……ところが、そのソクラテスが無知をもって始めるのである。……倫理的には、彼は無知ということをそれとはまったく違ったものと考えている、そしてそういう無知から始めるのである。（一六四―一六五頁）

ここの読みは、第六章一節の「3　ソクラテスは倫理家である」〔本書一〇八頁〕で解説しました。ポイントを繰り返すと、アテナイのような狭い都市国家における成人男性は、倫理的なもの（善悪）を知っていて当然であり、よって「無知は罪」なのです。ここからはふたたび新たな読みですが、古代ギリシアに一般的なのは、理解から行為への「移行は必然的である」という単純な考えですが、ソクラテスは一風変わっていた。

ソクラテスは「不正なことを知りながらその不正なことをする」（一六五頁）ことは絶対にありえない、と確信してはいたのですが、それを普遍的テーマとみなすのではなく、「この自分」が真に――全身で？――納得するまで、そのことに「無知である」という姿勢を保持して、さまざまな他人と語り合った――プラトンの「対話篇」は、まさにこのありさまを描いている。

その意味で、キルケゴールにとって、ソクラテスは「あまりに倫理的」なのです。それは、古代人には珍しいほどの「実存」の自覚と言っていいでしょう。こうつなげると、次の箇所もさらっと読めるのではないでしょうか。


そしてこれとまったく同じことが、実は、近世哲学全体の秘密なのである。なぜかというに、その秘密はワタシハ考エル、ユエニ、ワタシハアル、つまり、考えることが存在することである、というにあるからである（これに反して、キリスト教的には、こう言われる、「なんじらの信仰するごとく、なんじらに成れ」、言いかえると、「なんじの信ずるごとく、なんじはある」、「信ずることが存在することである」）。かくして、近世哲学は異教より以上でも以下でもないことがわかるであろう。

（一七三頁）


この箇所はまったく難しくないのですが、つまずく人がいるとすれば、キルケゴールの基本的価値観、すなわちキリスト教は古代哲学（ソクラテス）より、近世哲学（デカルト）より格段に優れている、ということを忘れているからでしょう。

いかにも粗っぽい解釈ですが、みなが賛嘆するデカルトの「コギト　エルゴ　スム」にしろ、古代の「理解から行為への——思考から存在への——移行」と同じレベルのものにすぎない、ということ。「キリスト教的には」というのは、デカルトをキリスト教の用語で言いかえただけであって、何ら目新しいものはないのです——キルケゴールはデカルト批判を書こうとして完成しませんでしたが。

しかしこのことはまだ最悪のことではない、ソクラテスと同族であることは、つまらぬことではない。しかし、近世哲学における まったく非ソクラテス的な点は、そのようなものがキリスト教であると、みずからも思い、他人にもそう思い込ませていることである。（一七三頁）

こう続くと、あとはおきまりのヘーゲル批判の炸裂することが予感され、実際そのとおりなのです。デカルトが、ソクラテスと同じレベルに留まっているからといって、「最悪のことではない」。最悪のことは、その二〇〇年後にヘーゲルによって生じた。それは、じつのところソクラテス以下であるのにもかかわらず、それがソクラテスよりはるかに高いはずの「キリスト教であると、みずからも思い、他人にもそう思い込ませている」のです。こうして見ると、デカルト批判はヘーゲル批判のための「呼び水」にすぎないでしょう。

これに反して、個々の人間が問題となる現実の世界には、理解したということからおこなうということにいたるには、わずかばかりの移行がある。この移行はかならずしも、スミヤカニ、イトモスミヤカニ、哲学的な言い表わし方がないので、ドイツ語で言わしてもらえば、風ノゴトクスミヤカニ、おこなわれるものではない。反対に、ここにきわめて長い歴史がはじまるのである。
（一七四頁）

まず、「ドイツ語」と断りながらも訳者が片仮名にしているのを訝しく思うかもしれませんが、『死にいたる病』はデンマーク語で書かれているので、ドイツ語は外来語だからです。

それはさておき、ここは、肩の力を抜いてそのまま読めばいい。「個々の人間〔実存〕が問題となる現実の世界」では、理解から行為へと単純にスムーズに「移行」するのではない。そこには、さまざまな齟齬・ギャップ・摩擦・軋轢があるはずです。そのあとのラテン語は長々とした茶化しでしょうが、「もうわかった」という感じです。なお、最後の文章も補えば、「ここにきわめて長い——観念だけではなく、さまざまな予測不可能なこと、非理性的なことを含む現実の——歴史がはじまる」となるでしょう。

三　認識と意志

1　意志の弁証法

次の段落に入ると、急に「風向き」が変わってくる（?）。

精神生活には、静止状態というものは存在しない（そもそも、状態というものすらなく、一切が活動なのである)。したがって、人間が正しいことを認識したその同じ瞬間にそれを実行しないならば——むろん、そのときにはまず最初に、認識が沸騰することをやめる。すると次に、意志が認識されたものにどう好意をよせるか、が問題になる。
(一七四頁)

ここで重要なことは「認識」と「意志」との使い方です。なぜ、突如「認識」と「意志」が出てくるのかと不思議に思うかもしれませんが、「理解」は言いかえれば「認識」であり、「行為」は言いかえれば「意志(行為)」だからです。

その上で、キルケゴール独特の仕方で両者を擬人化する。「認識」は、いま何をすべきかを知っているのですが、なぜか、それを実行するのを止める。言いかえれば、「認識が沸騰する——沸騰して吹きこぼれ、行為にいたる——ことをやめる」。そのとき「意志」は「認識」を振り返って、「あれ?」と思うが、じつはなすべきことをしなくていいことにほっとし、「すべきであったこと」にどう好意を寄せるか——どう対処すべきか——を思案する。

だいたい、こんな感じだと思います。自己の内部の対立をいじわるな視線で観察していて、サルトルの自己欺瞞論に似ています。さて、その記述がこのあと長々と続く。

意志は弁証法的なものであり、それにまた、人間のうちにある低級な性質をことごとく掌中に握っている。そこで、認識されたものがこの低級な性質の気にいらない場合、だからといって、意志が立ち上がって認識が理解したものと反対のことをおこなう、ということにはもちろんなりはしない。そういう激しい対立はごく稀にしか起こりはしない。むしろ意志はしばらくのあいだ成り行きに任せる、そこでちょっと合い間ができる、つまり、明日までまあ成り行きを見ていよう、ということになる。そのうちに、認識はだんだんと曇りを帯びてき、低級なものが次第に勝ちを占めてくる。

（一七四頁）

ここを対話のための課題にしましょう。その前の文章を私が分析したので、それを参照して読み解けば、それほど難しくはない。誰でも言われてみれば、「そうか」と思い当たる心の動きなのですが、例を挙げてなるべく具体的に説明してください。

対話12

いつものようにありうる答えは、この文章を「そと」から撫でるというもの、あるいはただ具体的・体験的現象を語るだけに終わっていて、われわれ人間が「悪をなしうる」という、古代ギリシア哲学においても、キリスト教においても最大の難問であった問いに立ち向かっていこうとしない。

できれば、ここから「アクラシア」を読み取って欲しいのですが、それがかなわないとしても、せめて神から禁じられても悪をなしうる、というアダムの「原罪」から神に反抗するという「絶望の最高の段階」までのキルケゴールの悪をめぐる大奮闘（の一端）を汲み取ってもらいたい——かった——と思います。

ここでキルケゴールは「意志」と「認識」を擬人化して、あたかもシェイクスピアの主人公（？）のように扱い、狡猾な「意志」と怠惰で気弱な「認識」との、どっちもどっちの不純な関係を語っている。「意志」は、根が善良で誠実な、しかし勇気を欠いた「認識」の決定的なダメさを知っていて、下手に出ながらもそれを操縦する仕方をとことん知っている。

善良で無能な王に対する狡猾で有能な側近の関係として、歴史上いたるところに見られ、マクベスに対するマクベス夫人のようでもあり、源実朝に対する北条時宗のようでもあります。そういう場合、側近（意志）は正面から対抗しない。ただ、そっと示唆して引き下がり、あとは待つだけで、王（認識）を自分の思い通りにするのです。

われわれは、なぜ善を知りながら「低級な性質のもの」に支配されるのか？　これは、古代ギリシア哲学以来の「アクラシア」の議論です。この言葉は普通、「意志の弱さ」と称されているように、「われわれは、原理的にはXをすべきであること——あるいはYをするべきでないこと——を知っているが、行為に出る力（意志）が弱いので、それを実行しない」とまとめられる。

これに比べると、キルケゴールがここで挙げている例はもう少し複雑であって、「われわれのうちの『認識』は、Xをすべきであること——あるいはYをするべきでないこと——を知っているが『意志』がそれを引き延ばすように囁いた結果、それを実行しない」となる。もちろん、これは一人の人間の「うち」で起こることであって、キルケゴールは「認識はだんだんと曇りを帯びて」くるとも言っている。

カント倫理学にとって、われわれは「道徳法則」を知っておりながら、なぜそれに反することができるのかという問いが、最大の難問になっていますが、この箇所はこれに答えるものとも言える。それは、道徳法則を忘れたからではなく、それに意図的に反抗しているわけでもない。ただ、「道徳的認識がだんだん曇りを帯びて」きたからだというわけです。

ここであらためて考えてみるに、「曇る」というのは、お決まりの鏡の比喩。心を鏡に喩え、それが明澄であれば善悪がよく見え、曇っていれば――鏡自身は善悪を正確に映す能力をもっていながら――それが見えなくなるのです。

また、サルトルはその「自己欺瞞論」で、われわれ人間は、意識と無意識の中間のところで、「自分が自分を騙す」という独特の自己正当化をおこなうと言っていますが、この構造に重なるでしょう――ちなみに、サルトルは、鏡はもともと曇っているという主張ですが。

と、ここまで考察してくると、「認識」と「意志」との関係は、アダムとエヴァとの関係そのままであることがわかる。アダム――彼だけが神の言葉を聞いたのです――に対してエヴァは、「食べろ」と促す。すると、アダムは逡巡した末に「神の言葉が曇らされて」、リンゴに手を伸ばす。まさに「原罪」(神に対する反抗)の発生するありさまです。

こうしてみると、たぶん、キルケゴールは、神に対する「反抗」と言っても、ヨブのように、毅然と神に意図的に反抗するというより、その大部分はこういう「認識をだんだん曇らせる」ということ、われわれの怠惰で弱く、狡いところに生ずる、と言いたいのでしょう。「心理学者」としてのキルケゴールの面目躍如としている箇所だと思います。

2　たいていの人間のもつ低級な性質

それはつまり、善は即座に、それが認識されたとき即座に、おこなわれねばならないものであるが（それだから、純粋な観念の世界では、思惟することから存在することへの移行があのように容易におこなわれる。そこではあらゆるものが即座に起こるのである）。（一七四―一七五頁）

これも、なかなかイロニーの効いたヘーゲル批判であることが見抜けましょうか？「善は即座に、それが認識されたとき即座に、おこなわれねばならない」のです。でないと、「課題」の箇所で言っているように、「合い間を置くと」たちまちその気力を失ってしまう。しかし、ヘーゲルの描くような「純粋な観念の世界」では、この難問は生じない。あらゆるものが「観念」なのですから、「思惟することから存在することへの移行」は「即座に起こる」のです！

次は「対話12」の解説で、すでに言ってしまいましたが、じつのところ「言うまでもない」ことですね。

低級な性質は長引かせることを得手としているからである。そうしてだんだん延ばしてゆくのに対して、意志は別に逆らいもしない、意志はほとんど見て見ぬ振りをしている。こうして認識がしたたかに曇らされてしまうと、認識と意志とはお互いに以前よりもよりよく理解し合うことができ、ついには。両者が完全に一致する。というのは、いまや認識は意志の側へ移っていってしまって、意志の欲するところがまったく正しいのだと認めるにいたるからである。（一七五頁）

一つだけ要注意。「両者が完全に合致する」と言っても、「認識は意志の側に移っていってしまって、意志の欲するところがまったく正しいのだと認めるにいたる」としても、それは認識本来のはたらきではなく、先に述べたアダムのように、あくまでも「曇らされてしまった」からなのです。

たいていの人間はおそらくこんなふうに生きているのである。彼らの倫理的な、倫理的＝宗教的な認識は、彼らのうちにある低級な性質の好まないような決断や結論へ彼らを連れてゆこうとするので、彼らは徐々にそういう認識を曇らせることに努めるのである。そのかわりに、彼らは彼らの美的、形而上学的な認識を拡張してゆく、こういう認識は倫理的に見れば、気晴らしにほかならない。

（一七五頁）

この箇所は、ほとんどこれまでと同じですが、「そのかわりに〜」からあとは注目に値する。「彼ら」とはどういう人間か？「認識を曇らせる」という「低級な性質」を有している人間です。「そのかわりに」とは、ここでは「（認識を曇らせるかわりにではなく）認識のかわりに」という意味でないと、うまくつながらない。

先にも強調しましたが、キルケゴールの段階論としては美学的段階がもっとも下であり、その上に倫理的段階と宗教的段階がくる。ここでは、「美学的・形而上学的」となっているのは形而上学的ヘーゲルを意識してのことでしょう。つまり、ヘーゲル学派に牛耳られたデンマーク国教会の荘厳な建築や絵画、宗教音楽などは、それらすべてをひっくるめて最低の「美学的・形而上学的」水準にある。

それらすべてに取り囲まれて厳かに宗教行事をとりおこなっても、それは本来の「倫理的・宗教的」段階から「見れば、気晴らしにほかならない」というわけです。

3　神からの啓示

> けれども、以上に述べたところだけでは、わたしたちはまだソクラテス的なもの以上には出ていない。なぜかというに、ソクラテスに言わせれば、そんなことになるのは、そのような人間が正しいことをけっして理解していなかったことを証明するものにほかならないからである。すなわち、ギリシア精神は、人は知識をもっておりながら不正をおこない、正しいことについての知識をもちながら不正をおこなうのだ、と言い切るだけの勇気をもっていないのである。そこで切り抜け策としてこう言うのである、人が不正をおこなうならば、その人は正しいことを理解していなかったのだ、と。（一七五―一七六頁）

ここは、まるごと書く必要なかったとすら思われます。これまでの繰り返し以上に出ていませんから。まあ、好意的に見れば、キルケゴールは、次のキリスト教精神によるどんでん返しの効果を強調するために、すでに述べた「ギリシア的精神」をしっかり確認することが必要だと思ったのかもしれませんが。

> まったくそのとおりである、また、それ以上に進むことは人間にはできもしないのである。人間

は、自分が罪のなかにいるのであるから、自分自身の力で、自分自身の口から、罪が何であるかを明言することはできない。人間が罪をどう云々しようとも、それらのことばはすべて、結局、罪の言いつくろいであり、弁解であり、罪深くも罪を軽減しようとするものである。(一七六頁)

どうもこのあたりの文章は、それなりにわかりやすいものですが、弛緩していて「教化的なもの」になってしまっている。キリスト教の原則論を説教調に語るだけであって、キルケゴール本来のイロニーに充ちた、生き生きとした表現からは遠ざかっています。この次に、「神からの啓示」の意味が出てきます。

それゆえにキリスト教はまた、それとは違った仕方で、すなわち、罪が何であるかを人間に解き明かすためには神からの啓示がなくてはならないということをもって、始めるである、つまり、罪は、人間が正しいことを理解しなかったということにあるのではなく、人間がそれを理解しようと欲しないことに、人間がそれを欲しないことにある、と言うのである。(一七六頁)

最後の文章で、やっとそれまでの——弛緩した——「教化的」文章の流れ、すなわちキルケゴールがそのような文章を書いていく意図がわかりました。すなわち、キリスト教は、「罪は、人間が正しいことを理解しなかったということにある」というソクラテスのレベルを超えて、「〔罪は〕人間がそれ〔正しいこと〕を理解しようと欲しなかったことにある」というレベルにまで達しているのです。

この文章は直接、前回「対話のための課題」として出した部分に繋がる。というのは、罪は——善悪を知っている――「認識」に対して作用する「意志」によって、すなわちそれ（善悪）を理解しようと欲しないところに生ずるのです。このあたりは弁証法的に読まねばならず、善悪を理解しようと欲しないのですから、それを知っていること、知っていて避けていることが前提される。まったく知らないものを「理解しようと欲しない」ことはできないでしょうから。

「対話12」で取り上げた課題の表現を使えば、「意志は認識を曇らせること」を知っているということです。とはいえ、課題として挙げた文章だけから、このことを読み取ることはできませんが。

理解することができないということと、理解しようと欲しないということとの区別についてさえ、ソクラテスは、実をいえば、少しも説明してはいないのである。けれども、そのかわり、理解するということの二つ区別を使い分けた点では、ソクラテスはあらゆるアイロニストたちの大先生である。ソクラテスは説明する、正しいことをおこなわない者は、それを理解してもいないのである、と。（一七六頁）

ここは、むしろ「対話10」に出した課題の箇所と呼応します。「理解するということとの二つ区別」とは、「対話11」で書いたように、①知識が行為に移行する場合と、②知識が行為に移行しない場合との区別です。これがなぜ、「アイロニストたちの大先生」なのか？

これは、なかなかわかりにくい。というのも、キルケゴールはここで「アイロニー（イロニー）」の意味をイエスがすべてを「喩え」で語る意図、すなわち「わかる人にはわかり、わからない人にはわからない」ように、という意味で使っているからです。ある知識Wをもっていると、二人の男Aと

Bが語る場合、Aは直ちに行為によってWを証明するけれど、BはWに呼応する行為を実践しない。そのとき、われわれはWに関して、ホンモノ（A）とニセモノ（B）を区別できるのであり、これがイエスにおけるイロニーなのです。

キルケゴールがここで、ソクラテスを「アイロニストの大先生」と呼んで感動していますが、これに「異教徒にもかかわらず」という意味を多分に込めていると言っていいでしょう。

4　本来の意味における「反抗」

しかし、キリスト教はもう少し根本へさかのぼって言う、それは彼が正しいことを理解しようと欲しないからであり、これはまた、彼が正しいことを欲しないからである、と。それにつづいて、キリスト教はこう教える、人間は、正しいことを理解しているにもかかわらず、不正なことをおこなうものである（これが本来の意味の反抗である）、あるいは、正しいことを理解しているにもかかわらず、それをおこなうことを怠るのである、と。（一七六頁）

ここにいたってやっと、キルケゴールはこれまでの話が「絶望の最高段階」である「反抗」につながることを示している。しかも、これは「本来の意味における」反抗なのですから、先に述べたように、キルケゴールは「反抗」という概念によって、ヨブのように、神に面と向かって叫ぶといったことを考えているのではなく、むしろはるかに陰湿で狡猾で低俗な人間的態度を考えているようです。

これは、むしろ意外であって、「ああ、そうなのか」とこの段階ではじめてわかるのが普通でしょう。

また、右の箇所を綿密に読んでいくと、その「本来の反抗」とは「正しいことを理解しているにもかかわらず、不正なことをおこなう」ことであって、「正しいことを理解しているにもかかわらず、それをおこなうことを怠る」ことを入れていない。こういうことはもっと早く言ってもらいたいものだ、と心から思いますが。

簡単に言えば、罪についてのキリスト教の教えは、人間に対するまったくの咎め立てであり、告訴また告訴であり、神が告発者としてあえて人間に対して提起する告訴状なのである。

（一七七頁）

この箇所を読んで、一部の読者は、「あれっ！」と声を上げるのではないでしょうか？　突如、「神が告発者として人間に対して告訴状を提起する」というわけですから。神に対する反抗なら、「人間が神に対して告訴状を提起する」となるのが筋ですが、真逆になっている。

ここで、アダムの「原罪」を想い起こす必要があります。アダムが禁断の木の実を食べたがゆえに、神はアダムを告発してエヴァとともに楽園から追放し、人間を「死すべきもの」としたのですよね。これが、人間存在の始まりですね。

そして、人間には知られないかたちでキルケゴールはセムシであり、悪い血のもとに生まれた――神が創造した――のです。さて、この大枠の中で、「神に対する反坑」は位置づけられる。このすべてに納得ができない、という態度に出るわけです。こうしてみると、「対話12」で取り上げた認識と意志との関係は、かなり世間的解釈とは異なる相貌を帯びてくる。このすべてを受け容れることが

「正しいこと」であって、反坑とは、それが「正しいこと」であると理解することを、欲しないのですから。

しかしながら、このようなキリスト教的なものを概念的に理解しうる人間がいるであろうか、けっしてありはしない。キリスト教的なものが実はまたそういうものなのである、それだから、つまずきともなるのである。キリスト教的なものは信じられねばならない。概念的に理解するとは、人間的なものに関する人間の能力である。しかし信ずるとは、神的なものに対する人間の関係である。ではこの理解すべからざるものを、キリスト教はいかにして説明するのか? まったく当然なことなのだが、同じように理解すべからざる仕方で、すなわち、それは啓示されているということによって、である。

（一七七頁）

ここを対話のための課題にしましょう。かなり内容の詰まったものですが、すべてを「つまずき」という観点からまとめてもらえればと思います。

対話13

「すべてを『つまずき』という観点からまとめてもらえればと思います」と書きましたが、「つまずき」とは「神的なものに対する人間の関係」、すなわち「(人間理性によっては) 理解すべからざるもの」です。この場合、一行目にあるように、「理解」を「概念的に理解しうる」と言い換えてもいい。

そして、「キリスト教的なもの」とは、これを悟ったうえで、人間的・概念的理解に代えて、「神からの啓示」へと高まることを意味する。言いかえれば、人間的・概念的には理解できないものを——だからこそ——「信じられねばならない」のです。

ふつう、「つまずき」は、「イエスが神の子であり、かつ人間であること」「彼が処女マリアから生まれたこと」など認識の場面で起こる。しかし、お気づきのように、キルケゴールはこうした認識に関する「つまずき」をほとんど問題にしていない。彼が「つまずく」のは、「神がアブラハムにイサクを生け贄に捧げよ！」と命じたことに代表されるように、むしろ神の意志（意図）なのであり、なぜ、自分は「悪い血」のもとに生まれたのか、なぜ自分はセムシなのか、そして、このことを通じて神に反抗するほどまでに絶望するのか、すなわち神はなぜ自分をこ、の、よ、う、に、創造する意志（意図）をもったのか、というかたちになる。

どう考えてもこれは不当なことであり、第一篇の終わりあたりを想い起こしてみると、「神への反抗」とは「全世界から、全人世（人間存在）から、不当な扱いを受けた者でありたい」（一三五頁）という叫び声です。「この絶望は、人世（人間存在）を憎悪しつつ自己自身であろうと欲するのであり、自分の惨めさのままに自己自身であろうと欲する」（一三八頁）のであって、「彼は自己自身であろうと欲し、自分の苦悩をひっさげて全人世に抗議するために、苦悩に苦しむ自己自身であろうと欲する」（一三八—一三九頁）のです。

そして、こうしたところにごまかしなく留まること、すなわち徹底的に「つまずこう」と意志することによってはじめて、「神からの啓示」(しかない)という新たな領域が見えてくる、「キリスト教的なもの」とは、こういう構図になっているのでしょう。

5 意志の堕落↓つまずき↓啓示

したがって、キリスト教的に解すれば、罪は意志のうちにあるのであって、認識のうちにあるのではない。そしてこの意志の堕落は、個人の意識を越えている。それはまったく当然なことである、だって、もしそうでないとしたら、罪がいかにして始まったかという問題が、個人個人ごとに、起こされねばならなくなろうではないか。(一七七頁)

「意志の堕落は、個人の意識を越えている」ことについてはいいですね。キルケゴールという猛烈にヒネタ男の「意志が堕落し」、その結果、彼は神に反抗するにいたった、という特殊なお話ではない。「意志の堕落」はすべての人を襲う、まさに「原罪」なのです。「そうでないとしたら」、これほどの恐るべきことが、「いかにして始まったか」を個人個人に目を向けて、人間の観点から(経験的・科学的)に探究しなければならないでしょうが、それはできないし、無駄なことなのです。

このことを自覚することによってはじめて、われわれは人間の理解を超える領域に面していることを自覚するにいたるのですが、それにもかかわらず、人間の観点から強引にこれを探究し、解決しようとすると……われわれは「つまずく」というわけです。

かくしてここにはまたつまずきの標識がある。つまずきの可能性は、罪が何であり、罪がいかに深くささりこんでいるかを、人間に解き明かすためには、神からの啓示がなければならない、という点にある。

（一七七―一七八頁）

人間の観点に留まることに「つまずく」ことによって、このすべてを「解き明かすためには、神からの啓示がなければならない」ことを悟るというわけで、「対話13」の解説で述べたことにおおよそ重なる論理展開になっていることがわかるでしょう。

自然のままの人間、異教徒は、たとえば、こんなふうに考える。「よろしい、わたしが天上と地上とにあるすべての物事を理解してはいないことを、わたしは認める。もし啓示というものがあるというなら、天上のことについてわれわれに解き明かしてもらいたいものだ。しかし、罪が何であるかを解き明かすために啓示がなければならないなどということは、実に馬鹿げたつじつまの合わない話である。わたしは自分が完全な人間だなどとは言わない、完全などころじゃありゃしない。しかしわたしは、自分が完全などころでないことをちゃんと知っているのだ。そればかりか、わたしはむしろすすんで、わたしがどれほど完全さからほど遠く隔たっているかを、告白するつもりだ。これでも、わたしは罪が何であるかを知らないというのだろうか？」。

（一七八頁）

キルケゴールが「異教徒」と言えば、古代ギリシア人に決まっているのですが、この科白はエピクロスやストア派のマルクス・アウレリウスの口から出てきそうですね。彼らは、神になろうとしてエトナ山の火口に跳び込んだエンペドクレスや、「神との合一」を目指し、何度か体験したプロチノスとは異なり、「自分が完全などころでないことをちゃんと知っている」し、「どれほど完全さから遠く隔たっているかを、告白するつもり」なのです。ソクラテスだって、問われれば、疑いなくそう答えたことでしょう。

キルケゴールは、『死にいたる病』第一篇の最後近くで、「この絶望は、ストア哲学者流に自分自身に惚れ込んだり、自分を神格化したりして、自己自身であろうと欲するのでもない」（一三八頁）と断言している。「自分が完全などころでないことをちゃんと知っている」という口ぶりから、キルケゴールは、だから私は自分の限界を知らない人々よりエライのだ、という「自分自身への惚れ込み」を感じてしまうのですが、確かにそうではないでしょうか？

だが、キリスト教は答える。そうだ。おまえが完全さからどれほど隔たっているかということ、また罪が何であるかということ、これこそおまえがいちばん知らずにいることなのだ、と。——見よ、この意味で、まさしく、キリスト教的にいって、罪は無知であり、罪が何であるかについての無知なのである。（一七八頁）

これからあとはかなり議論が錯綜していて、ある箇所を切り出して課題に出すのは難しいので、ここを対話のための課題にしましょう。もっともらしく見えたギリシアの賢人の告白が、なぜ何もわかっていないのかを、キリスト教との対比で丁寧に説明してくれればいいのですが。

対話14

ぱっと見には易しそうですが、一歩踏み込むとなかなか難しい箇所と言っていいでしょう。これは、先のギリシアの賢人の自己陶酔した科白に対して「キリスト教」が答えているものですが、残念ながら、「完全から遠く隔たっている」ことの意味が両者のあいだで転じていること、さらには「キリスト教」の言う「不完全」と「罪」との関係を正確にとらえている。

罪とは何かを問う、この箇所を解読するには、この引用箇所の少し前の異教徒の賢人（ストア派）の科白まで遡らねばならない。彼らは、じつによく自分が不完全であることを知っている。その部分を、もう一度引用しておきましょう。

わたしは自分が完全な人間だなどとは言わない、完全などころじゃありゃしない。しかしわたしは、自分が完全などころでないことをちゃんと知っているのだ、それぱかりか、わたしはむしろすすんで、わたしがどれほど完全さからほど遠く隔たっているかを、告白するつもりだ。これでも、わたしは罪が何であるかを知らないというのだろうか？（一七八頁）

課題として取り上げた箇所ではこれを受けて、キリスト教はまず、「おまえが完全さからどれほど遠く隔たっているかということ」をじつは知らない、と言って反撃する。そして、その理由はまさに、「罪が何であるかということ、これこそおまえがいちばん知らずにいる」からなのだというわけです。異教徒の賢人が自分を「完全から遠く隔たっている」ことを知っていると言うとき、彼は自分の知識や道徳的行為、あるいは心情などを意味しているのでしょう。しかし、キリスト教は、「彼が不完全であるのは、罪が何であるかを知らないからだ」という一点に絞っていくのです。

こうして、キリスト教はギリシアの賢人の思いもよらない視点を提示して、彼がほかに何を知っていようとも、「罪が何であるかについての無知」ゆえに、彼は「完全から遠く隔たっている」と断ずる。この背景もすでに学びました。彼は、「神からの啓示」（一七八頁）を信じないゆえに、「罪が何であるかについての無知」に留まっている。そして、「罪が何であるか」についての知の要は、「罪は消極的なものではなく、積極的なものである」ということです。この連関を前回の最後の箇所でキルケゴールは以下のようにまとめています。

罪とは、神からの啓示によって、罪が何であるかが解き明かされたのちに、神の前に絶望して自己自身であろうと欲しないこと、あるいは、絶望して自己自身であろうと欲することである。（一七八頁）

「絶望して自己自身であろうと欲すること」が、すなわち「神に対する反抗」という絶望の最高段階であることについてはいいですね。対話のための課題への解答としては、ここまででいいでしょう。しかし、この先を「読む」のは相当に大変です。

キリスト者が「罪が何であるか」を知っているとしても、だからと言って、彼が完全であるわけではない。むしろ、罪が何であるかを知っている点において、異教徒より不完全ではないにしても、それにもかかわらず積極的に罪を犯すことがあるのですから、その場合、異教徒よりさらに罪深い、と言えるのではないか?

ここに、キルケゴールの――イロニーを通り越して――「逆説(Paradox)」が潜んでいます。ずっと前に「神に対する罪であるということは、罪の度を無限に強める」(一四〇頁)という文章がありました。キリスト者であれば神と出会っているはずであり、「罪が何であるかについての無知」の段階を脱却して、「罪が何であるかを解き明かすために啓示がなければならない」(一七八頁)ことまで知っているはずですが、そのまま「神のうちに透明に基礎をおいている」(一五三頁)信仰の方向に進むのではなく、このすべてを知りながら、あえて神に逆らうことさえできる。それが、この書『死にいたる病』のテーマである「絶望」なのであり、それは厳密には神の視線から逃れられないキリスト者にしかいたりえない独特な段階なのです。

第七章　積極的なものとしての罪——〔第三章　罪は消極的なものではなくて、積極的なものであるということ〕

一　罪は積極的なものである

1　汎神論的なもの

罪が消極的なものではなくて積極的なものであるということは、正統派の教義学が、一般に正教が、その擁護のために絶えず戦ってきたものであり、そしてそのために正教は、罪を単に消極的なもの、すなわち弱さ、感性、有限性、無知といったようなものにしてしまう罪の定義を、いずれも汎神論的なものとして退けてきたのである。正教は、ここが戦闘の場であることを、あるいは、前に述べたことを思い起こしてもらえば、ここで最後の締めくくりがなされねばならぬことを、ここで最後の対抗をしなければならぬことを、きわめて適確に見抜いていた。（一七九頁）

まずふつう、「正教（Orthodoxie）」はロシア正教を意味しますが、ここではそんなわけはないとすると、訳注〔桝田注（176）〕にもあるように、正統的ルター派（ルター自身を受け継ぐ立場）と解するほかなく、ここにはじめて正統的ルター派と当時のデンマーク国教会とのズレがテーマとなってきます。

次に「汎神論（pantheismus）」という概念の位置づけがわかりにくいのですが、一般的に汎神論とは、世界からの神の超越的存在を認めず、世界は神そのもので「ある」、あるいはその「様態」であるという存在論的立場であって、すぐにスピノザ、シェリング、場合によってはヘーゲルという哲学者の名前が浮かびます。

しかし、キルケゴールにおいては、認識と意志との対立がテーマであったことを想い起こすと、「認識」の側に「汎神論」が、「意志」の側に正統的ルター派が配置されることがわかる。つまり、ここで言う「汎神論」が、世界を認識することが目的であるような立場――その典型例は静寂主義（キエティスム）――を意味するのに対して、正統的ルター派は意志（行為）することを目的にすると言えましょう。

その場合、一般に神が創造したこの世界の美や調和や法則性の「うち」に直接神を見るという方向（スピノザ、シェリング）に傾くのですが、ここではちょっと穿っていて、それによって人間は自分の「弱さ、感性、有限性、無知」を見るという側面が強調されている。それでも、神――すなわち完全な世界――との比較という視点が残っているのですから、やはり認識が主導的ですね。

そして、興味深いことに、人間の側で「意志」を中心に据えるとき、神に関してもその「意志」を中心に据えて、あえて神に反抗することになる。キルケゴールが神に反抗するほどまでに絶望しているのは、自分が「セムシ」で「悪い血」のもとにあり、不安に怯えていると正確に認識したからではなくて、むしろそのように自分を創造した神の意志（意図）がわからないからではないでしょうか？

さらに、キルケゴールのこうした活動の本来の目的が、神を認識することではなく、高い宗教的境地にいたることでもなく、デンマーク国教会の牧師たち、そこに集う善男善女に「ほんとうのキリスト教を教えたい」という改革の意志（宗教改革）であったことも忘れてはなりません。

正教は、もし罪が消極的なものとして規定されるならば、キリスト教全体が支えを失うことを、適確に見抜いていたのである。それゆえに正教は、堕落した人間に罪が何であるかを教えるためには神の啓示がなければならないということを、そしてその告示は、教義なのであるから、まったく当然のことながら、信じられるほかないものだということを、激しく教え込むのである。いうまでもなく、逆説、信仰、教義、この三つの規定は、同盟を結んで団結し、あらゆる異教的な知恵に対するもっとも安全なよりどころとなり、要塞となっているのである。（一七九頁）

正統的ルター派は――迫害され、処刑された――「戦闘の教会」である原始キリスト教の直系なのですから、罪が積極的であること、認識に関することではなく意志（行為）に関することであることを「的確に見抜いていた」。そして、「堕落した人間に罪が何であるかを教えるためには神の啓示がなければならないということ」を知っていたのです。

ここまではいいのですが、このあとの「逆説、信仰、教義、この三つの規定は、同盟を結んで団結し、あらゆる異教的な知恵に対するもっとも安全なよりどころとなり、要塞となっている」。これはたぶん「勇み足」であって、ヘーゲル学派によって牛耳られている現在のデンマーク国教会に焦点を移行させている感じがする。そして、次の段落から、この色彩は強くなっていきます。

2 思弁的教義学

新しい段落に進みますが、ここからお決まりのヘーゲル批判が表面に出てきますので、かえってわかりやすくなります。

以上が正教の見方である。ところが、いわゆる思弁的教義学は、もちろん哲学といかがわしい関係を結んでのことであるが、奇妙な誤解をして、罪は積極的なものであるというこの規定を概念的に把握することができるものと考えている。だが、もしそれができるとすれば、罪は消極的なものになる。あらゆる概念的把握の秘密は、概念的に把握するということそのもののほうが、それが措定するあらゆる積極的なものよりも、一段と高いところにある、ということである。概念は積極的なものを措定する、しかしその積極的なものが概念的に把握されるということは、つまり、それが消極化されるということにほかならない。（一八〇頁）

ここのポイントは「罪は積極的なものであるというこの規定を概念的に把握することが……できるとすれば、罪は消極的なものになる」ということです。なぜか？　先に見た認識と意志との関係構図からわかるでしょう。認識は消極的なもの（受動的なもの）、しかも人間の観点からのものですが、意志は積極的なもの（能動的なもの）、神との関係という観点からのものです。

こう整理した上で考察していくと、罪は原罪なのですから、認識を拒むものであり、その意味で人間の認識を超えた「神からの啓示」という積極的なものによってとらえるほかない。よって、罪を概念的にとらえるかぎり消極的な認識に留まっていて、その限り、いくら「罪は積極的なものである」と力説しても、「消極的なものにすぎない」というわけです。

なお、単なる想定ですが、キルケゴールはベルリン大学で一度、シェリングの講義を聴いているのですが、ヘーゲル亡き後にベルリン大学に招聘されたシェリングは、大々的にかつての自分の――そしてヘーゲルの――「消去哲学（negative Philosohie）」を否定して、「積極哲学（positive Philosohie）」を打ち立てる。その場合、消極哲学が概念だけを扱うものであるのに対して、積極哲学は「現存在＝実存」を扱うものですから、ここでキルケゴールはこの形式をそのまま踏襲（密輸入？）している感じでもあります。

以下の箇所はキルケゴールの「好み」であって、以上のことを舞台の上の出来事のようにヴィヴィドに、しかもイロニーを駆使して語りなおしている。

思弁的教義学も、或る程度までこの点に気づいていたのではあるが、動揺の起こっている地点へ口先の保証という別働隊を送る（これはむろん哲学的な学問にとってあまりふさわしいことではない）よりほかに救助策を知らなかった。彼らは、罪が積極的なものであることを、一口ごとに厳かさを加え、だんだんと誓いと呪いの語気を強めながら、断言し、罪が単に消極的なものであるというのは汎神論であり、合理主義であり、その他何かしらであるが、いずれにしても、それは思弁的教義学が誓って否認し嫌悪するところのものであることを断言する――それから、彼ら

は、罪が積極的なものであることを概念的に把握することに移ってゆくのである。（一八〇頁）

「動揺の起こっている地点へ口先の保証という別働隊」を派遣する、という「救助策」とは、毒をたっぷり含むイロニーであって、ヘーゲル批判となると、突如キルケゴールの筆がさえて輝きを帯びてきますね。ヘーゲルの思弁的教義学が「罪は積極的なものだ」と、概念を駆使して「一口ごとに厳かさを加え、だんだんと誓いと呪いの語気を強めながら、断言」すればするほど、そして、「罪が単に消極的なものであるというのは汎神論であり、合理主義であり、その他何かしらであるが、……〔われわれが〕誓って否認し嫌悪するところのものであることを断言」すればするほど、その内容はウソ臭くなっていくということ。なお、「合理主義（rationarismus）」とは、人間理性の範囲内、すなわち概念でわかるという意味でしょう。次の締めも、軽いイロニーが効いていて、わかりますね。

これでは罪は或る程度まで積極的なものであると言うにとどまり、ともかくも積極的なものが概念的に把握されうるかぎりにおいて、と言うことになる。（一八〇頁）

「ともかくも積極的なものが概念的に把握されうるかぎりにおいて」とは、キルケゴールにとっては一種の自己矛盾であって、積極的なものを否定ないし限定していることになるのです。

3　概念的把握に対する情緒的反感

『死にいたる病』一八〇頁の最後の行からです。しばらく、お決まりのヘーゲル批判が続きますので、読みやすいところだと思います。

さらにこれと同じ思弁の二枚舌は、同じ事柄に関してではあるが、他の点においても、見られる。罪の規定、すなわち罪がいかに規定されるかは、悔い改めの規定にとって決定的なことである。ところで、否定の否定ということがきわめて思弁的なことなのであるから、なんのことはない、悔い改めは否定の否定でなければならない――したがって罪はもちろん否定であることとなる。

（一八〇―一八一頁）

「思弁の二枚舌」とは、直前で「思弁的教義学」（一八〇頁）と呼ばれているものであって、「罪が積極的なものであることを概念的に把握することに移っていく」（一八〇頁）立場、すなわちヘーゲル学派です。アダムの原罪が「否定」であり、これによって罪が世界に登場したのですが、「悔い改め」はその原罪を否定――止揚ないし脱却――することだから、「否定の否定」だということ。

キルケゴールはここでヘーゲルの弁証法を茶化していますが、もちろんヘーゲルがこんな単純なことを言っているわけではなく、キルケゴールは罪の概念的な把握とはこの程度にすぎない、と言いたいのでしょう。以下、ますます簡単になります。

――ついでながら、いつか公平な思想家が出てきて明らかにしてもらいたいものだと思うのだが、論理と文法との最初の関係（二重の否定は肯定である）や数字上のそれを思わせるこの純粋に論理的なものは、どこまで現実の世界、質の世界において妥当するものなのであろうか、一般に、質の弁証法はそれとは違ったものなのではあるまいか、「移行」はここではそれとは違った役割を演じているのではあるまいか。

（一八一頁）

キルケゴールは、ヘーゲルにおいて「現実性」が弁証法的に成り立っていることを知りながら、あえてそれが「現実性」だろうか、と問いかけている。言いかえれば、そこに成立しているのは「量の弁証法」であって、「質の弁証法」ではない。キルケゴールにとって、「神からの啓示」がそこに浸透していなければ「現実性」ではないのであって、単なる論理学や数学上のお話にすぎないのです。

永遠ノ相ノモトニ、永遠ノ様相ニオイテ等々から見られると、もちろん、継起的なものはまったく存在しない、それゆえに、一切はあるのであって、そこには移行は存在しないのである。それゆえ、このような抽象的な媒体のなかでは、措定することは、そのままタダチニ止揚することと同じことである。しかし、現実をこういうふうに考えるのは、ほとんど狂気の沙汰である。

（一八一頁）

はじめのカタカナの部分はラテン語であり、訳注〔桝田注（182）（183）〕にあるようにスピノザの有名な言葉。彼が『エチカ』を丹念に読んだ形跡はなく、ただ誰でも知っているこの言葉をポンともってきただけのように思われます。

「永遠ノ相ノモトニ」においては、否定における「移行」が起こるはずはないのだから、止揚（否定）もただ論理的否定にすぎない。ヘーゲルは「現実」を「抽象な媒体」とみなしているわけではなく、こうとらえた、すなわち、そこに概念が浸透しているものとして考えたのですが、これがキルケゴールにとっては「狂気の沙汰」なのですね。このあたり、ヘーゲルをよく研究して反論しているのではなく、かなり情緒的な反感にすぎないように思われます。

キルケゴールの反ヘーゲルはまだまだ続きます。ただ、『大論理学』や『精神現象学』の内容に則して反論するのではなく、ただ荒唐無稽の例を引いてきて、その概念主義のバカらしさを描いてみせるだけですから、少々虚しくなりますが。

また、まったく抽象的ニナラ、未完了態の次に完了態がくる、とも言える、しかし、それだからといって、現実の世界において、まだ完了していない仕事（未完了態）が完了されるということが、ひとりでに出てくるとか、ただちに出てくるとかと、推論する人があったら、おそらくその人は気違いであろう。いわゆる罪の積極性の場合もそれと同じことで、それが措定される媒体が純粋思惟であるとするのは、狂気の沙汰である。そういう媒体は、罪の積極性を真剣に問題にしうるには、あまりに軽薄にすぎるのである。

（一八一―一八二頁）

例えば、「未だ結婚していない」という未完了態から「結婚した」という完了態は、文法に従って「ひとりでに出てくる」のですが、現実の世界ではそうではない、ということ。「罪の積極性」とは「正しいことについての知識をもちながら、不正をおこなう」（一七五頁）こと、ないしは「正しいことを理解しているにもかかわらず、それをおこなうことを怠る」（一七七頁）ことですが、これは文法（純粋思惟）の領域のことではなく、現実の領域のことだということ。

二　キリスト教の逆説とソクラテスの無知

1　信じられるほかない逆説

しかしながら、このようなことはすべて、いまのわたしの問題ではない。わたしはどこまでも、罪は積極的なものであるというキリスト教的なものだけを固執する——といっても、それが概念的に把握されうるものだというのではなく、信じられるほかない逆説としてのことである。これは正しいことだとわたしは思う。概念的に把握しようとするあらゆる試みが自己矛盾であることを明らかにすることができさえすれば、問題はふさわしい方向をとり、キリスト教的なものは信仰に、人が信じようと欲するか欲しないかに、委ねられねばならないことが明らかになる。（一八二頁）

「信じられるほかない逆説」とは、神の子が人間の女の胎内から生まれたとか、死んだラザロに向かって「起きよ」と命ずると眼を覚ましたことをはじめとする、イエスの数々の奇跡がすぐに思い浮かびますが、ここではむしろ「アダムの原罪」によってすべての人間が死すべき者となり、キルケゴールの場合ですと、自分に何の責任もないのに、セムシであり「悪い血」を授かって生まれたということでしょう。

これらの「逆説」を概念的に把握することは不可能であり、ただ信じるしかない、というのは正統的キリスト教の教義にほかならない。なお、「〜キリスト教的なものだけを固執する」ではなく、「〜キリスト教的なものだけに固執する」が正しい。

――あくまでも概念的に把握しなければ気がすまず、ただ概念的把握できると称せられるものだけしかお気に召さないような人には、このことは非常にみすぼらしいことと思われるだろうことは、わたしにもよく概念的に把握できる（これは概念的に把握できないほど神的なことではけっしてない）。（一八二頁）

ここはイロニーですが、おわかりでしょうか？　ヘーゲル学派のように概念的な把握が最高の立派なことだと信じている人々には、「信じられるほかない逆説」などは「非常にみすぼらしいことと思われるだろう」と言った上で、これは頭でわかっただけの理解なのですから、「わたしにも概念的に把握できる」程度の低レベルのことだということ。

しかし、キリスト教全体が、信じられるべきであって概念的に把握せらるべきでないということに、したがって、それが信じられるか、それとも、人がそれにつまずくかのいずれかであるということに、かかっているとすれば、概念的に把握しようと欲するということが、それほど手柄となることであろうか？　概念的に把握されることを欲しないものを概念的に把握しようと欲することが、手柄になることであろうか、それはむしろ恥知らずなことか分別のないことではないであろうか？

（一八二頁）

ここも解説の要はないでしょう。「概念的に把握しようと欲することが、手柄となることであろうか」という問いかけがわからない人もいるでしょうが、概念的な把握には、『大論理学』の壮麗な概念の大建築によって示すというイメージがあるので、きわめて高級で深遠なことを開発して、ヘーゲルは手柄だと考えているであろう、ということ。

2　少しばかりのソクラテス的な無知

さて、このあと、長々とした「或る国王」のお話があります。これもヘーゲル学派を揶揄したものです……が、じつのところ少しわかりにくいところもある。

或る国王がまったくのお忍びでいたい、まったくただの人間のように取り扱ってもらいたいと思いついたとして、その場合にも、国王には国王にふさわしい忠誠を示すことがふつう人間にはりっぱなことと思われているからといって、そうするとしたら、それがはたして正しいことであろうか？　むしろそれこそ、国王の意志にそむいて自分自身と自分の考えを主張し、服従するかわりに、自分の欲するままのことをおこなうことではあるまいか？　それとも、国王がそんなふうに取り扱われたくないと思っているのに、そのような人間がいよいよ抜け目なく臣下としての敬意を示せば示すほど、つまり、そのような人間がいよいよ抜け目なく国王の意志に反して行動すればするほど、国王のお気に召すとでもいうのであろうか？　（一八二―一八三頁）

この話自体はわかりますね。お忍びでどこかにいきたいと考えている国王に対して、やはり国王並みの礼儀を尽くそうとする臣下は、「国王の意志にそむいて自分自身と自分の考えを主張し、服従するかわりに、自分の欲するままのことをおこなう」ことになるわけですね。しかし、この話はそれまでの話とどう関係するのでしょうか？

国王が「神」であることは確かです。「お忍び」は、ヘーゲルのように礼儀を尽くして壮麗な概念をお供に連れていくのではなく、あたかも臣下の一人のように地味な格好でこっそりといく、ということでしょうか？　そして、このほうが国王（神）の意志にかなっている、前者は国王に服従しているようでいて「服従するかわりに、自分の欲するままのことをおこなう」ということでしょう。

——キリスト教的なものを概念的に把握することができると称する人を、ほかの人々が驚嘆し賞讃されるのは勝手である。ただわたしは、「ほかの人々」がこぞって概念的に把握することに没頭しておられるようなこういう思弁的な時代にあって、キリスト教的なものは概念的に把握されうるものでも概念的に把握されるべきものでもないということを告白するのは、まさに、おそらく少なからぬ自制を要求するひとつの倫理的な課題であると考えるものである。　（一八三頁）

内容的にはほとんど問題はないでしょう。「こういう思弁的な時代」とはヘーゲル哲学が大隆盛の一九世紀デンマークだということはわかりますね。自分以外のすべての（デンマークの）哲学者・神学者・僧侶たちは、という意味で「ほかの人々」に括弧を入れたのでしょうか。

なお、最後の「倫理的な課題」とは、先の「こういう認識〔意志によって徐々に曇らされた認識〕は、倫理的に見れば、気晴らしにほかならない」（一七五頁）に対応する。すなわち、キルケゴールにとって「信じるしかない逆説」を概念的に把握するのは、誤った認識の問題にとどまらず、まさに「倫理の問題」なのです。

このあとに、久しぶりにソクラテスが出てくる。しかも、前出（一七六頁）とは異なった意味をまとって。

しかしながら、これこそは、現代が、キリスト教界が、必要としているものにほかならない。すなわち、その必要なものは、キリスト教的なものに関する少しばかりのソクラテス的な無知である。しかし、よく注意してほしいが、それは少しばかりの「ソクラテス的な」無知なのである。ソクラテスの無知が、一種の神の畏れであり神に仕えることであったこと、ソクラテスの無知が、神を畏るるは知恵の初めなり、というユダヤ的なものをギリシア風に言い表わしたものであったこと、このことをかつて知ったことのある者、もしくは考えてみたことのある者が、いったどれだけあるか知らないが、わたしたちはけっしてそれを忘れないようにしたいものである。

（一八三—一八四頁）

この箇所の一つ前、直前の引用箇所にあった「倫理的な課題」を含めて、ここを対話ための課題にしましょう。内容的には、この段落の終わりまで一貫して同じテーマです。できれば、「ソクラテス的なもの」をめぐる前掲箇所（『死にいたる病』一七六頁）との意味の違いをも含めて、まとめてもらえたら、と思います。

対話15

この箇所を取り上げるにあたっては、①「倫理的な課題」（一八三頁）を含めること、②「ソクラテス的なもの」の前掲箇所（一七六頁）との意味の違いを含めること、と指示しました。今回は、この指示を含む課題の広がりがあります。

まず「倫理的な課題」に関しては、「キリスト教的なものは概念的に把握されうるものでも概念的に把握されるべきものでもない」（一八三頁）のですが、これは「おそらく少なからぬ自制を要求する倫理的課題である」（同頁）へと続くことに注目すべきだということ。

また、「ソクラテス的なもの」に関しては、「理解することができないということと、理解しようと欲しないということとの区別についてさえ、ソクラテスは、実をいえば、少しも説明してはいないのである」（一七六頁）と批判しながらも、「理解するということの二つの区別を使い分けた点では。ソクラテスはあらゆるアイロニストたちの大先生である」（同頁）という見解です（これらの解釈に関しては、「3　神からの啓示」（一五四頁）の解説を読んでください）。

つまり。異教の哲学者であるソクラテスは、「人間は、正しいことを理解しているにもかかわらず、不正なことをおこなうものである」ということ、すなわち「反抗」を見ていない。

つまり、ソクラテスは、キリスト教が開く人間存在の深奥——神に対する反抗——を見ていないが、としてもその「無知の知」によって「倫理的な課題」を提示している、というのが、キルケゴールのソクラテス評価と言っていいでしょう。このことを基盤に課題の箇所を見てみると、うまく繫がります。

「キリスト教的なものに関する少しばかりのソクラテス的な無知」とは、「無知の知」そのものではなく、「反抗」に関して無知であったことですが、これをあえて「少しばかりの」と形容したイロニーを読み解いてもらいたい。そこで出だしの「これこそは、現代が、キリスト教界が、必要としているものにほかならない」を見てみると、矛先は現代のデンマーク国教会を牛耳っているヘーゲル学派に向いていることがはっきりしている。

つまり、概念だけで神を認識しようとするヘーゲル学派の傲慢な輩は、「キリスト教的なものに関する〈大いなる無知に囚われているのだから〉少しばかりのソクラテス的な無知」を見習ってもらいたいということ。さらには「ソクラテスの無知が、一種の神の畏れであり神に仕えることであった」ことを、すなわちこうした倫理的態度も見習ってもらいたい、ということです。

3 （一九世紀中葉の）コペンハーゲンのソクラテス

ソクラテスはほかならぬ神に対する畏敬の念から無知であったのだということ、彼が、異教徒としてできるかぎりの力を尽くして、神と――そして人間とのあいだの境界線に立って、審判者となって見張りをし、神と人間とのあいだの質の差異という深淵がどこまでも存続するように、それによって神と人間とが哲学的ニ、詩的ニ、などの仕方で、一つになってしまうようなことのないように、見張っていたのであることを、わたしたちはけっして忘れないようにしたいものである。見よ、それゆえにソクラテスは無知の人であったのだ、そしてそれゆえに神はソクラテスを最大の知者と認めたのである。（一八四頁）

まず、これはソクラテスの「無知の知」の解釈としては、まったく見当違いであることを押さえておかねばならない。ソクラテスの「無知の知」の要は、「私は何も知らないが、何も知らないということを知っている点で、それを知らない者より知者である」ということです。

このことを、「ソクラテスはほかならぬ神に対する畏敬の念から無知であったのだ」とまとめることは、かなり無理があるでしょう。たしかに、この話の前触れとして、「ソクラテスはアテナイ一の知者だ」というダイモンのお告げがあったのですが、プラトンの全対話篇を読んでも、このお告げをキリスト教の神の声に同一化して、それに対する「畏敬の念から無知であった」と解釈できるところはない。

彼はむしろソフィスト（知者）があたかも何でも知っているかのように語り、それで金を稼いでいたことに対する疑惑から、他の知識はともかく、「真理とは何か？」知っているのか、と彼らに問いかけてみたところ、誰も知らないことがわかった、というだけです。

つまり、ソクラテスは「神と――そして人間とのあいだの境界線に立って、審判者となって見張りをし、神と人間とのあいだの質の差という深淵がどこまでも存続するように……〔神と人間とが〕一つになってしまうようなことのないように見張っていた」わけではない。ソクラテスの「無知の知」に、「神と人間とのあいだの質の差という深淵」を読み込むのは難しく、彼は、ただ本当は知らないのに知っているつもりになっているソフィストたちに、その無知を指摘しているだけです。そして、なぜそうするのかと問えば、それこそが哲学＝愛知（philosophia）だからです。

しかし、この程度のことならキルケゴールは知っているに違いない。その上で、彼は紀元前四世紀のアテナイにおけるソフィストたちとソクラテスとの関係に、一九世紀中葉のデンマーク国教会におけるヘーゲル主義に染まった聖職者たちと自分（キルケゴール）との関係を重ねているのです。こういう構図をもち込むと、上の箇所もスラスラ読めてくる。キルケゴールは、ヘーゲル主義に対抗して、まさに「神と――そして人間とのあいだの境界線に立って、審判者となって見張りをし、神と人間とのあいだの質の差という深淵がどこまでも存続するように……〔神と人間が〕一つになってしまうようなことのないように見張っていた」という自分の役割を自覚していたのでしょう。

以下の箇所は、これまでの繰り返しのようですが、ソクラテスは出汁《だし》であること、むしろ真のキリスト者としての自分の使命を語っていることがよくわかります。

――しかし、キリスト教は、一切のキリスト教的なものは信仰に対してのみ存在する、と教える。してみれば、ソクラテス的な、神を畏れる無知こそ、無知によって信仰を思弁から守るものにほかならないであろう。この無知が、神と――そして人間とのあいだの質の差異という深淵を、逆説と信仰のうちにおこなわれているように、どこまでも存続させて、神と人間とが、かつて異教においてて見られたよりももっと恐ろしい仕方で、哲学的ニ、詩的ニ、などの仕方で、――体系においてて――一つになってしまうことのないように、見張りをするのである。（一八四頁）

「神を畏れる無知こそ、無知によって信仰を思弁から守る」となると、もうソクラテスを離れて、キリスト教に飛躍している。そして、ここに登場する「逆説」は「無知の知」という逆説とはどんどん離れていって、（後に触れていますが）キリスト教における「つまずき」と同じものとなる。とくに、ヘーゲルを意識しているなと思われるのは「神と人間とが、……――体系においてて――一つになってしまうことのないように、見張りをするのである」という箇所。ヘーゲル哲学が、「体系においてて――一つになってしまう」哲学の代表者であることは明らかだからです。

4　罪は積極的なものである

したがって、ここでは、ただ一つの側面から、罪が積極的なものであることを明らかにすることができるばかりである。前編において、絶望を叙述するにあたって、絶えず上昇ということが指摘された。この上昇の表われは、一方では、自己意識の度が強まることであり、他方では、受動的な悩みから意識的な行動にまでその度が高まることであった。これら二つの表われがまた共に、絶望が外からくるのではなく、内からくるものであることを表わしている。そしてこの度合いに応じて、絶望はまた次第に積極的なものとなってくる。（一八四―一八五頁）

ここから、キルケゴールは絶望に関して「積極的（positiv）」ということを強調しますが、"positive" は「肯定的」とも訳すことができます。「絶望」は「受動的な悩みから意識的な行動にまでその度が高まる」のです。これは第一篇の「C－B　意識という規定のもとに見られた絶望」のところで詳論されている。そこでは、「b　自分が絶望であることを自覚している絶望」が「α　絶望して、自己自身であろうと欲しない場合、弱さの絶望」と「β　絶望して、自己自身であろうと欲する絶望、反抗」とに区分される。

この場合、絶望の段階と「罪が積極的なものである」こととの関連が問題となり、「弱さの絶望」を「消極的な絶望」、そして「反抗」を「積極的な絶望」と呼び代えたくもなりますが、キルケゴールはそう明言してはいないので、この解釈はとらず、絶望は罪なのですが、それは神の前では――キリスト者の場合は――積極的なものとなる、という解釈に留めておきましょう。

しかしさきに述べた罪の定義によれば、罪には、神の観念によって無限にその度を強められた自己と、したがってまた、一つの行為としての罪についての最大限の意識とが必要である――これが、罪が積極的なものであることの表われであり、罪が神の前にあるということが、罪における積極的なものにほかならないのである。（一八五頁）

罪の定義とは次のもの、「罪とは、神の前で絶望して自己自身であろうと欲しないこと、あるいは、神の前で絶望して自己自身であろうと欲すること」（一五一頁）。よって、この箇所は、ともに「神の前にある」かぎり、罪は積極的なものになる、ということです。

ついでながら、罪が積極的なものであるという規定は、またまったく別の意味で、つまずきの可能性、逆説をうちに含んでいる。すなわち、その逆説は、贖罪の教説からの帰結である。まずキリスト教が出てきて、人間の悟性ではけっして概念的に把握できないほどしっかりと罪を積極的なものとして措定する、それから、その同じキリスト教が、人間の悟性ではけっして概念的に把握できないような仕方で、この積極的なものを取り除くことを引き受けるのである。（一八五頁）

「つまずき」については、「付論　罪の定義がつまずきの可能性を蔵しているということ、つまずきについての一般的な注意」（一五四―一六二頁）に細かく説明されています。「この人間のために、またこの人間のゆえに、神は世に来たり、人の子として生まれ、難を受け、死んだ〔死にたもうのである〕」（一五八頁）ことは、「人間の悟性ではけっして概念的に把握できない」ゆえに、われわれはここでつまずく。そして、キルケゴールは、ここに「罪が積極的なものであるという規定」が含まれていると言う。

こうたどってくると「積極的なものの」とは、人間の悟性では概念的に把握できないほど高いものであって、それゆえわれわれがつまずくものであることがわかる。「しかし、なぜ彼はつまずくのであろうか？　それが彼にはあまりに高すぎるからである」（一五九頁）。

「キリスト教〔は〕……人間の悟性ではけっして概念的に把握できないほどしっかりと罪を積極的なものとして措定する」のです。なぜなら、「同じキリスト教が、人間の悟性ではけっして概念的に把握できないような仕方でこの積極的なものを取り除くことを引き受ける」からです。ようやくはっきりしてきました。「積極的なもの」とは、概念的把握以上のものという意味であり、さらに踏み込むと、ヘーゲルによる概念把握以上のものという意味。そして、消極的とは概念によって把握されるものにすぎないという意味であることがわかってきます。このことは、「概念は積極的なものを措定する、しかしその積極的なものが概念的に把握されるということは、つまり、それが消極化されるということにほかならない」（一八〇頁）という先の命題と呼応します。

そして、これはシェリングの後期の「積極哲学（positive Phiosophie）」にぴったり一致する。シェリングはヘーゲル亡き後のベルリン大学に乗り込んで、ヘーゲルの「概念哲学」（？）を徹底的に否定する「積極哲学」を掲げて気炎を挙げていた。その場合の「積極的」とは、神は概念ではとらえられない積極的存在だということを意味する。

キルケゴールは、当時のベルリン大学で、シェリングの講義に一度出て、さしたる感銘も受けなかったようですが、潜在的影響は否定できず、そうでないとしても、ここに出てくる「積極的なもの」という概念がシェリングの「積極哲学」にぴたりと一致することから、無自覚的にせよ、二人が同一の方向を目指していたことは確かでしょう。

どんな逆説でも饒舌で巧みに言い抜ける思弁は、両方の側を少しずつ切り取ってしまう、そこで事は容易に運ぶことになる。すなわち、思弁は罪をけっしてまったく積極的なものとはしない——それかといって、罪が完全に忘れられるべきものであることを、頭で理解することもできないのである。しかし、そういうもろもろの逆説の最初の発明者であるキリスト者は、ここでもまた、およそ可能なかぎり逆説的である。

（一八五—一八六頁）

「両方の側」とは一見矛盾に見える「AとÃ」、すなわち「思弁でとらえらないこと」と「思弁でとらえられること」とであって、思弁はその対立するところを「少しずつ切り取って」矛盾のないように仕組むということ、具体的には、つまずくところを切り取って、思弁に把握可能なところだけを残すことでしょう。

そして、こういう作業こそが、「思弁は罪をけっしてまったく積極的なものとはしない」ことにほかならないのです。言いかえれば、「逆説」を概念把握が可能なように平坦化してはならないということ。

キリスト教は、いわば自分自身に逆らおうと努めるのである。つまり、キリスト教は、もはやそれを取り除くことはまったく不可能になったと思われるほどしっかりと、罪を積極的なものとして措定しておきながら——ほかならぬそのキリスト教が、贖罪によって、あたかも海のなかで溺れ死にでもしたかのように、まったく跡かたもなく、罪をふたたび拭い去ろうとするのである。

（一八六頁）

ここを対話のための課題にします。前半は、これまで解説してきたことですが、「〜措定しておきながら」から新たな展望が開ける。この展望を含めて説明してください。

この箇所は、「A　絶望は罪である」の第三章「罪は消極的なものではなくて、積極的なものであるということ」の最後にあって、この章を読み返すとおのずからわかる。すると、二つのポイントに注目する必要があります。①罪は積極的なものであることと「つまずき」との関係。②「積極的なもの」という意味。

ここでまず、シェリングの「消極哲学」と「積極哲学」との違いを想い起こすことが大切でしょう——これがこの課題を解くカギを与えてくれる。つまり、神の存在ないしその信仰を、概念によってとらえることができる、とするのが消極哲学であり、これに対して、それは概念を超えたものによってはじめてとえることができる、とするのが積極哲学です。

シェリングは、かつての自分の消極哲学（同一哲学）に対して、ヘーゲル亡き後のベルリン大学に乗り込み、積極哲学を提唱したのですが、このことから、消極哲学はヘーゲルを意味することにもなった。キルケゴールがこのことをどこまで自覚していたかはわかりませんが、積極的＝消極的というペアの使い方はまさにこの通りです。

このことに①の「つまずき」を重ね合わせれば、おのずからカギが回転して扉は開きます。すなわち、われわれ人間はキリスト教の教えを概念的にとらえようとすると、必然的に「つまずく」。しかし、これこそキリスト教が「積極的」であるという意味であって、キリスト教は、人間にまずこの「つまずき」という試練を仕掛けておき、それを通過した人間を救うというわけです。

このことをキルケゴールは、「キリスト教は、いわば自分自身に逆らおうと努めるのである」と語るのであり、さらに「キリスト教は……しっかりと、罪を積極的なものとして措定しておきながら――ほかならぬそのキリスト教が、贖罪によって――まったく跡かたもなく、罪をふたたび拭い去ろうとするのである」と語るのです。

この際、「あたかも海のなかで溺れ死にでもしたかのように」の箇所の主語は、「キリスト教」ととれないこともないのですが、それだといかにも滑稽なイメージですが、後で出てくる「罪」ととるほうが自然でしょう。ちなみに、鈴木祐丞訳は後者です。

また、鈴木訳の訳註(34)によると、この表現は『(旧約)聖書』「ミカ書」における「あなたはわれわれのもろもろの罪を海に投げ入れ」(六章19節)によるとありますが、たぶんそうでしょう。さらに、「ミカ書」の一つ前は、クジラの中に「三日三夜」いたという有名なヨナの話のある「ヨナ書」であって、ヨナを大風の舞う海に投げ入れたら海は静まったという話なので、これとも関係するかもしれません。

三　罪の弁証法

——〔Aの付論　しかしそれでは、罪は或る意味できわめて稀なことになりはしないか？（寓意）〕

1　奇妙な難点

Aの付論　しかしそれでは、罪は或る意味できわめて稀なことになりはしないか？（寓意）第一編において、絶望の度が強くなればなるほど、世間ではいよいよ稀にしか見当たらなくなることを注意しておいた。ところがいま、罪とはさらに一段と質的に強まった絶望であるということになった。してみると、罪はまったく稀なことにならざるをえないのではあるまいか。実に奇妙な難点である！（一八六頁）

この問いかけは、「第一篇B　この病（絶望）の普遍性」で論じていることに関係します。そこで、絶望とさまざまな他の病との違いを述べた後に、キルケゴールは次のように言う。

してみると、絶望を稀有のものと思っている通俗的な考察が正しいどころか、逆に、絶望はまったく普遍的なものなのである」（五二頁）。なぜなら、「あらゆるもののうちもっとも怖るべきこの病と悲惨をさらに怖るべきものたらしめる表現は、それが隠されているということである」（五四頁）。

つまり、絶望が——現象面では——、「世間ではいよいよ稀にしか見あたらない」ということと、それが——本来的には——普遍的であることとは両立するのです。このあと、キルケゴールはえんえんとこのことを論じていますが、それを先取りすることはやめて、キルケゴールの「死にいたる病」から人間を「死への（にかかわる）存在」と見なしたハイデガーの理論に、同じような関係が見られることに触れましょう。

ハイデガーは、現存在＝人間存在（Dasein）の「本来的あり方」は常に「死」を見すえて生きることであり、これを「先駆的決意性」と呼ぶ。しかし、ほとんどの人間は「死」を覆い隠して、「ひと（das Man）」として「非本来的に」に生きているのです。本来的には普遍的なものが現象的には稀であることは、別段矛盾ではないのであって、これを後にキルケゴールは「弁証法的」と呼んでいます。

次の箇所もこの続き。

　キリスト教はすべてのものを罪のもとにおく、そして、わたしたちはキリスト教的なものをできるだけ厳密に叙述しようと努めてきたのである、ところがいまこういう奇妙な帰結が出てきてしまった、罪は異教のうちにはまったく見いだされず、ユダヤ教とキリスト教のうちにのみ見いだされ、しかもそこでもまたごく稀にしか見いだされないという奇妙な帰結が出てきたのである。

（一八六頁）

すなわち、これほど普遍的であるはずのことが、キリスト教徒のうちだけで、しかも「ごく稀にしか見いだされない」ということを「奇妙な帰結」と言っているのです。このあと、えんえんとその弁証法を展開しますが、いったんここで切ることにしましょう。

2　神のうちに「透明に基礎づけられている」こと

けれどもこのことは、ただ一つの意味においてだけのことではあるが、まさしくまったくそのとおりなのである。「神の啓示によって罪が何であるかについて解き明かされた後に、神の前で絶望して自己自身であろうと欲しないこと、あるいは、絶望して自己自身であろうと欲すること」、これが罪を犯すということである――そしてもちろん、人間はこの定義が自分にぴったり当てはまるほどまでに成長し、それほど自己自身に透明であるということは、稀である。（一八七頁）

「このこと」とは、その直前の「キリスト教はすべてのものを罪のもとにおく」（一八六頁）という命題の意味するところであって、人間は「神の前で」弱さの絶望であれ強さの絶望であれ、絶望せざるをえないということ、ここまではわかる。しかし次の「この定義が自分にぴったり当てはまるほどまでに成長し、それほど自己自身に透明であるということは、稀である」とはいかなる意味か？想い起こすと、「絶望がまったく存在しないような状態を言い表わす公式」（九四頁）、すなわち「信仰の公式」とは、「自己自身に関係し、自己自身であろうと欲するにあたって、自己は自己を措定した力のうちに透明に基礎づけられている」（九四頁）ことです。

また、「神の前で自分を精神として人格的に意識していないあらゆる人間的生き方は、そのように透明に神のうちに基礎をもたず」（八八頁）も同じことを語っている。さらに遡ると、「絶望がまったく根こそぎにされた場合の自己の状態を表わす定式」（三〇頁）は、「自己自身に関係し、自己自身であろうと欲することにおいて、自己は、自己を措定した力のうちに、透明に、根拠をおいている」（同頁）ことであって、第一篇に頻出します。

では、これらを踏まえて、「透明（である、に基礎づけられる、に基礎をもつ、に根拠をおいている）」とは何でしょうか？　「透明」の反対概念は「濁り」ですね。そして「透明」が信仰に属する概念であるとすれば、「濁り」は――信仰の逆である――絶望に属する概念であることになります。

ここから「自己自身」の二つの意味が開かれてくる。ここで、ずっと前に使った図式を想い起こしましょう。"ich=ich"は世俗的・人間的な自己自身を表わす定式（V1）でした。この全体を、大文字の"Ich"で表わすと、"Ich"はじつのところ、"Ich ＝ Ich（das Ewige）…Gott"という定式（V2）を基盤としている。

さて、「透明」とは、信仰によりV2という定式で表わされるような「自己自身」が顕わになっていること、これに対して「絶望」とは、V2が「濁り」のために隠されて、"ich=ich"という自己自身しか見えない状態なのです。そして、キルケゴールは、前者の例は「稀である」と言っているわけです。

しかしそこからどういう結論が出てくるであろうか？　まったく、この点に注意することが必要なのだ。というのは、ここに独自の弁証法的転回があるからである。ひとりの人間が度の強い意味で絶望していないからといって、彼が絶望していないということにはもちろんならない。反対に、すでに示されたとおり、たいていの人間が、それどころか、ほとんどすべての人間が絶望し

ているのであって、ただその絶望の度が低いというだけのことである。（一八七頁）

「自己自身に透明であるということは、稀である」のですから、ほとんどの人間は「濁り」によって、“Ich ＝ Ich（das Ewige）…Gott”という定式（V_2）が見えなくなっている。つまり、いくら現象的には「度の強い意味で絶望」している人は少なくても、ほとんどの人は「濁り」によってV_2が見えなくなっているのですから、「絶望している」ことになるというわけでしょう。

なお、「弁証法的展開」という概念が添えられているのは、「度の強い意味で絶望していないからといって、彼が絶望していないということにはもちろんならない」というように、絶望の「（現象的）度」とその本質が往々にして否定的関係にあるということのようです。

もちろん、高い程度に絶望しているからといって、それが手柄になるわけのものでもない。美的な見地からすれば、それは優越点である、美的な見方はただ力だけに着目するからである。しかし、倫理的な見地からすれば、度の強い絶望は、度の低い絶望よりもはるかに救済から遠ざかっているのである。

罪についても同じことである。たいていの人間の生活は、弁証法的なものに無関心に営まれていて、善（信仰）から非常に遠くかけ離れており、あまりにも無精神的なので罪ともいえず、それればかりか、あまりにも無精神的なので絶望とさえもいえないほどである。（一八七―一八八頁）

さて、ここを対話のための課題にしましょう。この箇所は、キルケゴールにおける。「美学的〈＝〉

倫理的」という対立を理解するために、なかなかいい教材ですので、この対立をなるべく明確にするような回答を出してください。

対話 17

この箇所を課題とするにあたって、私は「美学的〈＝〉倫理的という対立をなるべく明確にするように」と指示しました。まず、注意してもらいたいのは「美学的（ästhetisch）」とはギリシア語の“ästhesis（感覚）”に由来し、「感覚的」という意味です。絶望の度が高まれば感覚の強度も高まり、それは感覚的には「優越点」であるということ。

次に注意することは、ここでの「倫理的」という概念は、「善（信仰）」と表記されていること、また後に「救済」という言葉が出てくることから「宗教的」という概念も含むと考えるべきだということ。

この二点を押さえたうえで、キルケゴールはまず、「高い程度に絶望している」ことは「美学的な見地からすれば……優越点である」と言っている。キルケゴールがこう言いながら考えているのは、シェイクスピアの悲劇の主人公（マクベス、リア王、オセロ）のように激しく絶望している人々でしょう。彼らの絶望は、その感覚の高まりによって、その弱さも愚かさも含めて魅力的であり、他人の感動も呼び、よって「美学的な見地からすれば……優越点である」わけです。

しかし、「倫理的見地からすれば、度の強い絶望は、度の低い絶望よりもはるかに救済から遠ざかっている」ことになる。その上で、キルケゴールは「罪についても同じことである」とだけ言っている。これをどう読むかですが、だからと言って、どうも「倫理的見地からすれば」逆に、「度の低い絶望が救済に近い」と単純に言いたいわけではないことが予感される。

なぜなら、ここで挙げられているのは「たいていの人間の生活」であって、とすると、その人々は、シェイクスピアの悲劇の主人公とは逆に、――表面的には――習慣に塗れた穏健な生活を送っている人々でしょう。その文章の結論が、「あまりにも無精神的なので罪ともいえず、そればかりか、あまりにも無精神的なので絶望ともいえないほどである」とあることから――この強い語調から、キルケゴールは、彼らが「救済に近い」と言いたいわけではなく、むしろ「高い程度に絶望している」人々より、さらに「救済から遠い」と言いたいことは明らかです。

このことは、この「A」の最後の似たような言い回しからも補強されます。

……たいていの人々の生活は、キリスト教的な見方からすると、あまりにも精神を失っているので、厳密にキリスト教的な意味では、罪と呼ばれることさえできないほどなのである。

（一九三頁）

このあたりの「弁証法の転換」は、キルケゴール自身あまり気づいていないのかもしれず、「読み込み」が必要ですが、彼の非難の矛先が、ただ日曜ごとにめかしこんで教会に通っているだけの善良な市民たち、そうした市民たちを相手に定型的な説教をする牧師たちなのですから、この結論は動かないと見ていいでしょう。

すなわち、ここで弁証法が二重になっている。一つは絶望の度が美学的見地と倫理的見地とで逆になること。しかし、もう一つあり、一九世紀のデンマークに限定する限り、絶望の度の弱い人々は、美学的見地から「優越点」をもっていないことは当然のことであり、しかも倫理的見地からしても絶望の強い人々より、さらに救済から遠いということです。

ここで、このあたりのテーマは何であったかを想い起こすと、「Aの付録」のタイトルにあるように、現代においては一見、シェイクスピア悲劇の主人公のような度の強い絶望が見当たらないために、罪が「稀なことになりはしないか」という疑念でした。そして、キルケコールはこの疑念に対して激しく「ノー」を突きつけている。現代――一九世紀のデンマーク――は、外形的、習慣的に教会に通うだけ、牧師の説教を聞くだけの、真の意味で信仰を求めない輩が跋扈していて、彼らは「絶望ともいえないほど」絶望している。そして、絶望は罪なのですから、現代は罪が稀などころか、まさに罪に充満しているのです。

3　罪の弁証法

もっとも厳密な意味で罪人であるということは、むろん、けっして手柄になることではない。けれども、他面から見るならば、日常茶飯事に没頭し、「他の人々」の猿真似に明け暮れして、およそ生活だなどと呼ぶこともできないような生活、あまりにも精神を失っているので罪ともいえず、聖書にいう「口から吐き出される」だけの値打しかない生活、いったいそのような生活のどこに、本質的な罪の意識（見よ、キリスト教がもとうとするのはこの意識にほかならないのである）が見いだされうるであろうか。

（一八八頁）

この部分は説明の要はないですね。われわれ人間はすべて「罪人」だと言っても、だからと言って——親鸞の「本願誇り」のように——、あえて犯罪的なことをして得意げになることはない、というわけですが、ここまではいわば「誘い水」であって、キルケゴールが怒り心頭に発するのは、ただ外形的に犯罪行為をしないだけの、小心翼々として何も考えていない、「善良な」俗人たちのほうです。

彼らは社会的には犯罪者として断罪はされないが、それで罪を免れていると思い込んでいるのだから、考えようによっては、具体的に（法的）罪を犯して後悔し、苦しんでいる者よりいっそう悪い。「およそ生活などと呼ぶこともできないような生活、あまりに精神を失っているので罪ともいえず」と語るキルケゴールの、吐き気のするほどの嫌悪感がヒシヒシと伝わってきます。

しかし、これで問題が片づいたわけではない、罪の弁証法がまた別の仕方で人を捉えるだけの話である。それにしても、固い地面がなくてただ湿地や沼地だけしかないために、テコ（キリスト教の高揚力はテコの力のようなものである）の備え付けようがないのと同じように、キリスト教がそれと関係に入りようが全然ないと思われるまでに、人間の生活が精神を失うにいたるというのは、いったいどうして起こることなのであろうか？

（一八八頁）

この部分の「それにしても」以下の翻訳は、何度読んでもよくわからないので、鈴木祐丞訳（講談社学術文庫）を見ますと、「すなわち、キリスト教の身の置き場がまったくないほど、ある人間の生が無精神性になってしまう」（一八二頁）とあり、とにかくわかる。この後のテコの比喩は、そういう人間は「固い地面がなくてただ湿地や沼地だけしかないため」、テコを使ってその上にしっかりしたキリスト教の家を立てることができないということ。

こういう人間は全身が泥濘のようで、キリスト教がそこに入り込もうとしても、それを受け止めるだけの固さがない。これはすなわち、彼らには「精神」が失われていることにほかならない。そして、「精神とは自己である」（二七頁）のだから、彼らには先の"Ich ＝ Ich（das Ewige）…Gott"という定式（V_2）が――濁って見えないどころではなく――「失われて」いるのです。

それは人間の身にふりかかってくることなのであろうか？　いや、そうではない、それは人間自身の責任なのである。何ぴとも精神を失ったまま生まれてくるわけではない。そして、たとえいかに多くの人々が、死に際して、一生の唯一の収穫として精神喪失をたずさえてゆこうとも――それは人生の責任ではない。（一八八頁）

この図式も、第一篇A－B「絶望の可能性と現実性」で論じられていました。「絶望者は、絶望している瞬間ごとに、絶望をみずから招き寄せつつある」（三四頁）のですから、「あらゆる瞬間に絶望はこの責任のもとにある」（三三頁）のです。言いかえれば、人間は「精神」として生まれてきたはずであるのに、すなわち"Ich ＝ Ich（das Ewige）…Gott"という定式（V_2）に「透明に」基礎づけられて生まれてきたはずであるのに、みずからそれを「濁らせて」見えなくしてしまった。よって、このすべては「人間自身の責任」なのです。

4　詩人と牧師

次の段落から、テーマは「牧師批判」に移っていきます。

しかし、どうしても言わなければならないことだが、それもできるだけ率直に言わなければならないことだが、いわゆるキリスト教界なるものは（そこでは誰もが、何百万という人々が、無造作にキリスト者である、それだから、そこには、人間の頭の数と同じだけ、ちょうど同じ数だけ、キリスト者がいるわけである）、ただ単に、意味の通じない誤植やそそっかしい脱落や書き込みだらけの哀れなキリスト教版であるばかりでなく、キリスト教的なものの濫用、つまり、キリスト教の名をかたるものである。（一八九頁）

これは、原始キリスト教時代の「戦闘の協会」に対する、一九世紀半ばのデンマークにおける「勝利の教会」のありさまを語っている。かつてはキリスト者であることが判明すると迫害され殺害されかねなかった。そうした覚悟をもって、あえてキリスト者になったのですが、いまや「誰もが、何百万という人々が、無造作に［生まれてすぐに洗礼を受ければ、それだけで］キリスト者である」という次第です。

このあとのキルケゴールのイロニーと言うより、「茶化し」がわかりましょうか？　キリスト教の現状を一冊の本に見立てて、それは厳密な校正や編集を経ていないのだから、完成品を見ると誤植だらけで、編集者の書き込みも消していない、「哀れなキリスト教版」だというわけです。こんな本を「キリスト教の名」のもとに出版するのは、ただの濫用にすぎない、というわけでしょう。

小さい国では、おそらくどんな世代でも、詩人は三人とは生まれないだろう。ところが、牧師はありあまるほどいる、とても職に就かせきれないほどたくさんいるのだ。詩人の場合には天職《カル》をもっているかどうかが問題にされる。牧師になるには、大多数の人々の（したがって、大多数のキリスト者の）考えによれば、試験に通るだけでいいのである。けれども、けれども、ほんとうの牧師というものは、ほんとうの詩人よりももっと稀なものなのである、それに、「天職《カル》」ということばは、もともと、神的なものに属することばである。（一八九頁）

まず、気がつかねばならないことは、キルケゴールは詩人であり、かつ牧師候補者であったということです。しかも、自分が、デンマークのような「小さい国」においては、三指に入る詩人であることを自覚している。同時に、自分が最高の牧師になる素質をもっている——自分の「天職」である——ことも自覚している。しかし、自分は才能を開化させて詩人にはなれたが、「試験に通るだけでいい」のだから、「とても職に就かせきれないほどたくさんいる」牧師にはなれそうもない。キルケゴールは、最後まで牧師の職を希望していたのですが、この書『死にいたる病』の刊行によってそれを諦めざるをえなくなることを知っていた。まさに「あれかこれか」であって、彼はこの書の刊行に踏み切ったのです。右の箇所をこうした背景に置いてみると、キルケゴールの苛立ちが伝わってきます。不思議なことである——「ほんとうの牧師というものは、ほんとうの詩人というものよりもっと稀なもの」のはずなのに、これほど多くの牧師がいる。それなのに、詩人にはなれたのに、この自分が牧師になれないとは！

また、最後にある「天職」について、訳注〔桝田注（202）〕にもありますが、ちょっと補足すると、ドイツ語では“Beruf”であって、これは神が“rufen（呼ぶ、召喚する）”という意味からきている。マックス・ウェーバーの『プロテスタンティズムの倫理と資本主義の精神』の核心部分を形成しています。

それだのに詩人たることについては、キリスト教界では、いまでも、それはたいしたことであり、それを職業《カル》とすることには大きな意味がある、という考えがいだかれている。これに反して、牧師たることは、多くの人々の（したがって、多くのキリスト者の）目から見れば、およそ人の心を引き立たせるような観念とは縁もゆかりもないこと、微塵の神秘もないこと、ザックバランニ言ッテ、ただの口過ぎの道なのである。「天職《カル》」とは公職を意味する、だから公職を得るということが言われる、しかし、天職《カル》をもつ——じっさい人が聖職《カル》をさずかる場合には、そうも言われるのである。

（一八九—一九〇頁）

はじめのほうは解説の要もないのですが、最後の「だから公職を」から以下は、この翻訳では意味がぼんやりして不明ですね。これは訳注〔桝田注（204）〕にあるように、牧師はいまや「公職（Amt）」だから、不当にも「公職に就く（erhalten）」とか、「もつ（haben）」というふうに他の公職と同じように言われてしまう、という意味です。

鈴木祐丞訳は、このことを踏まえて正確に訳しています。

だから、「天職に就く」という言い方がされているわけだ。だが、「天職を持つ」などという言い方がされているのはどうだろう――「天職を手渡す」などという言い方すらされているではないか。

（鈴木訳、一八四頁）

しかし、斎藤信治訳（岩波文庫）は、「ところがこの国では」というつながりから、はじめの「公職に就く（Amt erhalten）」だけは正しい使い方だと解しているようですが、誤解でしょうね。

だからして召命に接するともいわれるのである。ところがこの国では僧職をもっているとか、いや、僧職の空席が一つあるとか、だからそれをふさがねばならぬ、などと口にされているのである。

（斎藤訳、一六七頁）

5　牧師という「天職」

ああ、キリスト教界におけるこの〔牧師という〕ことばの運命は、キリスト教的なもの全体を表わす標語のようなものである。不幸は、キリスト教的なものが口に出して語られないということではない（したがって、牧師の数が足りないということが不幸なのでもない）。

（一九〇頁）

この箇所を、解説する必要はないでしょう。前項で見たように、神から召還されているという意味の「天職」を自覚している牧師はほとんどいない。公平な眼から見れば、小数ながらいるようにも思いますが、デンマーク国教会の牧師たちに限定すると、キルケゴールの眼から見れば、まったくいないのです。こういう彼の実感は、『死にいたる病』刊行直後に勃発した、マルテンセン監督の率いる国教会との闘争という背景を置いてみると、抽象的総論ではないことがわかります。

キリスト教的なものはおおいに語られはするのだが、それを聞いても、多くの人々は結局何一つ考えることをしないのである（それはちょうど、牧師さんだと聞いても、これらの多くの人々が、商人、弁護士、製本屋、獣医などといったような、ごく月並みな職名をきいたときとちっとも変わったことを考えないのと同じことである）、それだから、至高なことや至聖なこともなんらの感銘を与えず、ほかの多くの事柄と同じように、どうしたわけだか、風俗や習慣になってしまったものと同じように響き、同じように聞かれるのである。してみると、人々が――自分自身の態度を許しがたいものと考えるかわりに――キリスト教を弁護することが必要だと考えるにしても、何の不思議があろう。――（一九〇頁）

すなわち、「牧師」は本来特別の役割と使命をもっているはずであるのに、他の職業と同じ単なる制度上の地位に転落してしまい、「風俗や習慣になってしまった」のです。このあとイロニーたっぷりに、とはいえ、牧師連中は、それほど堕落してしまったのだから、「自分自身の態度を許しがたいものと考えるかわりに――キリスト教を弁護することが必要だと考える」のに不思議はない、と続く。

なぜこう続くのかを探ると、まさにヘーゲル哲学に毒されたデンマーク国教会という標的が浮かび上がってくるのですが、この標的は次の箇所から展開されます。

また、こう語るキルケゴールのこだわりを探っていくと、彼は最後まで牧師になろうとしていたこと、しかし、この書の刊行をもって、最終的にそれを諦めざるをえないという自覚にいたったことを忘れてはならない。彼は、本来ルターのような宗教改革・教会改革を実践したかったが、その道が遮断された。せいぜい『瞬間』という自費出版のパンフレットを配っただけの「改革」を実践しただけで、彼はこの書刊行のわずか五年後に路上で転倒して死にます。

しかし、この書『死にいたる病』は、サルトルやカミュなど無神論的実存主義者のバイブル的存在であったのみならず、カール・バルトの弁証法神学やルドルフ・ブルトマンによる（聖書物語の）非神話化の運動などにも大きな影響を与え、じっさいのところ、キルケゴールがデンマーク国教会でなしたであろう宗教改革の枠を大きく越えて、少なくとも全プロテスタント・キリスト教に大きな影響を与えたのですから、彼の念願はかなえられたとも言えましょう。

6　信仰者は恋する者である

牧師たるものは、もちろん、信仰者ではなくてはなるまい。では信仰者とは！　信仰者とは、もちろん、恋する者である。いやしかし、恋するすべての者のうちでもっとも熱烈に恋する者でも、信仰者に比べると、その感激の点では、実はほんの青二才でしかないのである。　（一九〇頁）

ここでいったん切ります。「信仰者とは、もちろん、恋する者である」と突然言われて、驚く——あるいは訝しく思う——読者も少なくないでしょう。しかし、「神を信仰する者とは神を（熱烈に）恋する者」であること、さらには、「神に対する愛と人に対する恋愛は同質」であることが、キルケゴールの基本的態度であって、こういう発想は、すでに処女作の『あれかこれか』に登場してきます。彼がレギーネに対する「愛」にあれほど拘るのは、そして彼女との関係（結婚）を異様なほど重くとらえるのは、それを神に対する「愛」と比較している——重ね合わせている——からなのです。このことを踏まえてはじめて、この箇所がストンと理解できるのではないでしょうか。

さて、キルケゴールが信仰と恋愛を等値していることと、ヘーゲル哲学に染まっているデンマーク国教会批判とを並べてみると、両者は相当相貌が異なっていて、うまく重なり合わない。つまり、ヘーゲルのように神や信仰も概念的にとらえようとする態度に対する反撥としては、①信仰は論証する問題（神の存在証明）ではないということ、次に②信仰は「弁護する」問題ではないということ——この場合、まず頭に浮かぶのは「なぜ、悪があるのか」という難問を解決する「弁神論」——でしょう。

しかし、キルケゴールがここで問題にするのは、どうも両者からはかなりずれていて、信仰の真摯さは恋愛と同様、論証も弁護もできない——してはならない、ということであるようです。

いま、ひとりの恋する者を考えてみよう。彼は、来る日も来る日も、明けても暮れても、自分の恋を語ることができるだろう。だがしかし、恋していることは実にたいしたことであるということを、三つの理由を挙げて証明しようなどと、そんなことを彼が思いつけるときみは思うだろうか、そんなことが彼に可能だときみは思うだろうか、そんなことは口にするのも彼にはいまわしい気がするだろうとは、きみは思わないだろうか――牧師が、祈るのは有益であるということを、三つの理由から証明するとしたら、それとほぼ同じことである、これでは、祈りの値打は、その信望をほんの少しでもつなぎとめるために三つの理由が必要であるまでに下落したことになる。あるいはまた、も少し滑稽なだけで結局は同じことだが、祈りはあらゆる悟性を超越する浄福であるということを、牧師が三つの理由を挙げて証明しようとするとしたら、これもまた同じことである、　　　　（一九〇―一九一頁）

「三つの理由」は、たぶん「三段論法」を念頭においての表現でしょう。では、先の「弁護」は？ これは、「なぜ（神が創造した）この世に悪が存在するのか」という疑問に対するよく見られる弁護（スピノザ、ライプニッツ、シェリング）ではなく、信仰者が信仰していることを牧師が弁護する、さらには牧師が信仰していることを自己弁護している、という意味でしょう。これは、恐ろしくバカげたことなのですが、現代の（いかさま）牧師なら「キリスト教を弁護することが必要だと考えるにしても、何の不思議があろう」と皮肉っているわけです。

おお、たわいもないアンティクリマクスよ、或るものが一切の悟性を超越しているということが、三つの――理由で証明されるとは。三つの理由、それは、もしそれが何かの役に立つものだとしたら、一切の悟性を超越してはならないで〔ならずに〕、むしろ逆に、この浄福がけっして一切の悟性を超越するものでないことを、悟性に悟らせねばならぬはずではないか。なぜかといって、

「理由」とは、もちろん、悟性の領域内にあるものだからである。むしろ、一切の悟性を超越するものにとっては――またそれを信ずる者にとっては、三つの理由などは、三つの瓶もしくは三匹の鹿より以上の意味をもちはしないのだ！

（一九一頁）

「たわいもないアンティ・クリマクスよ」の意味は、訳注（桝田注（206））に親切な解説がありますが、この解説がなければ「論証を重ねれば重ねるほど力が弱まる」ということはわかりませんね。ちなみに、鈴木祐丞訳（講談社学術文庫）では、「竜頭蛇尾」（一八五頁）となっています。しかし、とすると、この本の著者の「アンティ・クリマクス」はどうなるのでしょうか？　鈴木訳の訳注（４）を読んでもよくわかりませんが、工藤綏夫の『キルケゴール』（人と思想19、清水書院、二〇一四年）には次のようにあります。「クリマックス（klimax）」は「梯子」という意味のギリシア語ですから、わかりますね。

アンティ＝クリマクス（反クリマクスの意）は、すでに最高の真理に登りつめてそこにとどまり、そこから下を見おろして人間どもの絶望した姿を描き、その悔い改めを迫る立場に身をおいている。

（工藤『キルケゴール』一七六頁）

なお、桝田訳の「一切の悟性を超越してはならない」では意味が通じないので、「一切の悟性を超越してはならずに」と変えて解しました。

――ところでさらにまた、恋する者が自分の恋を弁護しようなどと思いつくと、きみは思うであろうか。つまり、自分の恋が自分にとって絶対的なもの、無条件に絶対的なものではなくて、むしろ自分の恋を、この恋に対するいろいろな異論と同じに考えて、そのために弁護しなければならないなどということを、恋する者が承認するときみは思うだろうか。つまり、恋する者が、自分は恋しているのではないということを承認できたり、承認しようと欲したり、自分は恋しているのではないなどといって、自分自身を裏切るようなことができたり、その気になったりすることがありうると、きみは思うだろうか。もし恋する者に向かってそのような弁護をすることを申し出したりする人があったら、恋する者はその人を気違いだと見なすだろうとは、きみは思わないだろうか。　（一九二頁）

ひとことで言うと、ほんとうに「恋する者」は自己弁護、すなわち自分が彼（女）を恋している理由を詮索しないということ。言いかえれば、自分が「～だから」恋しているのだ、というように自己弁護をするなら、その人は本当に恋する者ではないということです。むしろ、なぜ自分が彼〔女〕を愛しているのか、考えれば考えるほどわからなくなるとき、その人は本当に恋する者だということです。

またもし恋する者が、恋している上に、なお少しばかり観察者の素質をもっていたら、そのような申し出をする者は、いまだ恋の何であるかを少しも知らない者であるか、それとも、――恋を弁護させることによって――自分の恋を裏切り否認するように仕向けようとする者なのではあるまいか、という疑念を彼がいだくにちがいないとは、きみは思わないだろうか。（一九二頁）

この箇所を、対話のための課題にしましょう。いま述べた右の箇所に関する私の解釈を土台にして、さらに発展してみてください。なお、この後に続く部分で、キルケゴールは、その理由は「わかりきったこと」と片づけています。

――ほんとうに恋している者が、三つの理由を挙げて証明したり弁護したりしようなどとけっして思いつくはずがないことくらい、わかりきったことではないか。なぜかといって、彼はすべての理由よりも、いかなる弁護よりも、より以上のものだからである。つまり、彼は恋しているのだからである。弁護などする者は、恋してはいないのである、ただ恋していると称しているだけのことである、不幸にも、それとも、幸いにも――愚かなことに、彼は恋していないことを自分でさらけ出しているだけのことである。（一九二頁）

たまたま自分の現在進行中の恋を弁護できる者がいたら、「彼は〔真の意味で〕恋していないことを自分でさらけ出しているだけのこと」なのです。キルケゴールにとっては、これも「わかりきったこと」なのでしょう。

しかし、現代日本の若者のうちには、まったく恋愛をしたことがない者も少なくないようなので、また古典的な――命がけの？――恋愛小説もほとんど読まないようなので、「弁護などする者は、恋してはいない」というキルケゴールにとって「わかりきったこと」が、そうでもないかもしれないと思い、あえて対話ための課題にした次第です。

対話18

またもし恋する者が、恋している上に、なお少しばかり観察者の素質をもっていたら、そのような申し出をする者は、いまだ恋の何であるかを少しも知らない者であるか、それとも、――恋を弁護させることによって――自分の恋を裏切り否認するように仕向けようとする者なのではあるまいか、という疑念を彼がいだくにちがいないとは、きみは思わないだろうか。

（一九二頁）

これを課題とした意図は、この文章の背景をなす思想に賛同しなくても、それを正確にとらえることができるかどうかです。すなわち、ある人を「恋している」ということと彼（女）を「理由を挙げて弁護する」ということとは絶対に両立しないということ。

このことは、じつは誰でも知っていて、私もかつて『哲学の教科書――思索のダンディズムを磨く』（講談社、一九九五年）で書きましたが、ある人を（真に）恋しているとは、その人の「本質」を恋しているのであって、その人の「属性」を恋しているのではない。しかし、「〜だから」という理由は一般に属性に関するものであるゆえに、「恋している」ことにそぐわないのです。

言いかえれば、恋している人は、反省してみれば相手を「優しいから、笑顔が綺麗だから、孤独な感じがするから」等々語ることはできますが、究極的にはその人という個物を恋しているのであって、あえて言えば「彼〔女〕だから」というのがもっとも適切な理由なのです。

私が出した例は、普通、親はわが子を愛していますが、その理由をとうとうと述べ立てて、息子が「秀才だから、カッコいいから、スポーツ万能だから……」と語る親は、「恋して〔愛して〕いないことを自分でさらけ出している」。そうではなくて、ただ「息子だから」ではないでしょうか？

7 キリスト教の自己弁護

『死にいたる病』一九三頁からですが、ここは恋愛と信仰とのアナロジーであり、文面から直ちに標的はヘーゲル学派だということがよくわかり、理解しやすい文章でしょう。

ところが、ちょうどそれと同じようなことが、キリスト教について——信仰厚い牧師たちによって、口にされているのである。つまり、彼らはキリスト教を「弁護する」か、それとも、キリスト教を「理由」に翻訳するかしているのである。

（一九三頁）

ここで「弁護」と「理由」が出てきました。あえて補充すると、現代のデンマーク国教会には、自分の信仰が真摯なものであることを、たえず「自己弁護」し、また、なぜ真摯なのか、という「理由」を絶えず語っている、そういう「信仰篤い牧師」たちだらけだということ。だから、彼らは――ある人を本当に恋してはいないように――キリスト教を本当に信仰してはいないことを「自分でさらけだしている」ことになるわけです。

それればかりか、同時におこがましくも、彼らはキリスト教を思弁によって「概念的に把握し」ようとしているのである。そしてそれが説教することと呼ばれて、そのように説教されたり、そのような説教を聞く人があったりすることが、それだけで何かたいしたことだと、キリスト教界ではみなされているのである。またそれだからこそ、キリスト教界は（これがその証拠なのであるが）みずから称しているものであるどころか、たいていの人々の生活は、キリスト教的な見方からすると、あまりにも精神を失っているので、厳密にキリスト教的な意味では、罪と呼ばれることさえできないほどなのである。（一九三頁）

「対話17」においても、この最後の部分を引用したので、それ以上の解説の要はないかとも思います。もちろんヘーゲルおよびヘーゲル学派に染まったデンマーク国教会を標的にして、神に対する熱烈な恋愛のような信仰もなしに、ただ神を「概念的に把握」した上で、説教をしている牧師たちは、「罪と呼ばれることさえできないほど」堕落している、ということです。

こう何度も聞かされているうちに、キルケゴールに対する反撥も生じてきて、信仰の場合は恋愛の場合とは違って、アウグスチヌスやパスカルやカール・バルトのように、神を概念的に完璧に把握しかつ熱烈に信仰することもありえるのではないか、という思いも頭をもたげてくるのですが、いかがでしょうか？

終　章　単独者として――〔B　罪の継続〕

一　罪のダイナミックス

1　永遠の本質的な連続性

ここから第二篇「絶望は罪である」の「B　罪の継続」に入ります。こうしてみると第二篇は第一篇と比べて、ずいぶん単純な構成になっています。

罪の状態はそのおのおのが新しい罪である、あるいは、もっと正確に表現されねばならないし、また以下においてもっと正確に表現されるはずであるが、罪のうちにある状態は、新しい罪であり、罪そのものである。（一九四頁）

これが「B」の内容のほとんどすべてです。すべての人間は「罪の状態」にあるのですが、それは物理学の慣性の法則のように、「これから」は「これまで」と同じ状態であり、ただ時間が経っているだけだというわけではない。時間の経つ一瞬一瞬が、同量の罪を「産み出している」のです。そのことは、次の文章がよく言い表わしている。

このことは罪人にはおそらく誇張のように思われるかもしれない。彼はせいぜい、実際に新しい罪を犯すごとにそのおのおのを新しい罪として認めるばかりである。しかし、彼の勘定書をつくる永遠は、罪のうちにある状態を、新しい罪として記録するにちがいない。永遠はただ二つの欄しかもっていない、そして「すべて信仰によらないことは罪である」。悔い改められない罪は、そのおのおのが新しい罪であり、罪が悔い改められずにいる瞬間瞬間が、新しい罪である。

（一九四頁）

ここでまず、「罪人」を登場させることによって、キルケゴールはこの世的（刑法的）罪人の場合を考えている。刑法犯なら、「新しい罪を犯すごとにそのおのおのを新しい罪として認める」ことは当然です。しかし、信仰に対する罪はそうではない。「悔い改められない罪は、そのおのおのが新しい罪であり、罪が悔い改められずにいる瞬間瞬間が、新しい罪である」こともわかるでしょう。先の慣性の法則とは異なり、「悔い改められない」状態が続くことは。そのつど罪が加算されることであって、時間の経過は罪を増大させる。

「永遠はただ二つの欄しかもっていない」とは、「無罪と一瞬一瞬増大する有罪」です。しかも、これまでの論述からして、こうした罪の増大は、快楽の限りを尽くし、ゴリゴリの利己主義によって利益を求め、傍若無人であって、他人を苦しめ……という「ならず者」に関するものではなくて、むしろ品行方正であり、毎週教会に通って熱心に牧師の説教を聞く、（表面的な）よきクリスチャンに向けられていることがわかる。

さっそく次の箇所で、そういう人々が登場してきます。

しかし、自己自身について連続した意識をもっている人間のいかに稀なことであろう！　人々は、多くの場合、ただ瞬間的にのみ自己を意識し、重大な決断をするときに自己を意識するばかりであって、日常の生活はまるきりかえりみられないのである。彼らはかろうじて一週間に一度、それも一時間だけ、精神であるだけのことである――精神であるというあり方として、これがかなり動物的なものであることは、いうまでもない。けれども、永遠は本質的な連続性であり、この連続性を人間に要求する。あるいは、人間が自己を精神として意識し、そして信仰をもつべきことを、要求する。

（一九四―一九五頁）

この箇所の意味は後半でわかります。「かろうじて一週間に一度、それも一時間だけ、精神であるだけのことである」とは、日曜日ごとに教会で一時間だけ、牧師の説教を聞いているだけ、あとはキリスト教のことはすっかり忘れているキリスト教徒ということ。このことから、こうした一九世紀半ばのデンマークのクリスチャンたちは、「自己自身について連続した意識をもっている」のではなく、「ただ瞬間的にのみ自己を意識し、重大な決断をするときに自己を意識するばかりで」あることがわかる。

そして、このことから真の信仰は「永遠な連続性」にのみあることがわかります。一週間に一時間だけクリスチャンを演じているのは、「そのおのおのが新しい罪であり、罪が悔い改められずにいる瞬間瞬間が、新しい罪である」という前の箇所に連関している。すなわち「永遠な連続性」に反するそうした生活は、一瞬一瞬が新たな罪の創設であり、全体としての罪の増大なのです。

こういう態度の善良な市民を、「精神であるというあり方として、これがかなり動物的なものである」とはかなり衝撃的な言い回しですが、精神の欠如↔動物というごく普通の使い方なのでしょうね。ここには、「思惟（コギト）の欠如は動物にすぎない」というデカルト的発想法の変形が潜んでいるかもしれません。

なお、これを文字通りにとると、クリスチャン以外のすべての人間は、ソクラテスをはじめとして古代ギリシアの哲学者たちも、「動物的なもの」となってしまいそうですが、ここで言う「罪人」には当たらないようにも思える。「罪人」とは、一方で「永遠〔精神〕の連続性」を知っておりながら、他方、実生活では日曜ごとに一時間だけ「精神」であるだけの非連続的生活に甘んじている、こういうほとんどすべてのクリスチャンを指し示しているのでしょう。

ところが、それとは逆に、罪人はまったく罪の支配下にあるので、罪の全体的な規定のことなどまるきり知らず、自分が破滅の邪道をたどっていることに少しも気づかない。彼はただひとつひとつの新しい罪だけしか勘定に入れない、そして彼は、新しい罪を犯すごとに、いわば、一歩一歩と新たに破滅の道を進んでゆくのであって、それに先立つ瞬間において、それに先立つすべての罪に推進されて破滅の道をたどっていたなどとは、少しも考えない。（一九五頁）

次第にキルケゴールの口調が激越になってきますが、こういう人々は自分たちが「罪人」と考えたこともなく、罪人とは、刑法犯のように、あからさまに『聖書』の中に挙げられている戒律――例えば、十戒――ないし、教会の戒律に逆らった人くらいに思っている。しかし、キルケゴールによれば、彼らは――いや、彼らこそ――、教会で説教を聴いた一時間を過ぎて、次の週の説教を聴くまでのまるまる一週間、新たな罪を犯しているのであり、こうして生まれてからいままで、ずっと罪を蓄積してきたのです。

こうして、彼ら自身は「一歩一歩と新たに破滅の道を進んでゆく」のですが、しかもこのすべてに彼ら自身は気づかない。このあたり、キルケゴールの言葉自身が牧師の説教くさくなりましたが、できれば、彼は日曜ごとに教会に乗り込んで、名目的なクリスチャンどもを前に「こう」説教したいくらいなのでしょう。

罪は彼にとってきわめて自然なものとなっている、あるいは、罪は彼にとって第二の天性となっているのである。それだから彼は、日常の生活をまったく不都合のないものと考え、新しい罪を犯して、いわば新たに破滅への一歩を進めるたびごとに、一瞬間だけ、はっと立ちどまるばかりである。彼は破滅の状態にあって目がくらんでいるので、自分の生活が、信仰において神の前にあることによって永遠なものの本質的な連続性をもつかわりに、罪の連続性をもっていることが、彼の目には見えないのである。（一九五頁）

この箇所など、「彼」の代わりに「あなたがた」を入れると、そのまま牧師の説教になってしまいそうです。あえて、書きかえてみましょうか。

罪はあなたがたにとってきわめて自然なものとなっている、あるいは、罪はあなたがたにとって第二の天性となっているのである。それだからあなたがたは、日常の生活をまったく不都合のないものと考え、新しい罪を犯して、いわば新たに破滅への一歩を進めるたびごとに、一瞬間だけ、はっと立ちどまるばかりである。あなたがたは破滅の状態にあって目がくらんでいるので、自分の生活が、信仰において神の前にあることによって永遠なものの本質的な連続性をもつかわりに、罪の連続性をもっていることが、あなたがたの目には見えないのである。

驚愕と動揺が教会じゅうに広がることは確かであり、もともと闘争的・自己破滅的な私は、キルケゴールに代わり、一九世紀中葉のコペンハーゲンの教会に乗り込んで、こう説教したくなってきました。どんなに、痛快なことでしょうか。

2　罪は消極的なものか、積極的なものか？

次の段落から、話はガラッと変わります。

しかしながら、「罪の連続性」とはいうけれども、罪こそは、非連続なものなのではないであろうか。見よ、ここにまたしても頭を出しているのは、罪は消極的なものにすぎないという、あの思想なのだ、すなわち、罪は、盗んだ品物には所有権が取得されえないように、けっして所有権の取得されないもの、つまり、消極的なもの、自己を構成しようと試みはするけれども、絶望的な反抗のうちにあって無力さのあらゆる悩みを悩むばかりで、結局、自己を構成することのできない無力な試みにすぎないという考えなのである。なるほど思弁的な立場からすれば、罪は消極的なものである。しかし、キリスト教の立場から言えば、もちろん罪は（このことは、いかなる人間も概念的に把握することのできない逆説なのであるから、信じられるよりほかはない）積極的なものであり、たえず増大してゆく措定の連続性を自分自身のなかから展開してゆくのである。

（一九五―一九六頁）

多くの読者には、この箇所が読めないであろうと思うのは、ここでキルケゴールが、「積極的・消極的」という言葉にシェリングの意味を込めているからです。前にも言ったように、彼はシェリングの講義を聴くという目的も抱いてベルリンに滞在（四カ月半も）、結局はその講義からは何の感銘も受けなかったようですが、キルケゴールは、悪口を言うとすれば、「思想の上澄みを掠め取る」仕方に長けているので――ヘーゲル理解の全体もその段階を出ないかもしれない――、ここでシェリング哲学のもっとも大枠を掠め取っている、ようにも思われます。

すなわち、キルケゴールがベルリンに滞在したのは、シェリングの前期哲学（消極哲学）を徹底的に批判したヘーゲル亡きあと、シェリングがベルリン大学に乗り込んで、今度は逆にヘーゲル哲学を批判――いや撲滅――しようとの目論見で後期哲学（積極哲学）を展開していたころであって、ここで言われている「消極・積極」という概念は、このことを読み込まねばわからないのではないかと思われます。

かいつまんで言えば、「消極的」とは概念のレベルのことであり、「積極的」とはそれを超え、存在自体のレベルのことです。ですから、神を概念のレベルでとらえることが消極的であり、それ以上の存在自体のレベルでとらえることが積極的となるわけです。

これに、キルケゴールは――ちょっと無理ですが――「所有権」を重ね合わせて、盗んだ物は表面的には〈概念的には〉自分のものだが、存在論的には所有権がないのだから、自分の物ではない、と言いたいようですね。あえて重ね合わせれば、概念だけで思弁的に神を所有しようとするのは、「自己を構成しようと試みはするけれども、絶望的な反抗のもとにあって無力さのあらゆる悩みを悩むばかりで、結局、自己を構成することのできない無力な試みにすぎない」のです。

このあと、段落が変わります。

この連続性の増大の法則は、また、負債ないし負量の増大の法則とは異なっている。というのは、負債というものは、弁済されないからといって増大するものではなく、新たな負債が加えられるごとに、増大するのであるが、罪は、人が罪から脱け出ていない瞬間ごとに増大するからである。〔宗教的な〕罪人がただ新しい罪を犯すごとに罪を増大するにすぎないと考えるとしたら、それは正しいどころではなく、キリスト教的に見れば、そもそも罪のうちにある状態が、罪の増大であり、新しい罪なのである。（一九六頁）

この箇所は、直前に論じたことと同じ内容ですから、解説の必要はありませんね。「罪人」の前に〔宗教的な〕のように補えば、さらにわかりやすいでしょう。

ことわざにさえ、罪を犯すのは人間的だが、罪のうちにとどまるのは悪魔的だ、と言われている。しかし、キリスト教的には、このことわざは、もちろん、少し違ったふうに理解されなくてはならない。ただ新しい罪に注目するだけで、中間の部分、すなわち個々の罪と罪との中間にあるものを飛ばしてしまう、ただ飛び石伝いみたいな考察の仕方は、汽車はただ機関車がぽっぽっと蒸気を吐き出すたびごとに動くだけだと考えるのと同じように、皮相な見方である。そうではなく、注目しなければならぬ点は、実はそういう蒸気を吐いて、それにつれて前進するといったことではなく、蒸気を吐かせて機関車が進んでゆくその平均した進行なのである。罪の場合にしても同様である。罪のうちにある状態は、もっとも深い意味で、罪であり、個々の罪は罪の継続ではなくて、罪の継続の表われなのである。個々の新しい罪においては、罪の進行がただ感覚的にいっそう認めやすくなるというだけのことである。

（一九六―一九七頁）

少し長いのですが、この箇所を対話のための課題にしましょう。

対話 19

この文章はちょっと複雑で、まず「ことわざ」が出てきて、その世間一般の解釈とキリスト教的――キルケゴール的？――解釈とが異なることを言っている。ということは、そこに出てくる

「罪」はかならずしもキリスト教的な罪ではないと解するべきでしょう。その世間一般の意味が書いていないのですが、「ただ新しい罪に注目するだけで、中間の部分、すなわち個々の罪と罪との中間にあるものを飛ばしてしまう、ただ飛び石伝いみたいな考察の仕方」であることだけはわかる。ごく自然に考えて、それは「いかに何度、新罪を犯してもそれに留まるのではなく、悔い改めることこそ重要である」ということでしょう。

そして、この点に関しては、キルケゴールはとくに否定していないように思われます。彼の批判のポイントは、「中間の部分、すなわち個々の罪と罪との中間にあるもの」であって、世間一般の解釈では、罪Aとその悔い改め↓罪Bとその悔い改め↓罪Cとその悔い改め……という構図において「罪Aとその悔い改め、罪Bとその悔い改め、罪Cとその悔い改め……」だけに注目して、「中間の部分」である「↓」に注目しないということです。

キルケゴールは、まさにその「中間部分（↓）」においても罪が継続することを強調したい。その喩えとして蒸気機関車の例を出すのですが、キルケゴールの場合、いつもその喩えに若干不適切なところがあるようです。蒸気機関車を進行させるもの（原因）は何か？　それは見える「蒸気」ではなくて、見えないところにある蒸気機関という動力システムです。「蒸気」はその結果にすぎない。

さて、こう確認した後で「罪の場合にしても同様である」と言っていますが、あえてこの比喩に乗ってみると、「罪Aとその悔い改め↓罪Bとその悔い改め↓罪Cとその悔い改め……」が機関車の進行であって、「中間部分」は「↓」です。すなわち、「罪Aとその悔い改め↓罪Bとその悔い改め↓罪Cとその悔い改め……」という機関車の進行――罪の継続――は眼に見える「蒸気」、すなわち「罪Aとその悔い改め、罪Bとその悔い改め、罪Cとその悔い改め……」のみならず「↓」を含むということ。

ここまでは、比較的納得できるのですが、では「動力」とは何かとさらに詮索すると、先にも挙げた次の箇所が「それ」に当たります。「絶望者は、絶望している瞬間ごとに、絶望をみずから招き寄せつつあるのである」（三四頁）。

われわれは絶望の状態を「継続する」ことにより、その「（↓を含めた）瞬間ごとに、絶望をみずから招き寄せつつある」のであって、こうした動力が「もっとも深い意味で、罪である」のです。その合間に見える個々の罪――とその悔い改め――は、「ただ感覚的にいっそう認めやすく」なっている「蒸気」のようなものにすぎない。

こうして解読できた気はするのですが、では、この比喩のどこが「若干不適切」なのかと言いますと、蒸気機関車は「自分で動く」わけではなく、「動くように造られた」のであって、その進行の「瞬間ごとに絶望をみずから、招き寄せつつある」わけではない、つまり、みずからが「罪の継続」の原因であるわけではない、からです。

これは大きな差異であって、見逃すことはできないでしょう。言いかえれば、もし人間が蒸気機関車のように「動くように造られた」にすぎないとすれば、「瞬間ごとに絶望をみずから、招き寄せつつある」とは言えなくなって、キルケゴールの絶望論の根幹は崩れてしまいますから。

3　罪の継続という「新しい罪」

一九七頁の第二段落からですが、ここでは「罪の継続」というすでに語ったことを繰り返しているだけで、はっきり言って、論述は荒削りで緊張感がなく、冗長な感じさえします。

罪のうちにある状態は、個々の罪よりもいっそう悪い罪であり、罪そのものである。このように解するならば、罪のうちにある状態は罪の継続であり、新しい罪である、と言える。一般には、それとは違ったふうに理解されていて、一つの罪が新しい罪を生み出すというふうに解されている。しかしこれにははるかに深い根拠が、すなわち、罪のうちにある状態は新しい罪であるという根拠があるのである。（一九七頁）

「罪のうちにある状態」とは、別に新たな罪を加えるわけではないが、週に一度、一時間、教会で牧師の説教を聴くだけで、あとはキリスト教のことは忘れ果てている状態です。この状態は、『聖書』に書いてある、「個々の罪〔例えば、十戒に反する罪〕よりもいっそう悪い罪」だというのです。一般的にそうは言えない気もしますが、こういう人々は、自分はいかなる罪も犯していないと高をくくっているようだから、キルケゴールはますます彼らに対して怒りの焔を燃やすのでしょう。

そう言っておいて、キルケゴールは、それ自体は単なる「罪の継続」ではなく、「〔この特有の意味で〕新しい罪」であると言い換える。それも、普通の「新しい罪」をはるかに超えるほど重い罪だと言う。この転換も、それほど複雑な弁証法ではないから、いいですね。

シェイクスピアはマクベスをして次のように語らせているが、さすがに人間心理に通じる巨匠のことばである。罪カラ出タ所業ハ、タダ罪ニヨッテノミカト強サヲ増ス（第三幕第二場）。その意味するところは、罪はそれ自身の内部で一貫したものであり、悪がそれ自身のうちでこのように一貫したものであるがために、罪もまた或る力をもっている、というのである。しかし、単に個々の罪だけにしか注目しないならば、けっしてこのような見方をするにはいたらないであろう。

（一九七頁）

キルケゴールは、シェイクスピアを「人間通」とほめたたえますが、とはいえマクベスの場合は、ここで言っている「罪の継続」とは少し意味が違うのではないかと思われます。それは、むしろより一般的な場合であって、ある人（マクベス）がある罪Aを犯すと、それを隠蔽するために、さらに罪Bを犯し、それらを隠蔽するために、さらに罪Cを犯す……という具合に罪は継続し、しかもそのつど新たな罪は「力と強さを増す」のです。

この場合、罪が「一貫したものである」とは、一種の因果関係の連鎖であって、前の罪が次の罪の原因、さらにそれらが次の罪の原因となって作用し、その全体は「それ自身の内部で〔きわめて辻褄が合っていて〕一貫したもの」となるわけです。

想い起こしてみると、日曜ごとに教会で牧師の説教を聴いて、自分をよきクリスチャンだと思い込んでいる善良な市民には、その罪が「一貫したものである」という自覚はない。彼の陥っている状態は、「一貫したものである」というような積極的状態ではなく、むしろ単なる慣れであり、怠惰であり、思考停止であり……つまり消極的状態と言っていいでしょう。では、彼らとマクベスとの関係はどうなるか？

たいていの人間は、いうまでもなく、自己についての意識をあまりにわずかにしかもたないで生活しているので、一貫したものが何であるかについての観念をもつことができない。つまり、彼らは精神トシテ実存していないのである。彼らの生活は、一種の子供らしい愛すべき素朴さのうちに送られるか、それとも、たあいもないおしゃべりに明け暮れるかであり、少しばかりの行動、あれやこれやのささやかな事件から成り立っている。（一九七―一九八頁）

右に、マクベスと日曜日一時間だけ教会で牧師の説教を聴く「クリスチャン」との差異を挙げましたが、それは正しかったのであって、マクベスには罪が「一貫したものである」という自覚はあったのですが、善良な市民にはその自覚がない。つまり、こうした生活を続けることがとりもなおさず「罪の継続」であり、特有の「新しい罪」であるという自覚が皆無なのです。だから、ますます――マクベス以上に？――罪深いということになりましょうが。

こういう善良な市民たちは、いわゆる刑法的犯罪に手を染めるどころか、それを考えてもいない。他人を深く恨むこともなければ、蹴落としてやろうなどと企むこともない。あまりにも「善良」なのであって、「一種の子供らしい愛すべき素朴さのうちに送られるか、それともたわいもないおしゃべりに明け暮れるか」なのです。

としても、しっかりした自覚はないので、悪いことをしないとも限らない――まさに子供ように。したがって、彼らには、次のような「愛すべき素朴さ」が見られるのです。

彼らは、いま何か善いことをしているかと思うと、もう次には間違ったことをしでかす、そのようにしてまた初めからやりなおすのである。いま、彼らは午後のあいだ絶望している、おそらく三週間のあいだも絶望している、しかしやがてまた、元気になり、それからまた、一日じゅう絶望する。彼らはいわば人生という遊戯に加わって遊んでいるのである、しかし彼らは一切のものをただ一つのものに賭けるというようなことは体験しないし、自己のうちにある無限に一貫したものに思い至ることがない。それだから、彼らのあいだでは、常にただ個々の事柄、個々の善行、個々の罪だけしか、問題にならないのである。（一九八頁）

もう説明の要はないですね。しかし、「彼ら」とは、絶えず周囲の人に愛想よく振舞い、心にもないお世辞を言う人、いい加減な仕事しかできない人、自分勝手な人、怠惰で何事にも飽きっぽい人、約束を守れない人、行動と言動がいつもちぐはぐな人……というような軽薄きわまりない人ばかりではない。むしろ、表面的にはその真逆であって、一週間に一時間だけ教会で牧師の説教を聴くことが、むしろ好きな人、真剣にその言葉に聞き耳を立てている人、すなわち「まじめで善良な市民」であることをも忘れてはならないでしょう。

4　実存（信仰者）における一貫したもの

このあたりから、徐々にキルケゴールの言う「一貫したもの」とは、通常の意味からかなり逸脱していることに気づいていきます。

精神の規定のもとにあるあらゆる実存は、たとえそれが自分一個の責任にかかわることであるにしても、本質的に自分のうちに一貫したものをもっており、より高い或るもののうちに、少なくとも理念のうちに、一貫したものをもっている。しかしまた、このような人間は、一貫しないすべてのものを無限に恐れる、というのは、彼は、自分の生命としている全体から切り離されるかもしれないというありうべき結果について無限の観念をいだいているからである。(一九八頁)

ここで「精神の規定のもとにあるあらゆる実存」という概念が突如出てきますが、これはずっと前の図式を使うと"Ich〈=〉Ich(das Ewige)……Gott"となり、自己のうちなる永遠なもの(das Ewige)を自覚している自我(Ich)です。それを、キルケゴールはさらにここで、「より高い或るもの〔神〕のうちに、少なくとも理念〔永遠なもの〕のうちに、一貫したものをもっている」と言いかえている。

そして、「このような人間は、一貫しないすべてのものを無限に恐れる」のですが、これを言いかえると「自分の生命としている全体から切り離されるかもしれないという」恐れ。つまり、"Ich"がただの"ich=ich"に留まって、"Ich〈=〉Ich(das Ewige)……Gott"という大きな構図から「切り離されるかもしれない」ことに対する恐れです。

とすると、どうもこの場合の「一貫したもの」は、マクベスにおける「一貫したもの」とは遠ざかるようですが、そうでもなく、一週間に一回、教会で一時間だけ牧師のお説教を聴くだけで、立派なクリスチャンと思いこんでいる「善良な市民」は、マクベスほども「一貫したもの」をもたず、『罪と呼ばれることさえできないほど』堕落している」（「7　キリスト教の自己弁護」参照）のですから。

次の箇所も、このことを念入りに語っている。


どれほどわずかでも一貫しないものがあれば、それは恐るべき喪失である、彼は一貫したものを失うことになるからである。その同じ瞬間に、おそらく、魔法が解け、もろもろの力すべてを調和のうちに結び付けていた不思議な力がその力を失い、ばねはゆるみ、全体がおそらく混沌と化して、自己にとって痛ましいことに、もろもろの力が反乱を起こして互いに相戦うにいたり、かくて、もはや自己自身とのいかなる一致も、いかなる前進も、いかなる推進力もなくなってしまう。

（一九八―一九九頁）


（普通の）現代日本人には、このように「一貫したもの」に執着する考えは、無限に現実味が薄いでしょう。しかし、「神が死んだ」という衝撃を語るニーチェやサルトルやカミュ、さらにはドストエフスキーもこうした考えの圏内にある。すなわち、「一貫したもの＝神」が存在しないとすれば、人生の一切は無意味となり、一切の善悪の区別は消え、殺人も悪ではなくなり、善行と並ぶ位置に立つ。ロカンタンやムルソーの心境となり、自殺する意味さえ消え失せ、世界をうつろな眼で見ているだけなのです。

そして、以上のような「一貫したものを失っている」人々の描写を通じて、「善良な市民」は、こうした「神は死んだ」という衝撃のもとに生きている人々よりさらに堕落していて、うすうすそのことを知りながら、それを見ようとしないほど劣悪だ、というキルケゴールの嘆息が聞こえてくることでしょう。

一貫していたときには、その鉄のような強さにもかかわらずきわめてしなやかであり、その力にもかかわらずきわめて柔軟であった巨大な機械が、いまでは狂ってしまったのである。そして機械が優秀であり雄大であっただけに、その混乱はいよいよ恐るべきものとなる。——それだから、善の一貫性のうちに安らい、そこをおのが生活の場としている信仰者は、どれほどわずかな罪でも、これを無限に恐れるのである。それは、彼が無限に失わねばならなくなるからである。直接的な人々、子供らしい、もしくは子供じみた人々は、失うべき全体というものをもっていない、彼らは、常にただ、個々のもののなかで、あるいは個々のものを、失ったり得たりするばかりである。

（一九九頁）

「鉄のような強さ」とか「巨大な機械」という言葉から、なお蒸気機関車の比喩が続くことがわかります。それが巨大であって、かつその各部分が密接に連関しているからこそ、それが狂ってしまうと、「その混乱はいよいよ恐るべきものとなる」。これはわかるのですが、これと「善の一貫性のうちに安らい、そこをおのが生活の場としている信仰者」の「わずかな罪」とを重ねることには、多少違和感が残ります。

まあ、巨大で精緻で「一貫している」からこそ、そのわずかな故障（罪）が恐るべきことになる、と言いたいのでしょうが。そして、そういう全体の一貫した構造をもたない「直接的な人々」は、かなりの故障も、そのつど修理すればいいのですから、恐るべきことではない、ということになる。

なお、「彼ら」を「子供らしい、もしくは子供じみた人々」と呼ぶのはキルケゴールの視点からであって、まさに「彼ら」とは、――何度でも言いますが――一週間に一時間だけ牧師の説教を聴いて救われると思っている「クリスチャン」どもであることについてはいいですね。

5　悪魔的人間における一貫したもの

このあたりから、――キルケゴールの真の敵である――「(かたちだけの)信仰者＝善良な市民」と、――キルケゴールがそっとシンパシーを寄せる？――マクベスや「悪魔的人間」との二重視が顕著なのですが、その心情がうまく言語化されていないもどかしさを感じます。

どうも彼は、「善良な市民」より、むしろ悪の限りを尽くしながら「一貫したもの」をもっているマクベスのほうにシンパシーを感じていながら、絶対にそう語ってはならない、というブレーキがかかっているせいでしょうか？　こうした心情を踏まえないと、次の段落からの「悪魔的な人間」に対するキルケゴールの肯定的とも思われる態度も読み取れないでしょう。

> 信仰者の場合と同じことが、その対立者である悪魔的な人間について、罪のそれ自身における一貫性という点で、言われうる。大酒家は、酔いの中絶を恐れ、一日でもまったくしらふでいたら表われてくる無気力とこれが引き起こしかねないいろいろな結果とを恐れるのあまり、毎日毎日絶えず酔いの状態でいようとするものであるが、悪魔的な人間もそれと同じである。(一九九頁)

「毎日毎日絶えず酔いの状態でいようとする」という箇所を読むと、すぐにボードレール、ベルレーヌ、ランボーなど一九世紀末のフランス象徴派詩人や、ピカソ、モジリアーニ、ユトリロ、シャガールなど二〇世紀初頭のいわゆるエコール・ド・パリの画家たちが思い浮かびます。彼らは不思議なほどこうした類型におさまっているし、この亜流（？）が「酒と女に溺れる」若き日の小林秀雄や中原中也、さらにその変種が「苦しくても」飲み続ける太宰治の小説の主人公たちでしょう。

しかし、現代の若者は、こういう「破滅主義」が体感的にも観念的にもわからなくなっているのではないかと思われます。それでも、そういう「大酒家」がいることは類推できるでしょうが、このあとの善と悪との比喩となると、若者に限らず、現代日本人のほとんどすべてがまったくわからないのではないか？

実際、もし誰かが善人を誘惑しようとして歩みより、罪をいろいろな魅惑的な姿で彼の目の前にかざしてみせるとしたら、善人はその人に向かって、「わたしを誘惑しないでくれ」と懇願するであろうが、それとまったく同じことを示す例が、悪魔的は者の場合にも見られるのである。悪魔的な者よりも善においてより強力な誰かが、善をその至幸な崇高な姿で彼の目の前にふりかざそうとするならば、悪魔的な者はその人に向かって嘆願するであろう、涙を流して嘆願するであろう、わたしに話しかけないでほしい、と、あるいは、彼の言い方を使えば、わたしを弱くしないでくれ、と。

（二九九—二〇〇頁）

「善をその至幸な崇高な姿で彼の目の前にふりかざそうとする」と、「わたしに話しかけないでほしい」、あるいは「わたしを弱くしないでくれ」と「涙を流して嘆願する」ような「悪魔的な者」は

——現代日本人には——想像を絶している。それなら、あんまり悪魔的ではない、と思われてしまうからです。

しかし、これこそキリスト教の内側にいるキルケゴールの視点であって、悪魔とはあらゆる善とその威力とを知りながら、それに反抗している——滅ぼそうとしている——者、善の光を向けられると消えてしまうほど弱い者、という意味が固定しているのです。

言いかえれば、こうした善の威力を感じない者は、いかに「悪い者」でも「悪魔的な者」ではなく、この構図の「そと」にいる。振り返ってみて、キルケゴールはシェイクスピアを愛読したのですが、そこに登場するマクベス、マクベス夫人、オセロ、シャイロック、ゴネリル、リーガンなど「悪魔的な者」は、みなこの構図の「うち」にいることがわかります。

まだまだ「悪魔的な者」に関するキルケゴールの分析は続きます。

悪魔的な者はそれ自身において一貫しており、悪の一貫性のうちにあるからこそ、だからこそ、彼もまた全体を失わなければならない。ほんの一瞬でもその一貫性の外に出ることがあっても、たった一度でも食衛生上の不注意があっても、ただの一度でも脇見をすることがあっても、ほんの一瞬でも全体なり単にその一部分だけなりを違った仕方で見たり理解したりすることがあっても、おそらく彼はもはやけっして自己自身とはならないだろう、と彼は言うのである。

（二〇〇頁）

このあたりの「悪魔的な者」の態度は、この書第一篇の終わりの「神に反抗する者」の態度と同じであり、そこに頻出します。一箇所だけ引用すると、「絶望して自己自身でなんらかの責め苦のなかで悩んでいる、ほかならぬこの悩みへ、彼は自分の全情熱を投げかける、すると、この情熱がついに悪魔的な狂暴となるのである」(一三五頁)。

「善良な市民」になりきれない者が、自分に与えられたもの――「悪い血」やセムシ――をすなおに受け容れられないとき、すなわち、このすべてをすなおに受容して神に従う態度をとれないとき、むしろ真逆のベクトルで「悪の一貫性」を追求しようとする。「食衛生上の不注意」とは、間違って「善いもの」を食べてしまうという不注意でしょう。

彼は、「神の前(coram Deo)」にあるからこそ、その真逆に徹しようとしているのであって、その構造は真の意味のクリスチャンと見まごうほど似ている。つまり、彼は自分が罪人であることを完全にごまかしなく知っていて、自分はいかなる救済にも値しないことを知っていて、しかもそれを刻々と選んでいるのです。

しかし、きわめて重要なことであり、「その一」でも何度も確認しましたが、この書を、真剣に絶望している者――「救済=神」を諦めている者、あるいは拒否している者――の真摯な生き方こそ、週に一回一時間だけ牧師の説教を聴いて救われると高を括っている「善良な市民」より、ずっと「正しい」のだ、というハイデガーやサルトルやカミュの方向で読んではならないということです。としても、われわれは〔現代日本人でさえも〕「悪魔的な者」は「絶望の最高段階」に位置するからこそ、同時に救済にもっとも近い者である、という方向に読みたくなる。しかし、まさにこれこそ『死にいたる病』解読の要ですが、こうした「物語的(?)反転」を性急に読み込んではならない。どこまでも、キルケゴールの文章のジグザグにそって正確に読み解くことが求められるところでしょう。

たしかにキルケゴールの嫌悪感の矛先は、自分をまったく罪人とは感じていない「善良な市民」に向かっていますが、だからといって自分を骨の髄まで罪人と感じている「悪魔的な者」や「絶望の最高段階（反抗）にある者」が、自己自身を貫いているゆえに「正しい」わけではない。やはり、はっきり彼は「絶望の最高段階」にあり、その限り、救済からもっとも遠いのです。

次に、キルケゴールはこのことを正確に言い当てています。

すなわち、彼は絶望して善を捨て去ってしまっており、善はもはやどのようにしても彼を助けることはできないのである、しかし善は、彼の心をかき乱し、彼がいつかふたたび一貫性の全速力の進行を取り戻すことを不可能にし、彼を弱くすることがありうるのである。ただ罪の継続のなかでのみ彼は自己自身であり、そのなかでのみ彼は生き、そのなかでのみ彼は自己自身であるという感じをもつのである。しかし、これはどういう意味であろうか？（二〇〇頁）

彼がいかに、善に怯え、それを彼の目の前に振りかざすものに対して「私を弱くしないでくれ」（二〇〇頁）と「涙を流して懇願する」としても、さらに、「善は、彼の心をかき乱し、彼がいつかふたたび一貫性の全速力の進行を取り戻すことを不可能にし、彼を弱くすることがありうる」としても、すなわちこの姿勢がいかに真摯だからとしても、彼はそれだけで救われるわけではないのです。なお、日本語ですが、この箇所のように「〜である」が頻出するのは、説得的口調が強くなって、私の美学に合わないのですが。

その意味はこうである。罪のうちにある状態は、彼が沈んでいった底深くに彼をつなぎとめ、一貫性によって彼の不信心を強めるのである。彼を助けるものは個々の新しい罪ではない（もしそうだとしたら、なんという恐ろしい狂気の沙汰であろう！）、むしろ個々の新しい罪は罪のうちにある状態の表われにすぎないのであり、罪のうちにある状態こそ本来の罪なのである。

（二〇〇―二〇一頁）

ここで、自然に想い起こされるのは、カミュの『異邦人』です。ムルソーは、このキルケゴールの図式からすると「悪魔的な者」であり、まさに「絶望の最高段階（反抗）」にいたっていると言っていい。しかも、ムルソーはここに登場する「彼」よりさらに腰が据わっていて、もはや「善は、彼の心をかき乱〔す〕」ことはない。

彼は「(「救済＝神」につながる）善」を静かに、しかしきっぱりと拒否する。よって、キルケゴールの「罪の継続」の考えによれば、たとえムルソーがあの日、太陽の照りつける海岸でアラビア人を殺害しなかったとしても、彼は悪魔的なほどの罪人なのです。

この小説の最後近くに、翌日処刑されるムルソーを司祭が訪れ、「わが子よ」と抱擁しようとした瞬間に、ムルソーはそれを拒否し、「あなたは何もわかっていない！」と叫び出すシーンがありますが、司祭にしたらムルソーこそ「何もわかっていない」と言いたいことでしょう。

そして、キルケゴールがどちらにつくかですが、ややこしいことに、セーレン・キルケゴールは心情的にはムルソーに無限に近いのですが、もう一人のキルケゴール――アンティ・クリマクス――はこの司祭に無限に近いのです。

このあとは、これまでの概要（繰り返し）にすぎず、「書かなくてもよかった」と思われるほどの箇所ですが……。

したがって、わたしたちがいま問題にしようとしている「罪の継続」という場合には、個々の新しい罪のことではなくて、むしろ罪のうちにある状態のことが考えられなければならない。ところが、罪のうちにある状態はまた、それ自身のうちで罪の度を強めることになり、罪の状態にあることを意識しながら罪の状態に踏みとどまるにいたるので、罪の度が高まっていくその運動の法則は、ここでも他の場合と同じように、内面へ向かい、だんだんと意識の度を強めていくのである。（二〇一頁）

「罪の継続」について、キルケゴールがなおもこうしてしつこく語るのは、これこそ「自分がかつてそうであった」からであり、彼がこの書で語りたいことの核心をなすのでしょう。

6 罪の状態にある罪

以上で、「B　罪の継続」の総論が終わり、次に「A　自己の罪について絶望する罪」に入ります。

罪とは絶望である。その度の強まったものが、自己の罪について絶望する、という新しい罪である。これが罪の度の強まったものであることは、容易に知られることである。たとえば、以前に百リグスダーラーを盗んだ者が、こんどは千リグスダーラーを盗んだという場合、それは新しい罪ではない。そうではない、ここでは、そのような個々の罪を問題にしているのではない。罪のうちにある状態が罪なのであって、この罪が新しい意識のなかで度を強められるのである。

（二〇一―二〇二頁）

ほんとうに「もうわかった」と言いたくなるのですが、キルケゴールがこれほど拘るのは、やはりこれは自殺寸前までいたった彼の若いころの心境そのものだからでしょう。彼は絶望状態にいるしかなかった。そして、その状態にいればいるほど、特別に何もしなくても罪は一瞬一瞬増大していくということを痛いほど実感し、苦悩に喘いでいたのでしょう。

その上で、蛇足かとも思いますが、あえて説明しますと、「百リグスダーラーを盗んだ男が、今度は千リグスダーラーを盗んだという場合」、その額が問題ではなく、その頻度も問題ではなく、彼の盗もうとする本性が「持続している」ことそのものが「罪」なのです。

自己の罪について絶望することは、罪がそれ自身において一貫したものになったこと、もしくは、一貫したものになろうとしていることの表われである。この罪は、善とはなんのかかわりをも持とうとしないし、ときおりでも他人の話に耳をかたむけるような気の弱いことではいけないと思う。いな、この罪はただ自己自身の声にだけ耳をかたむけ、ただ自己自身だけにかかわり、ただ自己自身だけで閉じ籠もろうとする。それればかりか、も一つ囲いをこさえてそのなかに閉じ籠もり、罪についての絶望によって、善の側からのあらゆる襲撃や追跡に対して身を守るのである。

（二〇二頁）

この箇所は、先に引いた箇所、善を彼の目の前に振りかざすものに対して、「わたしを弱くしないでくれ」(二〇〇頁)と「涙を流して懇願する」態度より、ずっと腰が据わった態度であって、善の威力を承認しているからこそ、そこに近づいて巻き込まれないようにする。

「閉じ籠もり(Verschlossenheit)」という言葉は、第一篇にも何度か登場してきましたが(一二二―一二五頁)、差し出された神の手を払いのけて、自己自身を逆の方向に固めていく。そうは言っても――第一篇の当該箇所の解説でもそう書きましたが――、親が建ててくれた家の自分の部屋に親の収入で食べている引き籠もり青年のようで、神がこの箇所を「読んだら」(?)、どうしょうもない男だけれど、「かわいい」ところもあって、ますます救済したくなるでしょうね。

念のために言っておくと、これはただの茶化しではありません。「絶望の最高段階」にいる「閉じ籠もり」の男は――若き日の――キルケゴール自身ですから、どうしてもその文章の「響き」は肯定的になってしまう。ナルシスティックな「響き」とでも言いましょうか。ダメだ、ダメだ、と書きながらも、読者に「わかってもらいたい!」というメッセージを送っているのです。

この罪は、自分の背後の橋はすでに取りこわされてしまっていることを、したがって、自分のほうから善にいたる道も善から自分へくる道も絶たれていて、たとえ気が弱くなった瞬間に自分から善を望むようなことがあっても、結局それが不可能となっていることを、自覚しているのである。罪それ自身が善からの離脱である。しかし罪についての絶望は再度の離脱である、当然のことながら、これは罪のうちから悪魔的なものの力を残らずしぼり出して、神を無《な》みする〔蔑する〕

冷酷さや頑強さを生み出し、それがために、一貫して、悔い改めと呼ばれる一切のもの、また恩寵と呼ばれる一切のものを、単に空虚で無意味なものと見なすばかりでなく、自分の敵と見なし、あたかも善人が誘惑に抵抗するのとまったく同じように、この敵に対してこそ、何よりも強力に抵抗しなければならないと考えるにいたるのである。

（二〇二―二〇三頁）

この箇所は、ひとことも解説する必要はないでしょう。なお、訳者は「無する」という漢字で「なみする」と読ませたいようですが（ルビをふっている）、あくまでも当て字であって「蔑する」としなければなりません。

7　絶望している悪魔

こういう意味で、メフィストフェレスが（『ファウスト』のなかで）、絶望している悪魔ほど惨めなものはない、と言っていることばは、当たっている。というのは、ここで絶望しているといわれているのは、悔い改めや恩寵について何か聞きたいと思うほど気が弱くなっている、という意味にほかならないからである。罪と罪についての絶望とのあいだの関係に見られる度の強まりを名づけようと思えば、前者は善との絶交、後者は悔い改めとの絶交、と言うことができるであろう。

（二〇三頁）

ここもほとんど解説の必要はないと思いますが、この書では「絶望」という概念が「弱さの絶望」

と「強さの絶望」のように二重に使われていて、この場合は後者を意味する。だから、正確に言いなおすと、悪魔が「強さの絶望」に身を委ね、「自己自身であろうと欲する」のではなく、「弱さの絶望」に陥り、悪魔としての自信を失い、「絶望して自己自身あろうと欲しない」なら、それは「惨め」であろうということ。こういう悪魔は、どうしても滑稽な感じがしますが。

罪についての絶望とは、いっそう深く沈むことによって身をささえようとする試みである。軽気球にのって空へ上がる人が重い物を投げ捨てながら上昇していくように、この絶望者は、いよいよ断乎として、一切の善をふり捨てながら沈んでゆく（善の重さは揚力だからである）、彼は沈んでゆくのだ、しかし、彼自身はむろん上昇しているつもりなのである――事実、だんだん身が軽くなっていくからである。（二〇三頁）

関連する文章は、まだまだ続きますが、いったんここで切ってこの箇所を対話のための課題にしましょう。この前の文章と連関するのですが、とくに「事実、だんだん身が軽くなっていくのからある」という箇所など、キルケゴール独特の喩えを正確に解釈してもらいたいと思います。

この軽気球の喩えは、先の機関車の喩えと同様、なるべく具体的に解釈することが必要です。この場合のキーワードは「深く沈む」と「上昇する」という対になる言葉です。はじめにキルケゴールは、「罪についての絶望とは、いっそう深く沈むことによって身を支えようとする試みである」と意味を確定したうえで軽気球の喩えに入る。「この絶望者」は、いわば「沈む」軽気球に乗るのです。

その場合、一切が反対ですから、彼は「一切の善をふり捨てながら沈んでゆく」のですが、「善の重さは揚力だから」善を捨てれば捨てるほど、揚力は少なくなって、ますます沈んでいく。ここまではいいですね。

さて、そのときの彼の心境は、「しかし、彼自身はむろん上昇しているつもりなのである——事実、だんだん身が軽くなっていくからである」とある。この課題の解読の中心はここです。

まず注目すべきことは、彼は、客観的には「沈んでいく」ことを知っている。しかし、主観的には、彼は「上昇しているつもり」なのです。そして、彼が単なる錯覚に陥っているのでないとすれば、これは「だんだん〔彼の〕身が軽くなっていく」、彼の主観的心理状態を意味すると解するのが自然です。

さて、これからが解読の要となります。なぜ、彼は「だんだん身が軽くなっていく」感じがするのか？　ここで、軽気球の喩えを離れて、はじめの「罪についての絶望とは、いっそう深く沈むことによって身を支えようとする試みである」に戻ります。すると「身を支える」という表現と、「だんだん身が軽くなっていく」という表現とが呼応していることに気がつく。

これで、解けました。すなわち、自分の罪について絶望している彼は、救いの逆の方向に「いっそう深く沈むことによってだんだん身が軽くなっていく」のです。これは「絶望して自己自身であろうと欲する絶望（神への反抗）」にぴったり重なります。

さて、ここから蛇足かもしれませんが、彼の心境をさらに具体的に考えてみると、閉じ籠もって一切の救済を拒否している男は、時間が経つに連れて諦めが次第に全身を支配し、一種独特の平安のうちにある。まさに「だんだん身が軽くなっていく」感じを味わっているのです。なぜなら、もう、こんな自分には救済の可能性がないのだから、善い方向に努力しなくてもいい、また一心に努力した末に振り落とされるという辛い経験を重ねなくてもいい、底辺に留まって諦めきってしまえば、とにかくラクなのです。

長いあいだ逃げ回っていた犯人が捕まると、多くの場合、――もう逃げ回らなくていいから――なんとなくホッとする、という心理状態にいたるようですが、それとも似ているかもしれませんね。

8　悪魔的な前進

ここでは右の箇所の課題に続くところからです。課題の箇所の解説とも思われますが、「沈む軽気球」という比喩で描いている心理状態より、もっと深刻な心理状態を語っているようです。

罪そのものが絶望の戦いである。しかし、力が尽き果てると、新たに絶望の度を強めることが、悪魔的に新たに自己自身のうちに閉じ籠もることが、つまり、罪についての絶望が、必要になる。これは前進であり、悪魔的なものにおける上昇であり、もちろん、罪のなかへ沈み込むことである。それは、悔い改めや恩寵のことにはまったく耳をかたむけまいと、いよいよ最後の決意をすることによって、ひとつの力としての罪に、支持と利を与えようとする試みである。(二〇三頁)

ここまでいたると、単に「揚力をもつ善」を捨てて、「だんだん身が軽くなっていく」だけではない。どうも軽気球がもうそれ以上沈めないのに、自力で、さらに沈もうとする「悪魔的な前進――善から見れば下降」という段階にいたっている。それは、先の「対話のための課題」の解説で描いたようなホッとした気分ではなくて、「悔い改めや恩寵のことにはまったく耳を傾けまいと、いよいよ最後の決意をすること」なのですから。すなわち、軽気球がそれ以上沈めないとことに留まらず、さらに自力で沈もうと決意し、刻々と「(沈もうとする)力としての罪」を行使し続けることなのです。

と、こう書いてつくづく思うのは、この男(キルケゴール)にとって、それほどまでにしなければ、「悔い改めや恩寵」から逃れられない、その意味で「悔い改めや救済」の強力な磁場のもとにいる、すなわち神の磁場のもとにいる、ということです。

このあと、またシェイクスピアの『マクベス』からの言葉が引用されている。

けれども、罪についての絶望は、むろん、自分自身の空虚さを、自分が生命の糧をいささかも持っていないことを、自分自身の自己の観念をすらも持っていないことを、よく自覚している。マクベスの語る次のことばは、さすがに人間心理に通じた巨匠のことばである。「いまから先は（彼が国王を殺してから──そして自分の罪について絶望している今からは）真剣なことはこの人生にもう何もなくなった、すべてががらくたであり、名誉《ほまれ》も恩寵《めぐみ》も死んでしまった」（第二幕第二場）。いかにも巨匠らしい点というのは最後の二語（名誉と恩寵）を重ねたみごとな筆致である。罪によって、すなわち、罪について絶望することによって、彼は恩寵に対するあらゆる関係を──そしてそれと同時に、自己自身に対するあらゆる関係を失ってしまったのである。

（二〇三─二〇四頁）

「自分自身の自己の観念をすらも持っていない」とは、「精神の観念をすらも持っていない」と言いかえられる。すなわち恒例の定式をもってくると、“Ich”がただの“ich=ich”に留まって、“Ich〈=〉Ich (das Ewige) ……Gott” という構図を有していない、ということです。なお、やや長いからここで切ったのですが、「名誉と恩寵」についての説明はこの次にあります。

彼の主我的な自己は、名誉欲において頂点に達する。いまや彼は確かに国王となったのである、それだのに、彼は彼の罪について絶望し、悔い改めの実在にも恩寵にも絶望しているがために、彼は自己自身をも失ってしまったのである、彼は自分自身の面前で自己を主張することさえできない、彼は、恩寵をつかむことができないと同じように、名誉欲のうちに自分の自己を享楽することもできないのである。

（二〇四頁）

このあたりの解釈は、比較的単純であって、マクベスは夫人の指示に従い、国王ダンカンを自宅に呼び寄せて殺し、他の者を犯人に仕立て上げ、完全犯罪をやり遂げた感があったのですが、日々不安におののき、心の休まることがない。まさに、「彼は、〔魂の救済という〕恩寵をつかむことができないと同じように、〔この世においても〕名誉欲のうちに自分の自己を享楽することもできない」のです。

というように、シェイクスピアの登場人物を解説していつも思うのですが、このようなはっきり犯罪を犯した人物と、キルケゴールがここで問題にしている、「悪魔的に新たに自己自身のうちに閉じ籠もる」人物とはかなり違うのではないか、ということです。むしろ、彼のモデルは、まさにかつての自分のように、耳目を驚かす犯罪を犯しているわけではないけれど、閉じ籠もってエンエンと恩寵（救済）を拒否し、罪を紡いでいる男なのですから。

9　激情（悲しみ、意気消沈）に含まれる「二枚舌」

ここからあとの文章は、なぜかというほどに回りくどく、歯切れが悪く、その行間から「どうしても言いたいこと」が垣間見える感じです。まず、出だしですが、これだけでは何のことかまったくわからないのですが、さしあたり引用しておきましょう。

> 人生においては（これは、罪についての絶望が人生のなかに表われるものとしての話であるが、しかしとにかく、人々がそう呼んでいるようなものが何か表われるものである）、この罪についての絶望は、たいていの場合、見誤られている、おもうに、それは、世間ではふつう、ただ軽率

なことや無思慮なことや無駄なおしゃべりばかりがおこなわれているので、何か少し深刻な話が持ち出されでもすると、たちまち人々はまるでしかつめらしくなって、うやうやしく帽子を脱いでしまうからであろう。（二〇四―二〇五頁）

そして、これに続く箇所もすらっとわかる代物ではない。

罪についての絶望は、自己自身および自己の意義について混乱した不明瞭さのうちにあるためか、それとも、偽善みたいなところがあるためか、それとも、どのような絶望にもつきものの狡猾さと詭弁を用いるためか、そのいずれかによって、とかく自分を何か善いもののように見せかけようとしたがるものである。そうすると、それが、その人が深みのある人間で、それだから自分の罪をそんなに気にかけている、ということの表われだとされるのである。（二〇五頁）

どうでしょうか？　キルケゴールの「書く姿勢」が、ここでガラッと変わったことが見て取れませんか？　彼は、何かを言いたいのだが、どうもそれをはっきり言ってくれない。しかも、この記述が「罪についての絶望」に陥った者の内面の状態なのか、「外」から判断した状態なのかすらよくわからない。

そうです。これは、疑いなく自分の経験を語っている。それももっとも重い経験であるレギーネとの関係を語っているのです――このことは次第にはっきりしてきます。彼は――前に（「その一」で）言ったように――深窓の令嬢レギーネに結婚を申し込み、それを一年後に破棄し、さらに相手の男

（シュレーゲル）をさんざん笑いものにする「誘惑者の日記」を公刊までした。

なぜ、自分はこんなことをしたのか？　それは「混乱した不明瞭さのうちにあるためか、それとも、偽善みたいなところがあるためか、それとも、どのような絶望にもつきものの狡猾さと詭弁を用いるためか、そのいずれかによって、とかく自分を何か善いもののように見せかけようと」したからです。しかも、それはある見方をすれば、「その人が深みのある人間で、それだから自分の罪をそんなに気にかけている」と他人から評価されることになるかもしれない——とキルケゴールは思い込む。

ここで、キルケゴールはまさに「華厳の滝から跳び降りるように（？）」自分のことを書き始める。


一つの例をあげてみよう。かつて何か或る罪に身を委ねはしたが、そののち長いあいだ誘惑に抵抗してこれに打ち勝った人がいるとする——そしてその人が、逆戻りして、ふたたび誘惑におちいるとする、その場合、そこに表われてくる意気銷沈は、必ずしも罪についての悲しみだとはかぎらない、それはその他いろいろなものでありうるのである。だからそれは摂理に対する憤りであることもできる、つまり、摂理が自分を誘惑におとしいれたのだと考えたり、自分はこれまで長いあいだ誘惑に抵抗してそれに打ち勝ってきたのだから、このような目にあわせるとは、摂理は自分に対してあまりに苛酷にすぎはしないかと、考えたりするのである。しかしいずれにしても、このような悲しみをただちに善いものと思いなし、あらゆる激情のなかに含まれている二枚舌に少しも注目しないのは、まったく婦女子じみたやり方である。（二〇五—二〇六頁）

「かつて何か或る罪に身を委ねはしたが、そののち長いあいだ誘惑に抵抗してこれに打ち勝った人がいるとする――そしてその人が、逆戻りして、ふたたび誘惑におちいるとする」とは、レギーネとの事件そのままのようです。一応そう前提して読み進めると、「かつて何か或る罪に身を委ねはした」とはレギーネに結婚を申し込み、一年後に婚約を破棄して彼女を痛めつけたという罪でしょう。

そののち「長いあいだ誘惑に抵抗してこれに打ち勝った」つもりでいたのですが、じつのところ、キルケゴールはいつまでも拘り、彼女にまといついていました。まさに、「逆戻りして、ふたたび誘惑におちいる」のです。そして、『誘惑者の日記』を公刊するというさらなる罪を重ねる。

ここまでは、多少こじつけの感もあるのですが、ここからあとはまさに当時のキルケゴールの心境そのものであるように思われる。まさにキルケゴールは、「摂理が自分を誘惑におとしいれたのだと考えたり、自分はこれまで長いあいだ誘惑に抵抗してそれに打ち勝ってきたのだから、このような目にあわせるとは、摂理は自分に対してあまりに苛酷にすぎはしないかと、考えたりする」のではないでしょうか？

「このような悲しみをただちに善いものと思いなし」とは、先の箇所の表現を使えば、「このような悲しみ」に陥っている自分は「深みのある人間で、それだから自分の罪をそんなに気にかけている」と他人から思われるかもしれない、という自己愛的解釈に陥ること。すなわち、一方で、激情――悲しみ、意気消沈――に喘ぎながらも、他方で、そういう自分を正当化しようとするという「二枚舌」を使う自分に気づかないのです。

なお、最後の「まったく婦女子じみたやり方である」という表現は、現在ではご法度であって、「女々しい」くらいに訳したほうが通りはいいかもしれません。

このあとの言葉など、まさにレギーネとの関係における彼の態度そのものを語っているように（私には）響きます。

しかも激情のなかにはまた実に不気味なものがあって、そのために、激情的な人が、自分で言おうと思ったことと正反対のことを言ってしまったことにあとで気がついて、時には、ほとんど気も狂わんばかりになることもあるのである。おそらくそのような人は、だんだんと語勢を強めて、この罪への逆戻りがいかに彼を責めさいなむか、それがいかに彼を絶望におとしいれるかを断言し、「わたしはけっしてそれを自分に許しはしない」という。するとそういうことばが、彼のうちにいかに多くの善が宿っており、彼がいかに深みのある人間であるかということの表われであるとされるのである。これはひとつの欺瞞である。（二〇六頁）

最後の文章まではすらすらわかる。「自分で思ったことと正反対のことを言ってしまったことにあとで気がついて、時には、ほとんど気も狂わんばかりになることもある」とはまさにキルケゴールのやりそうなこと。さらに、「わたしはけっしてそれを自分に許しはしない」も、いかにも彼が言いそうな科白です。

しかし、どうもあとまで読むと、「自分で思ったことと正反対のことを言ってしまった」ことの典型例が、「わたしはけっしてそれを自分に許しはしない」らしいのです。そして、それを「ひとつの欺瞞である」と結んでいる。つまり、やはりここでも、先の「二枚舌」が作動し、まさにサルトルの自己欺瞞がからからと動き出してくる。「わたしはけっしてそれを自分に許しはしない」と叫べば叫ぶほど、自分は罪深い人間であるが、それを絶対に許さないほど自分は「深みのある人間」である、という自己陶酔が忍び寄ってくるのです。

以上、レギーネとの事件を意図的に読み込んで解釈してみました。そうではないかもしれないという一抹の不安はあるのですが、ここは、深い自責の念と、それを表現しきれない苛立ち、そうした不協和音がガンガン響いていて、――この書の全体がレギーネに宛てて書いていたものですが――とりわけレギーネに宛てて書いた箇所であるように思われる。

このたどたどしい文章を通じて、彼女（だけ）は完全にわかってくれる、と信じているのですから、「わたしはけっしてそれを自分に許しはしない」というメッセージをレギーネに送りながら、そういう自分を彼女は許してくれるかもしれない、という自己欺瞞的期待が頭をもたげてくる。そして、キルケゴールは、それをまた自己批判しているのです。

この科白に関する考察はさらにえんえんと続きますが、次の箇所だけを今回の対話のための課題にしましょう。

わたしはいま叙述のなかへ故意に「わたしはけっしてそれを自分に許しはしない」という通りことばを挿入したが、このことばはこういう場合にごく普通に耳にされることばなのである。そしてこのことばを手がかりとしさえすれば、ただちに弁証法的に正しい進路を見いだすこともできるのである。彼はけっしてそれを自分に許しはしない――しかし、もしいま神がそれを彼に許そうと欲しておられるとしたら、彼だって喜んで自分自身を許すだけの善意をもっていいはずではないか。

（二〇六頁）

これに続く箇所のほうが、キルケゴールの枠組みからすると解釈は易しいのですが、ここはそうではないからかえって難しいかもしれない、というヒントだけを与えましょう。「通りことば」とか「弁証法的に正しい通路」とかの言葉を、じっくり考察してみてください。

対話21

まず、用語を整理しておきましょう。「主我的なもの＝自己愛」という等号はいいですね。そして、これがキリスト教にとってもっとも嫌われるものであることもいいですね。次に、「病気」とは「死にいたる病」であることもいいでしょう。さて、「絶望＝死にいたる病」であったのですから、最後は「いよいよ病気（死にいたる病＝絶望）を悪化させるばかりなのである」と読める。そして「罪」とは、まさに第二篇のタイトルが「絶望は罪である」であるように「絶望（の状態にあること）」です。

そして、この第二篇に入ると、キルケゴールは第一篇で詳論した絶望の段階論をたどることを止めて、一挙に「絶望して自己自身であろうと欲する（反抗）」という最高段階のみに照準を定める。つまり、（A）誘惑に陥る↓（B）誘惑にうちかつ↓（C）誘惑に陥る……という図式を視野において、自分をシェイクスピアの主人公（マクベス）のような極悪人（意図的犯罪者）と重ね合わせている。つまり、このジグザグに進むかのような経過を、むしろすでに論じたような「5　悪魔的人間における一貫したもの」の方向に読み込もうとするのです。

なぜか？　彼（セーレン・キルケゴール）は（A）↓（B）の経過を神の力によるものではなく、自分の力と思い込むほど自己愛に支配されているからです。そうでないと「不安」にとらえられるからです……、ということは、彼は（A）↓（B）の経過において「誘惑にうちかつ」としても、それはまた自己愛に基づく新たな罪であることになる。

こうして、何かの拍子に（B）↓（C）にいたるとき、彼はじつのところ罪を重ね続けていることになる。これが、新たな光の下に見られた「絶望して自己自身であろうと欲する」絶望の最終段階、すなわち「神への反抗」です。

このあと「牧師」との関係が論じられていますが、牧師を当時のデンマーク国教会のダメな牧師という方向を強調して読むと、無用の混乱に陥るでしょう。ここはむしろ素直に読んで、こうした彼には、「〔神の代理人としての〕牧師が処方する莫大な量の慰めの薬が、かえっていよいよ病気を悪化させるばかり」になるのです。

まず、こうした基本構造を押さえた上で、これほど真摯に神と格闘している彼は、ノンベンダラリと日曜ごとに定型的お説教を垂れ流す、「牧師の莫大な量の慰めの薬（膨大な空虚なことば）」を聞くと、反撥のあまり、「かえっていよいよ病気を悪化させる（ますます神に対する反抗心が強まる）」というふうに二段階に分けて読むべきでしょう。

つまり、「9　激情（悲しみ、意気消沈）に含まれる『二枚舌』」で強調したように、この書はアンティ・クリマクスとセーレン・キルケゴールという二重の視点をもっているのですが、初心者ないし単純な読者はこの手法をつい忘れて、「彼はこれほどまでに絶望しているのだから、ますます正しい方向に進んでいく」と考えがちです。

しかし、彼は――アンティ・クリマクスの視点からは――ますます「深く沈んでいく」（二〇一頁）のであって、しかも――セーレン・キルケゴールの視点からは――「むろん上昇しているつもり」（同頁）であって、「事実、だんだん身が軽くなっていく」のです。

しかも、そこでもすでに述べたように、第一篇ではセーレン・キルケゴールの視点が前面に出ていましたが、第二篇ではむしろアンティ・クリマクスの視点が重みを帯びてくることに注意しなければならないでしょう。

二　キリストに面する自己

1　罪の赦しを信じない罪

B　罪の赦しに対して*（an）絶望する罪（つまずき）

自己意識の度の強まりは、ここでは、キリストを知ることであり、キリストに面する自己ということである。最初に（第一編において）、永遠な自己をもっているということについての無知が表われ、次には、或る永遠なものを含んでいるはずの自己をもっているということについての知識が表われた。それに次いで（第二編へ移る際に）、この区別は、自己自身について人間的な観念をもっている自己、もしくは、人間を尺度とする自己のうちに含まれるものであることが示された。

それに対するのが、神に面する自己であって、これが罪の定義の基礎におかれたのであった

＊　自分の罪について〔über〕絶望することと、罪の赦しに対して〔an〕絶望することとの差異に注意されたい。（二〇九頁）

この部分は、第一篇から第二篇へのつながりを語ったものですが、わかりにくいので補足しておきましょう。というのも、実際にキルケゴールがここで視野においているのは、第一篇CのBだけだからです。そのうちaのタイトルが「……永遠な自己というものを、もっているということについての絶望的な無知」であり、bのタイトルが「或る永遠なものをうちに含む自己というものを自分がもっていることを自覚しており……」ですから、右の引用箇所と呼応していますね。

また、第二篇に関しては、その第一章に入ってすぐに、「人間を尺度とする自己」（一四七頁）と、「神に面する自己」（一四七頁）との区別が言われているので、それに呼応しています。さらに、注（＊）の部分ですが、じつは、これは第一篇に入っているのですが、別の注（＊）では次のように言われている。「それだから、正しいことばの使い方としては、地上的なものについて〔über〕（機縁）絶望する、永遠なものに対して〔an〕絶望するといい、しかし自己自身の場合には、自己自身について〔über〕絶望する、と言うべきである」（一一五頁）。

これに関しては、かつて私が説明したこと（『てってい的にキルケゴール　その二』一四四頁）をここでふたたび挙げておきます。

「訳者は絶望の機縁となるものを『ついて』と訳し、それをまさに機縁として、真に絶望が向かうべきものを『対して』と訳している」。つまり、「人間を尺度とする自己」は「地上的なものについて

絶望する」のですが、それを機縁として「神に面する自己」が永遠なものに対して絶望するのです。しかし、ここで注目すべきことは、第一篇では「神に面する自己」と語られていたのに対して、この第二篇では「キリストに面する自己」と言いかえられていることです。このことは見逃してはならない。

場面は、「ベツレヘムで生まれ、エルサレムで磔になったイエスという名のあの男」に面する自己、あの男を尺度にして自己を反省する、ということに変わったのですから。これでも、まだ釈然とはしないでしょうが、この部分は全体の流れを語っているだけですので、あえてこの程度で留め、次に進みます。

こんどは、キリストに面する自己が表われてくる——しかし、これもやはり、絶望して自己自身であろうと欲しない、もしくは、絶望して自己自身であろうと欲する自己である。なぜかというに、罪の赦しに対する絶望は、絶望の二つの定式のいずれかに、すなわち、弱さの絶望か反抗の絶望かのいずれかに、還元されうるはずだからである。すなわち、それは、つまずいて信じるだけの勇気のない絶望か、つまずいて信じようとは欲しない反抗の絶望かのいずれかである。

（二〇九—二一〇頁）

第一篇では、右に引用したようにaでもbでも、とくに「キリストに面する自己」という規定はない。しかし、ここでこの規定が登場すると、このことによって「絶望して自己自身であろうと欲しない〔自己〕」、すなわち「弱さの絶望」の場合と、「絶望して自己自身であろうと欲する自己」、すなわち「反抗」の絶望の場合の性格がガラリと変わってくる。

ただここでは（もちろん、人間がただ人間として自己自身であろうとすることが問題なのではなく、罪人であるという規定のなかで自己自身であろうとすることが、したがって、自分が不完全なものであるという規定のなかで自己自身であろうとすることが、ここでは問題なのだから）、弱さと反抗とが、ほかの場合とは逆になる。ほかの場合なら、弱さとは、絶望して自己自身であろうと欲しないことである。ところがここでは、それが反抗なのである。（二一〇頁）

「キリストに面する自己」とは「罪人であるという規定のなかで自己自身であろうとすること」ですから、「弱さの絶望」と「反抗」とが「ほかの場合」、すなわち第一篇で扱っていた場合とは「逆になる」ということ。ここまできてもまだ文章の真意はわからないことでしょう。そこで、さらに先を読んでみなければならない。

なぜかというに、人間が現にそうである自己自身、つまり罪人であろうと欲しないで、それがために、罪の赦しを不必要なものにしようとするのは、この場合には、反抗にほかならないからである。ほかの場合なら、反抗とは、絶望して自己自身であろうと欲することである。ところがここでは、それが弱さなので、絶望して自己自身、つまり罪人であろうと欲し、したがって、罪の赦しなどありえないと考えるのである。（二一〇頁）

ここにいたって「逆になる」理由がようやくわかるのですが、弁証法的に手の込んだ論理かというと、じつはそうではなく、この理由は「自己自身」という言葉に含まれる二重性によって、じつのところはじめから準備されていたものです。

すなわち、「自己自身」とは、ここであえてハイデガーの言葉を使うと、①本来的自己自身と、②非本来的自己自身とに分かれ、かつての図を使えば、①は“ich=ich”であり、②は“Ich ＝ Ich…das Ewige”となります。

こう区別すると、「ほかの場合」すなわち第一篇では、もっぱら②の意味における「自己自身」が論じられていたことがわかり、だからこそ「(非本来的)自己自身であろうと欲しないこと」が「弱さの絶望」であり、「(非本来的)自己自身であろうと欲すること」は、すなわち「神への反抗」と規定された。

しかし、第二篇におけるここでは、①の意味で「自己自身」が用いられているので、「(本来的)自己自身であろうと欲しないこと」が「神への反抗」となり、「(本来的)自己自身であろうと欲すること」は、「罪人であろうと欲し、したがって、罪の赦しなどありえないと考える」のですから、「弱さの絶望」に留まるのです。まさに、「逆に」なっていますが、それは、「自己自身」という言葉の意味が「逆に」なっているからです。

このことに、先に述べた「キリストの登場」をかぶせると、自己は「キリストの面前」、すなわち、あのような生涯をたどった男の面前では、——「神の面前」とは真逆であって——「自己自身であろうと欲すること」が「罪人であろうと欲し、したがって、罪の赦しなどありえないと考える」という転換をもたらすと考えられます。

これから後、キルケゴールの筆致はこのメカニズムを丁寧にたどっていきます。

2 キリストを尺度としてますます絶望する

キリストに面する自己とは、神の量り知れぬ譲歩によって度を強められた自己、神がこの自己のために誕生し、人間となり、苦しみを受け、死にたもうた〔んだ〕という事実のゆえに自己の上にかかってくる量り知れぬ重みによって度を強められた自己である。さきに、神の観念が増せば増すほど、それだけ自己も増す、と言われたが、それと同じように、ここでは、キリストの観念が増せば増すほど、それだけ自己も増す、と言える。（二一〇―二一一頁）

ここは、第一篇の最初に登場してくる次の箇所に当てはまります。「それ〔人間の自己〕はそれ自身に関係する関係であるとともに、それ自身に関係することにおいて他者〔永遠なもの、さらには神〕に関係するような関係」（二八頁）なのであって、"ich=ich" という関係であるとともに、"Ich〈=〉(das Ewige)……Gott" という関係でもあるわけです。

ただし、ここでは「神」について語った後に、ことさら「それと同じように」と語り、「キリストの観念が増せば増すほど、それだけ自己も増す」と言いかえていることに注意すべきでしょう。

すなわち、先に述べたように、「神」から「キリスト」へ転換したとたんに「絶望して自己自身であろうと欲する絶望」の意味が、「神への反抗」から「弱さの絶望」、すなわち「罪人であろうと欲し、したがって、罪の赦しなどありえないと考える絶望」へと転換する。

このあたりのロジックはそれほど明晰でもないように思いますが、「キリストに面する」場合は、「神がこの自己のために誕生し、人間となり、苦しみを受け、死にたもうた〔んだ〕という事実」を直視することになる。すると「神に面する」場合とは異なる絶望の形態をもたらす。つまり、キリストが「自分に代わって磔になった」という事実のもつ「量り知れぬ重みによって度を強められた自己」は、「罪人であろうと欲し、したがって罪の赦しなどありえないと考える絶望」へと陥る、ということであるようです――残念ながら、全身で理解していないので、こうしか書けないのですが……。

自己は、質的には、自己の尺度とするところのものと同じである。キリストが尺度であるということは、自己がいかに巨大な実在性をもっているかということの表現であり、神の側から確証されたその表現なのである。なぜなら、神が人間の目標にして尺度、あるいは、尺度にして目標であるということは、キリストにあってはじめて真実であるからである。――しかしながら、自己が増せば増すほど、それだけ罪の度もまた強くなるのである。

（二一一頁）

このあたりも、第二篇のはじめ（一四七―一四八頁）に論じた内容の繰り返しなのですが、そこでは、「神を尺度とする人間的自己となるからは、自己は、なんという無限な実在性を獲得することであろう！」（一四七頁）とあるように、「神が尺度である」場合を論じている。AとBが同じ尺度で量られるのは、両者が「質的に同じ」だからです。音と色を同じ尺度で量ることはできない。

すると、神を尺度とすることから二つの効果が出てくる。①自己が、神という無限の実在性をもつものと同じ尺度で量られうるということは、なんと喜ばしいことであろう。これは、「自己がいかに巨大な実在性をもっているかということの表現」なのですから。しかし、これには第二の効果がつきまとう。自己が神と同じ尺度で測られうるゆえに、神と比較してそのあまりの格差に愕然とし、絶望に陥るということです。

以上を踏まえると、キルケゴールがここで次のようなかたちでキリストを登場させる意味もわかってきます。

> 神が人間の目標にして尺度、あるいは、尺度にして目標であるということは、キリストにあってはじめて真実であるからである。（二一一頁）

神と人間的自己を同じ尺度で量りうるという発想が、ただそれだけであるなら、バカげたことかもしれない。しかし、この発想の背後には「神がこの自己のために誕生し、人間となり、苦しみを受け、死んだ」あのキリストという男が介在している。とすれば、その男がいかに完全であろうとも、彼とこの不完全な自己とを同じ尺度で量りうる、ということもバカげたことではないかもしれない。

こうして、神が創造し、人間たちに送った人間の形をしたキリストの登場によって、――人間としての――自己は「尺度にして目標」であるキリストに向かって一心に努力し、「自己〔意識〕が増せば増すほど〔キリストと同じ尺度を自分にあてがい〕、それだけ罪の度もまた強くなる」のであり、その結果、自己はますます「罪人であろうと欲し、したがって罪の赦しなどありえないと考える絶望」に陥るのです。

3 罪（絶望）の度の強まり

キルケゴールは「罪（絶望）の度の強まり」について、さらに分析を重ねる。

罪の度の強まりは、別の面からも見られる。罪とは絶望のことであった。その度の強まったものが、罪についての絶望であった。しかるにいま、神は罪の赦しにおいて和解を申し出でたもう〔でる〕のである。それだのに、罪人は絶望する、そこで、絶望はいっそう深刻に表現されてくる。この絶望はいまや或る仕方で神にかかわりをもっている、けれどもこのかかわりが生じるのは、絶望がなおいっそう神から遠ざかっているからであり、なおいっそう強く罪のなかに沈んでいるからにほかならないのである。（二一一頁）

「神は罪の赦しにおいて和解を申し出る〔出でたもう〕」とは（ふたたび神に敬語を使うのを避けます）、神がひとり子イエスを人間のもとに遣わして人間との和解を求めたということ。これほどの神の愛に対して、人間たちは――神の見通していたとおりに――イエスを殺したのです。キルケゴールは、ここで、この一度きりの歴史的事件を語っているのではないでしょう。いま、まさにこのとき、多くの（自称）キリスト教徒は、「絶望する」というかたちで、神との和解を拒否している。それによって、「なおいっそう神から遠ざかっている」のです。

罪人が罪の赦しに対して絶望するさまは、あたかも彼が神に食ってかかっているかのようである、「いや、罪の赦しなどというものはありはしない。そんなことは不可能なことだ」というようなことばを聞くと、まるで口げんかのようにひびく。それはまるでつかみ合いのように見えるのである。

（二一一頁）

もちろん、この状態は絶望の最後（最高）の段階であって、「絶望して（非本来的）自己自身であろうと欲する絶望」、すなわち「神への反抗」の段階ですが、多くの読者はここにある描写に違和感を覚えるでしょう。絶望している者が、「神に食ってかかっている」、あるいは神と「口げんか」、あるいは「つかみ合い」している、とはいかなることか？

こう問うと、私はこの具体的かつ人間的な生々しい描写に彼の父親との関係をどうしても重ね合わせたくなる。すでに紹介したように、キルケゴールの父親ミカエルは、羊飼いであった若いころに神を呪い、さらにはじめの妻が病気でたおれたとき、看病をしていた小間使いを手籠めにして、妻の死後、教会での結婚式を挙げずに（すなわち牧師の祝福を受けずに）その小間使いと事実上結婚したのです。

七人の子供（キルケゴールが末っ子）に恵まれたけれど、恐るべきことに、そのうちセーレン・キルケゴールと長兄を除いて、みな三二歳（イエスが処刑された歳）までに死んでしまった。ミカエルは、これは、やはり自分が犯した罪の報いだと考え、生き残ったセーレンと兄に、牧師になって自分の罪――そして、子供たちに若くして「死ぬ」というかたちで表われ出た罪――を償ってもらいたいと懇願した、という次第です。どう考えても身勝手な親だという気持ちは拭えないでしょう。

しかも、このことをセーレンと兄は、父の死ぬ直前に聞きました。兄は父の願い通り、牧師になりますが、セーレンは、子供のころから感じてきた自分を襲う異様な不安の根源がわかった気がして、大きなショックを受ける。これがかの有名な「大地震」の体験です——正確な日付に関してはいろいろな説があるようですが。
とはいえ、セーレンは牧師になるために努力を傾け、牧師の国家試験にまで受かったのですが、先に述べたように、この書『死にいたる病』の刊行によって、それを断念せざるをえなかったのです。とはいえ、話は戻りますが、セーレンは父の告白後、父と「和解」します
こうした苛酷な人生航路を振り返ってみると、先に言った、「具体的かつ人間的な生々しい描写」は神という父のみならず、現実の父をそこに重ねてみると「神に食ってかかっている」、あるいは神と「口げんか」、あるいは「つかみ合い」している、という人間臭い言い方も、比較的よくわかるのではないでしょうか？

けれども、人間は、そういうことを口にしうるためには、そしてそのようなことばが聞かれることができるためには、質的にいっそう遠く神から隔たっていなければならない、そのように近クデ戦うためには、遠クニいなければならないのである。精神の世界というものは、音響学的に見ると、このように奇妙な構造をしており、その距離関係はこのように奇妙に出来ているのである。或る意味では神に食ってかかろうとするものとも言えるこの否認のことばが聞かれうるためには、人間はできるだけ遠く神から離れていなければならない。神のもっとも近くに迫ることができるのは、神からもっとも遠く離れている場合である。神の近くに迫るためには、遠く神から離れ去ってゆかなければならない。神の近くにいるならば、神に迫ることはできない。近くにいるということは、トリモナオサズ遠く離れていることなのである。おお、神に面する人間の無力さよ！

もし高い地位にある人に向かって近づくならば、人はおそらく罰として遠くへ放り出されるであろう。しかし、神に向かって近づくことができるためには、遠く神から離れて去ってゆかなければならないのである。

（二一一―二一二頁）

さて、二重の「父」の意味を提示した上で、この長い箇所を対話のための課題にしましょう。かなり難しいかとは思いますが、「近クデ戦うためには、遠クニいなければならない」と総括される弁証法的ロジックを、なるべく精密に分析してもらいたいと思います。なお、応答には、キルケゴールの父親との関係を算入しなくてもかまいません――算入しないほうがいいかもしれません。

対話22

まず、「戦う」相手は「神」であることを心しなければならない。この戦いにおいては、「一切が可能である」（一三三頁）神に勝てる見込みはないし、決定的に負けないことを目標にするしかない。さらに言えば、神と戦う当人は、神を打ち負かすことは不可能であり、その瞬間に自分も消滅することを知っている。つまり、神に「反抗し続ける」ことしか選択肢はないのです。

しかも、注意すべきですが、この「反抗」の段階において、神は人を破滅させようとしているのではなく、むしろ愛を注ぎ、救済しようと近づいてくる。戦いとは、その手を振りほどくということです。「たとえ、天にいます神やすべての天使たちが彼をその状態から救い出すために助けの手を差し伸べようとも、断じて、彼はもはや肯じはしない」（一三五頁）。こうした戦いは、相手に「呑まれない」ことだけを目指すことになる。それには、常に相手から「遠く離れていなければならない」のです。第一篇の「反抗」の箇所でも、キルケゴールは次のように書いている。

反抗が永遠なものの力による絶望であればこそ、反抗は或る意味で真理のすぐ近くにあるのであるが、しかしまた、真理のすぐ近くにあるからこそ、反抗は真理から無限に遠く隔たっているのである。（一二七頁）

「真理のすぐ近くにある」とは、神が「自己における永遠なもの」と直結していることに気づいているということです。その意味で、神と戦うことは（本来の）自己自身と戦うことにほかならない。その意味で、彼は（本来）神のごく近くにあるのですが、だからこそ、意図的に（非本来的に）神から離れようとしなければ、神に「反抗」できないのです。

こうしたダイナミズムが、「質的にいっそう遠く神から隔たっていなければならない」という表現にほかならない。この含みとしては、「量的にはきわめて近くまで迫っているので」というフレーズが考えられるでしょう。すなわち「量的に」が「客観的に」（事柄自体、すなわち神の目から見ると）に呼応し、「質的に」が「主観的に」に呼応する。

彼は、客観的に神のごく近くにあるので、主観的に（意図的に）常に神から遠ざかる運動をしなければ（非本来的な）自己を維持できず、神の愛に呑み込まれてしまう恐怖を覚えるのです。「おお、神に面する人間の無力さよ！」という嘆息が、この窮屈な事態をよく表わしているじゃないですか。

　以上がメインの部分ですが、以下補足的に間違えやすい箇所を解説しましょう。

　第一に、「精神の世界というものは、音響学的に見ると、このように奇妙な構造をしており、その距離関係はこのように奇妙に出来ているのである」という箇所ですが、「精神の世界における〔神との質的〕距離関係」は、遠くの音は遠くに聞こえ、近くの音は近くに聞こえるという「音響学における距離関係に反する」ということです。

　この場合は、「神に食ってかかろうとするものとも言えるこの否認のことば」、すなわち「反抗のことば」なのですが、神の耳（？）にはどんなに遠くからの言葉でも間近に聞こえるでしょうから――これが「音響学的には奇妙なこと」――神に呑み込まれないためには遠くから発しなければならない、ということでしょうか？

　第二に、「もし高い地位にある人に向かって近づくならば、人はおそらく罰として遠くへ放り出されるであろう。しかし、神に向かって近づくことができるためには、遠く神から離れて去ってゆかねばならない」という箇所も要注意であって、「神」と「高い地位にある人」との距離関係は真逆になるということ。この引用箇所を書きかえれば、「もし高い地位にある人に向かって近づくならば、人は遠くへ放り出されるであろう」、しかし神に近づくならば、これと真逆であって、神に呑み込まれるであろう。よって、人は「遠く神から離れて去ってゆかねばならない」となるでしょう。

4 罪の赦しに対する絶望における「倫理的なもの」

次の段落から、文章のトーンが変わってきます。

人生にあっては、この罪（罪の赦しに対して絶望する罪）は、たいていの場合、見誤られている。わけても、倫理的なものが捨て去られてしまい、その結果、健全な倫理的なことばが稀にしか、いな、まったく、聞かれなくなって以来、そうである。美学的＝形而上学的には、罪の赦しに対して絶望することは、深みのある人間であることのしるしとして尊敬されるが、それは、子供の場合、腕白であることが深みのある子供のしるしだと見なされるのと同じことである。

（二一二頁）

以前にも出てきましたが、もともと『あれかこれか』以来、キルケゴールにおける人生航路の諸段階は美学的段階→倫理的段階→宗教的段階なのですが、ここでは、一つは美学的＝形而上学的段階であり、もう一つは倫理的段階となっている。ここを解釈するさいに、第二篇の次の箇所を想い起こす必要があります。

たいていの人間はおそらくこんなふうに生きているのである。彼らの倫理的な、倫理的＝宗教的な認識は、彼らのうちにある低級な性質の好まないような決断や結論へ彼らを連れてゆこうとするので、彼らは徐々にそういう認識を曇らせることに努めるのである。そのかわりに、彼らは彼らの美的、形而上学的な認識を拡張してゆく、こういう認識は、倫理的に見れば、気晴らしにほ

かならない。（一七五頁）

この箇所でもやはり「倫理的＝宗教的」、あるいは「美的、形而上学的」というように、それぞれ二重になっていて、前者が人間の「低級な性質の好まないもの」であるのに対して、後者はその「低級な性質の好むもの」である、という明確な二元論が成立している。前者から見れば、後者の認識は「気晴らしにほかならない」というのですから、その低級さははっきりしています。

その上で、右の引用箇所に戻ると、「美学的＝形而上学的には、罪の赦しに対して絶望することは、深みのある人間であることのしるしとして尊敬される」というわけで、この事例としては、まさに少し前に出てきたオセロやマクベスなどシャイクスピアのヒーローたちを思い浮かべればいいでしょう。彼らの「罪の赦しに対して絶望する」苦悩がいかに感動的であろうとも、それは、「倫理的に見れば〔まさに芝居を楽しむ程度の〕気晴らしにほかならない」。さらに、それを子供の「腕白」と並べていることから、「子供っぽい」とも言いたいのでしょう。

なお、「腕白であることが深みのある子供のしるしだと見なされる」とは、いかにもオカシイですよね。果たしてわれわれは、「腕白な子供」を「深みのある子供」とみなすでしょうか？ 他の翻訳をのぞいてみると、鈴木祐丞訳（講談社学術文庫）は「子供にとっての深い本性のしるし」であり、斉藤信治訳（岩波文庫）は「子供に関してより深い本性の徴候」となっていて、いずれも「本性」という言葉をしっかり訳している。ちなみに、この部分のドイツ語訳は“ein Zeichen für eine tiefere Natur bei einem Kind.”であって、これを基本に訳してみると、「子供なりにより深い〔と思われる〕本性のしるし」とでもなりましょうか？

神と人間との関係において、「なんじ、なすべし」という唯一の規制的原理が捨て去られて以来、どれほどの混乱が宗教的なもののなかに入り込んできたかは、ほとんど信じられないほどである。この「なんじ、なすべし」は、宗教的なもののあらゆる規定のうちに必ず含まれていなければならないものである。しかるに、そうするかわりに、人々は奇怪なことに、神の観念を、あるいは神についての観念を、人間の自尊心の一要素として、神の面前で自分の重みをつけるために用いてきたのである。（二一二―二一三頁）

先に示したように、「倫理的段階」はそのまま「宗教的段階」に重なるものですから、前者が「捨て去られて以来……〔多大な〕混乱が宗教的なもののなかに入り込んできた」のです。「人々は奇怪なことに〔倫理的なものと不可分な〕神の観念を」捨て去って、神に反抗するのですが、これはただ「自尊心」を満足させるためだけの暴挙とも言える。

こういう主張が、決めつけるような口調で語られていますが、その批判的眼差しの先に「神についての観念を、人間の自尊心の一要素として、神の面前で自分の重みをつけるために用いてきた」者たち、その典型例として「彼らの〔すなわちヘーゲルの〕美的、形而上学的な認識を拡張してゆく」デンマーク国教会の牧師たちの面々が思い浮かぶ。

こう書き続けながら、第二篇の主役はアンティ・クリマクスであることを思い出すと、やや躊躇しながらも、こうした「神への反抗」は第一篇の主役であるセーレン・キルケゴール自身を意味している、とも考えられる。しかし、さらに時代状況を考えると、素朴な信仰に対して徹底的に反論することによって自分自身の存在を誇示しようとする、一九世紀後半の合理主義者＝科学主義者たちとも考えられる。

しかし、グラグラ揺れながらも、やはり敵は、最後に挙げた国教会に集う（自称）知的かつ敬虔なクリスチャンどもでしょうね――この点から見ると、ヘーゲル学徒よりカント学徒のほうがぴったりするようです。彼らが神に反抗することができるためには、神は論理的に反論しがいのある強い相手でなければならず、彼らは、神に反抗しつづけることができるために、神を「除き去る」ことをけっして欲しないのです。

ちょうど政治生活において、野党に所属することによって自分を重くし、結局、自分が反対することのできる何かをもてるために政府の存在を望むように、人々は、結局のところ、神を除き去ることを欲しないのである。――しかしそれは、神と対立していることによってなおいっそう自分自身を重からしめようがためでしかないのである。（二一三頁）

この箇所は、またもやキルケゴールの「無駄話」であって、解説は必要ないでしょう。しかし、この口調から若きセーレン・キルケゴールの線は消えていき、「結局のところ、神を除き去ることを欲しない」という口調から、ヘーゲル学派に支配された国教会の牧師どもも消えていく。とすると、やはり――先の表現を繰り返せば――「素朴な信仰に対して徹底的に反論することによって自分自身の存在を誇示しようとする、現代の合理主義者＝科学主義者ども」と考えるのが自然であるように思われます。このことは、次の箇所からも肯定されるでしょう。

しかも、そのむかし神を無み《な》〔蔑〕する反逆の表われとして戦慄をもって見られたこれらすべてのことが、こんにちでは、天才的なこと、深みのある人間のしるしとなっているのである。「なんじ、信ずべし」、かつては簡潔に、いとも率直に、そう言われた。――だが、こんにちでは、信じえない、ということが天才的なことであり、深みのある人間のしるしなのである。

（二一三頁）

もうここにいたると、国教会の牧師たちや若きセーレン・キルケゴールという姿は消えて、もっと単刀直入に、当時の「開化された」インテリどもの姿が前面に浮き立ってくる。もちろん、キルケゴールは自分より四歳若いだけのマルクス（一八一八年生まれ）は知りませんでしたが、フォイエルバッハの『キリスト教の本質』（一八四一年）は読んだらしい。こうした連関を読み込めば、先の引用箇所における「野党に所属することによって自分を重くし」という部分も現実味を帯びてくる。キルケゴールがこういう時代状況のもとにあったこと、これにかんがみれば、「信じえない、ということが天才的なことであり、深みのある人間のしるしなのである」という文章の意味も、わかってくるような気がします。

かつては、「なんじ、罪の赦しを信ずべし」と言われ、このことばに対する唯一の注釈として、「もしなんじがそれをなしえないならば、なんじは不幸を招くであろう、なぜなら、人は、そのなすべきことを、なしうるのだからである」と言われた。――こんにちでは、それを信じえないということが天才的なことであり、深みのある人間のしるしなのである。なんというすばらしい結果であろう、これがキリスト教界のたどり着いた結果なのだ!（二一三頁）

この箇所は、ほとんどその前の箇所の繰返しですから、解説は省きます。こういう箇所を読むと、聖職者を除くキリスト教界におけるキルケゴールの主な敵は、日曜だけ数時間牧師の説教を聞いて、それだけで自分がクリスチャンであると思い込んでいる「善良な市民」たちと並んで、旧態依然としたキリスト教の教義を正面から批判する、こうした「合理主義者＝科学主義者」たちでもあることがわかります。

5　キリスト教を信じないという思い上がり

このあと、キルケゴールはさらに穿《うが》った仕方で、「キリスト教界」のうちにいる、こうした「この上ない生意気な」輩を弾劾する。

キリスト教について一言も聞くところがなかったとしたら、人々はこのように思い上がることはけっしてなかったであろう、事実、異教徒はそのように思い上がったことは一度もなかったのである。ところが、キリスト教的な諸観念がかくも非キリスト教的に流布されているがために、その諸観念は、この上ない生意気なことのために利用されるか、でなければ、別の同じように厚かましい仕方で悪用されるのである。（二一三―二一四頁）

この場合、「異教徒」とは古代ギリシア人を意味し、その限り、彼らが人間を超えた何らかの超越的な存在者を認めていたゆえに「そのように思い上がったことは一度もなかった」かどうかは疑問ですが、ほとんどなかったことは真実でしょう。

ここで、キルケゴールが、彼らとの比較において「キリスト教的な諸観念がかくも非キリスト教的に流布されている」と論じていることに着目しなければならない。たしかに、フォイエルバッハもマルクスも、キリスト教から発生したのであり、それのみならず、当時の多くの科学者や大学教授や法律家などのインテリたちはクリスチャンであって、かつ「合理主義者＝科学主義者」であったのです。

それにしても、実に奇警なことと思われるのだが、異教世界では、呪うということが風習とはならなかったのに、それがキリスト教界ではごく当たり前のこととして一般におこなわれているのである、異教徒は或る種の戦慄をもって、神秘的なものに対する恐怖の念をもって、多くの場合、きわめて厳粛な態度で、神の名を呼んだものだが、キリスト教界では、神の名は日常の談話のなかにきわめてしきりに出てくることばであるし、確かに、もっとも無思慮に、またもっとも無頓着に用いられることばなのである。

（二一四頁）

「呪うということ」については、後ろの訳注〔桝田注（225）〕を参照してください。たしかに、現代の英語でもドイツ語でも、“Oh, my God!”とか、“(Only) God knows”（誰にもわからない）、あるいは“um Gottes willen”（お願いです）や“Gott sei Dank!”（やれやれ助かった）や“leider Gottes”（残念です）というように、「日常の談話のなかにきわめてしきりに出てくる〔軽い〕ことば」であることは確かです。ポイントは「異教徒は或る種の戦慄をもって、神秘的なものに対する恐怖の念をもって、多くの場合、きわめて厳粛な態度で、神の名を呼んだ」のに対して、現代キリスト教界では、この態度が失われてしまっている、ということでしょうね。

キルケゴールは、不思議なことにカントにはほとんど触れませんが、こうした態度が欠けている典型例が「神の存在証明」が成り立たないことをズケズケ論じているカントおよびカント学派であり、「神の名」を呼びながら、聖書の記述とはかけ離れた形而上学に仕立て上げているヘーゲルおよびヘーゲル学派であり、――キルケゴールがベルリン大学で聴講した――後期シェリングの積極哲学であり、さらには「キリスト教の本質」は「人間」であるとヌケヌケと論じるフォイエルバッハであり、……総じて彼らにおいて、「神の名」は「もっとも無思慮に、またもっとも無頓着に用いられることば」なのです。

6 顕現した神とキリスト教界の堕落

それというのも、哀れな顕現した神（高貴なものがふつうするように、自分の身を隠しておくことをしないで、不注意にも、また愚かにも、顕《あら》わなものとなった神）が全民衆からあまりにもよく知られた一人物となってしまい、人々はときおり教会へ行きさえすれば、それだけでこの人物にきわめて大きい奉仕をしたことになり、また牧師からもほめられるし、牧師は神の名において参詣によって示された敬意に感謝し、参詣者に敬虔なという敬称を与えるが、教会へ行くだけの敬意を神に示さない人々に向かっては、少しばかり厭味をいう、といった次第だからである。

（二一四頁）

出だしを読むと、「人間のかたちをしたイエス」のことを語っているのかな、とも思いますが、その後の叙述によると、教会が「顕現した神」の象徴的場所となり、人々は「教会へ行くだけの敬意を神に示す」ことで満足してしまっている、という現代のキリスト教界の形骸化された状況を嘆いていることがわかります。

罪の赦しに対して絶望する罪は、つまずきである。ユダヤ人は、キリストが罪を赦そうとしたためにキリストにつまずいたのであるが、それはユダヤ人としてはまったく当然のことであった。ひとりの人間が罪を赦そうとすることに、信仰者でもないものが（信仰者であれば、もちろん、キリストが神であったことを信じているはずである）つまずかずにいられるためには、よほど高度の精神喪失（つまり、ふつうキリスト教界に見受けられるような）が必要である。次にまた、罪が赦されることができるということにつまずかないためにも、同じようによほどの精神喪失が必要である。

（二一五頁）

早速ですが、ここを対話ための課題にしましょう。キルケゴールのイロニーがあふれている箇所ですから、それを正確に汲み取って解釈してください。

それは人間の悟性にとっては何よりも不可能なことなのある——だからといって、わたしは、そ

れを信じえないことが天才的なことだとして賞讃するわけではない。それは信じられるべきものだからである。（二一五頁）

「聖書物語」は、一般に悟性にとって理解するのが「不可能なことなのである」のはいいのですが、「それを信じえないことが天才的なこと」というのは、啓蒙主義＝科学主義の風潮が強い一九世紀後半のヨーロッパにあって、キリスト教の信仰を「信じえない」と語ることは、「天才的なこと、深みのある人間のしるし」（二一三頁）とみなされる、ということ。こうした風潮をキルケゴールは激しい反感をもって語っているのです。

対話23

この文章を解読するには、いくつもの関門がある。もっとも大きな関門は、ユダヤ教の常識的見解と、キリスト教の非常識的見解との差異を正確にとらえることです。罪を犯した者をけっして赦さず、きちんと罰するのがユダヤ教の見解。しかし、キリスト教は彼を赦す。殺人犯であろうと強盗犯であろうと強姦犯であろうと、いや、神が定めた戒律を破る者までも赦す。これが、「つまずき」なのですが、真のキリスト者はこれにつまずかず、すっと受け容れるわけではない。キルケゴールによれば、むしろ、まともにこれにつまずいて、そこから弁証法的に信仰に向かうべきなのです。

こうした基本構造がわかったとして、次の難関は「精神喪失」でしょう。「つまずかずにいられるためにも、……よほどの精神喪失が必要である」とは何のことか？「高度の精神喪失（つまり、ふつうキリスト教界に見受けられるような）」という箇所はもっとわからない。さらに「キリスト教徒は、ここにつまずかずにいられるゆえに、高度の精神喪失に陥っている」とは、いったい何のことか？

ここで、この箇所の冒頭を想い起こすと、「ユダヤ人は、キリストが罪を赦そうとしたためにキリストにつまずいたのであるが、それはユダヤ人にとってまったく当然のことであった」とあり、「ユダヤ人」の観点が導入されている。

イエスはユダヤ教の戒律のもとにユダヤ人として生まれ成長したのであり、そのもとで果敢にも宗教改革を実践したのでした。そのすべては、正統的ユダヤ教の立場からは、異端中の異端なのです。という前に、神がイエスという人間の形をしているという教義は、神とその被造物である人間とを峻別するユダヤ教から見れば、ほとんど狂気の沙汰。また、その人間に過ぎないイエスが次々と奇跡を起こすことも、あってはならないこととして、当時のユダヤ人はつまずいたのです。

なお、以上に関して注意しておくべきことは、キルケゴールは異教徒（古代ギリシア人）やユダヤ人について語りますが、彼らを正面から批判することはないということ。彼が批判を向けるのは一九世紀後半のコペンハーゲンに棲息しているクリスチャンだけです。すると、彼らのほとんどは、イエスにつまずくこともなく、イエスとその磔とを淡々と受け容れる。これがすなわち、これ以上ないほど高級な（深遠な）キリスト教の教義を何の真剣な思索も葛藤もなく承認する、

「高度の精神喪失（Geisteslosigkeit）に陥っている」ことなのです。これは「精神の空洞化」と訳してもいいかもしれません。

ここでもう一度、キルケゴールの信じるキリスト教は、一九世紀後半の「勝利の教会」ではなく、イエスと同時代の「戦闘の教会」であることを思い出す必要がある。当時のキリスト者は、ユダヤ教の正統的教えと正面からぶつかり、常にその身の危険があった。それを承知でイエスについていったのです。

ここで付言しておきますと、ユダヤ教徒のうちもっとも正統派は、戒律をとくに尊重したパリサイ人です。イエスが彼らを「偽善者」として徹底的に見下していますので、根っからの「悪い奴」だと思い込んでいる人が少なくないかもしれないけれど、ユダヤ教から見ると、まさに模範的な人間となる。「戦闘の教会」である原始キリスト教においては、このことは自覚されていたのですが、一九世紀後半の「勝利の教会」では、忘れ去られている。

よって、一九世紀後半のデンマーク国教会を「精神喪失」と呼ぶのは、とくに「イローニシュ（ironisch）」な表現に見えますが、キルケゴールが定位していた原始キリスト教の観点から見ると、当然と言ってもいいでしょう。

7 異教徒と罪の観念

次の段落に進むと、一見、ガラッと場面が変わったような感じがします。

異教の世界においては、当然のことながら、このような罪は存在しえなかった。もしかりに異教徒が罪についての真の観念をもつことができたとしても（異教徒には神の観念が欠けていたのだから、それができるわけはなかった）、自己の罪について絶望するという以上には進みえなかったであろう。（二一五頁）

キルケゴールにとって「異教の世界」とは、古代ギリシアに限定される。よって、この箇所は、第二篇A「絶望は罪である」の「第二章　罪のソクラテス的定義」に関係します。古代ギリシアにおいては「罪は無知である」（一六二頁）のであって、誰でも正しく知れば、正しく行為できるはずだとみなされている。

よって、――「絶望は罪である」という大前提のもとに――絶望するにしても、せいぜい「自己の罪〔自分の無知〕」を責めるという「絶望して自己自身であろうと欲しない場合、弱さの絶望」の段階までしかいたらない。言いかえれば、その上の「絶望して自己自身であろうと欲する絶望、反抗」の段階にはいたらない。反抗する相手＝（キリスト教の）神がいないのですから、あたりまえのように思われますが。

しかし、「もしかりに異教徒が罪についての真の観念をもつことができたとしても（異教徒には神の観念が欠けていたのだから、それができるわけはなかった）、自己の罪について絶望するという以上には進みえなかった」という箇所は、じつに曖昧な訳ですね。

というのも、（　）の中を無視すると、異教徒が「罪についての真の観念をもつことができ〔る〕」と仮定しているかのように響く。けれども、じつのところ、ここは「たとえ異教徒が罪についての真の観念をもつことができたとしても」という非現実的仮定なのであって、ドイツ語でも"hätte können"となっている。ちなみに鈴木祐丞訳（講談社学術文庫）の（　）内は、「異教徒には神の観念が欠けているのだから、このことすらできない相談なのだが」（二〇八頁）とはっきり否定的に訳しています。

いや、それどころか（そしてこれが、人間の悟性と思惟に対してなされうる譲歩のすべてであるが）、もし異教徒が世間について絶望したり、一般的な意味における自己自身について絶望したりするのではなくて、自分の罪について絶望するところまで実際に到達したとしたら、その異教徒は賞讃されなければならないであろう。*（二一五頁）

キルケゴールが倫理的場面で「異教徒」を主題にするとき、脳裏にあるのはソクラテスだけだと言っていい。しかし、そのソクラテスが「自分の罪について絶望するところまで実際に到達した」わけがない――キルケゴールも、断じてソクラテスにこれを認めてはいない。

とすると、「異教徒には神の観念が欠けていたのだから、それができるわけはなかった」ということの書の訳ではなく、「異教徒には神の観念が欠けているのだから、このことすらできない相談なのだが」という鈴木訳を採用すると、この文章は、異教徒でありながら、キリスト教徒のように神の面前（corem Deo）に立つ者がいたとしたら「賞讃されなければならない」という相当反語的な響きになるでしょう。

8　絶望は信仰の第一の契機でもある

右の引用箇所の最後に注アステリスク＊がついていますので、（テキストに反して）次にその部分を読んでみましょう。

＊　罪についての絶望が、ここでは、信仰への方向において弁証法的に捉えられていることに気づかれることであろう。このような弁証法的なものが存在するということは（この書物は絶望をただ病としてのみ取り扱っているのではあるが）、けっして忘れられてはならない、その弁証法的なものは、実際、絶望が信仰における第一の契機でもあるという点に存するのである。（二一六頁）

突如「弁証法的」という言葉が出てきますが、これはこの書にそって解釈すれば、第一篇A「B絶望の可能性と現実性」の最初の部分に呼応すると見るのが自然でしょう。この箇所は、『てっていに的にキルケゴール その一』第一章B-2「絶望における可能性と現実性」で扱いましたが、その骨子を抜き出すと、絶望は「可能的」には「人間が精神であるという無限の気高さ、崇高さを指し示すもの」（『死にいたる病』三〇頁）ですが、「現実的」には「最大の不幸であり悲惨であるにとどまらない、それどころか、それは破滅」（三二頁）なのです。

これに呼応して、ここでは「絶望が信仰における第一の契機でもある」とまで言い切っています。ここまで読んでくると、キルケゴールがこう語る背景も、より鮮やかに見えてくるのではないでしょうか。

すなわち、先の箇所で「この病に注意しているということが、キリスト者が自然のままの人間よりもすぐれている長所なのである」（三一頁）とありますが、一九世紀のデンマーク国教会には、自称キリスト者でありながら、「この病に注意している」と言えない、すなわち「可能的な絶望」さえ有していないように見える者に溢れている。ということは「絶望が信仰における第一の契機でもある」ことさえ忘れている――真に自覚していない――者に満ち溢れているということです。

これに反して、方向が信仰から離れ、神との関係から離れ去るようなものである場合には、罪についての絶望は新しい罪である。精神生活においては、一切のものが弁証法的である。したがって、つまずきも、止揚された可能性としては、信仰の一契機である。しかし、信仰から離れ去る方向をとったつまずきは、罪である。（二一六頁）

このテーマは、「罪の状態はそのおのおのが新しい罪である」（一九四頁）という文章で始まる「B 罪の継続」ですでにながながと論じている。このうち、「つまずきも、止揚された可能性としては、信仰の一契機である」という文章が難しいかもしれない。前に「絶望が信仰における第一の契機である」（二一六頁）とあり、そこでも「弁証法的」という言葉が添えられていましたから、ここもそれに密着した意味でしょう。

「つまずき」とは、普通は、惨めな人間のかたちをした神であるイエスにつまずくことですが、キルケゴールは、これをまさに「弁証法的に」ほとんど逆転して解している。それは第二篇A第一章の「付論 罪の定義がつまずきの可能性を蔵しているということ、つまずきについての一般的な注意」

（一五四頁以下）にあります。

この人間のために、またこの人間のゆえに、神は世に来たり、人の子として生まれ、難を受け、死にたもう〔死んだ〕のである。そしてこの受難の神が、この人間に向かって、どうか救助の申し出を受け入れてくれるようにと、ほとんど乞いかつ嘆願していられる〔いる〕のである。……あえてそれを信じるだけの謙虚な勇気をもたない者は、誰でもそれにつまずくのである。

（一五八―一五九頁）

普通は、神がイエスという惨めな人間（男）のかたちをしているわけがない、神が十字架で磔になるわけがない、それでも最後まで抵抗しないわけがない……という点につまずくのですが、キルケゴールはまさにこれを逆手にとって、われわれはこれほどまでに謙虚な神につまずくという論点を強調する。

つまずきとは、不幸な驚嘆である。それゆえに、それは嫉妬に似通っている。

（一五九頁）

しかも、それが「神の前に」というキリスト者の態度に直結している。

つまずきの可能性は、まったく正当にも、罪についてのキリスト教的定義とともに与えられているのである。それは神の前に、ということである。

（一六二頁）

以上により、キリスト者は「神の前に」あるからこそ、「これほどまでに謙虚な神につまずく」ということになります。まさにこの「つまずき」は、「止揚された可能性」としての「信仰」、すなわちそれを止揚（否定）して信仰にいたる可能性なのです。

人は、或る人がキリスト教につまずくことさえできないといって、その人を責めることができる。そういうふうにいわれる場合には、もちろん、つまずくということが何か善いことでもあるかのように語られているのである。しかし他面から見ると、もちろん、つまずくことは罪である、と言われなければならないのである。（二一六頁）

これは、補足であって、だからといって「つまずく」ことそのものが善であるわけではなく――つまずいて、そのまま信仰から離れることもある――、それを弁証法的に止揚（否定）して信仰にいたることが「正しい」キリスト者のあり方ということでしょう。

これでアステリスクの部分を終えますが、そもそもこの＊が、「もし異教徒が……自分の罪について絶望するところまで実際に到達するとしたら、その異教徒は賞讃されなければならないであろう」という文章の最後に付けられたことを想い起こすなら、先に述べたように、「もし異教徒が神の前にという態度をとるにいたるなら」という反語とどうにか平仄《ひょうそく》が合うのではないでしょうか。

9　「罪の赦し」に対するキリスト教界の現状

ところで、罪の赦しということに関して、キリスト教界はいかなる状態にあるであろうか？　確かに、キリスト教界の状態は、実のところ、罪の赦しに対して絶望している状態である。けれども、このことばは、その状態がそのようなものとして顕わになってさえもいないほど、キリスト教界が退歩している、という意味に理解されなければならない。人々は罪の意識にさえもまだ達していまい。人々は、異教徒でも知っていたような種類の罪しか知らず、そして異教徒的な安心のうちに幸福にここちよく生きているのである。

（二一六―二一七頁）

「罪の赦しに対して絶望している」とは、イエスが「いかなる罪も赦される」と語ったことを信じないということ。だから新たな罪なのです。これは、キルケゴールの場合、父が若いころに神を呪ったこと、母と教会の祝福を受けずに結婚したことも赦されることを意味し、自分がレギーネとの婚約を破棄して彼女とその家族を侮辱したことも赦されるということです。彼はその「赦し」をなかなか信じられず、罪の意識に苛まれていた。

しかし、ここではあくまでも一九世紀デンマークのクリスチャン一般に視点を合わせ、こうした新たな罪が「顕わになってさえもいないほど、キリスト教界が退歩している」のです。彼らはみな、自分のように、「罪の赦しに対して絶望している」ようには見えないこと、「罪の赦し」を当然のごとく受け容れている「精神喪失＝精神の空洞化」にキルケゴールは苛立っている。

しかし、人々は、キリスト教界のなかで生きているのであるから、異教徒よりもさらに先へ進む。彼らは、先へ進んで、この安心——実際、キリスト教界では、これ以外ではありようはないのだが——が罪の赦しの意識なのだ、と妄想する、そして牧師たちは教会員のその妄想を強めてくれるのである。

（二一七頁）

言っていることは難しくないのですが、こういうキルケゴールのスタンスを正確に見届けることが必要です。

10　キリスト教界の根本的な不幸は、キリスト教である

次の段落です。またもや、キルケゴールのイロニーが冴え渡っている箇所です。

キリスト教界の根本的な不幸は、実をいえば、キリスト教なのである。

（二一七頁）

このセンテンスこそ、字面をたどる限りわかるわけがない。しかし、これまでの考察によってその意味は明瞭です。次のようにちょっと補足するだけでいいのですから。

〔（一九世紀後半のデンマークの）低級な〕キリスト教界の根本的な不幸は、〔あまりにも高級な本来の〕キリスト教〔を理解できないこと〕なのである。

そしてこの次に、その理由が、ヘーゲルに標的を合わせて具体的に書いてある。

つまり、神＝人の教説（注意を要することだが、これは、キリスト教的な意味では、逆説とつまずきの可能性によって保証されているのである）が、繰り返し、繰り返し説教されることによって、実のないものにされてしまい、神と人間とのあいだの質的差異が汎神論的に（はじめは貴族的に思弁によって、のちには庶民的に大道や横道で）止揚されてしまったということなのである。（二一七頁）

ここは、まさに一九世紀後半のデンマーク国教会批判、すなわちヘーゲル批判の要なのであって、キルケゴールによれば、「神と人間とのあいだの質的差異」という観点から、神の子イエスという存在にまず「きちんとつまずく」ことが必要なのであり、その上で信仰の力によってつまずきから立ち直ることが必要なのです。それなのに、ヘーゲル学派に汚染されたデンマーク国教会は、「神と人間とのあいだの質的差異」をいとも簡単に飛び越してしまう。

なお引用の後半、（　）内の「はじめは貴族的に思弁によって、のちには庶民的に大道や横道で」に関しては、後ろの訳注〔桝田注（227）〕にも説明がありますが、必ずしもこうした哲学史をもち出さなくても、「はじめはいかめしく理論武装して、後には誰にでもわかるお話として」くらいの意味でもわかるでしょう。

11　キリスト教は神＝人という冒瀆に対して身を守る

地上にあるいかなる教説も、神と人間とを、キリスト教ほどに近く結びつけたものは、実際かつてなかった。事実、それは他のいかなる教説もなしうるところではなかったのである。それはただ神自身のみがなしうることであって、人間の考え出すことはどんなものでも、しょせん、夢であり、あてにならぬ妄想でしかないのである。

（二一七頁）

キリスト教はユダヤ教から出てきたのですが、それがユダヤ教と一線を画するのは、マリアという人間の女から生まれたイエスの存在です。イエスは人間であって、かつ神である。どう考えても、この等号は理解を絶したことであって、ここに「つまずく」はずですが、「つまずかない」のがキリスト教徒ということになっている。つまり、キリスト教徒たちは、当然のことのように、この等号を受け容れてしまった。キルケゴールがいらだつのは、この安直な態度です。

次の文章が、この連関でキルケゴールがもっとも言いたいことを表わしている。

けれどもまた、神がそのような手段を採りたもうた〔採られた〕のちに、あたかも神と人間とが結局一つになってしまうかのように誤解してしまうもっとも恐るべき冒瀆に対して、キリスト教ほどに用心深く身を守った教説もかつてなかった――この冒瀆に対して、つまずきの助けをかりて身を守ったキリスト教ほどによく身を守った教説はかつてなかったのである。

（二一七―二一八頁）

ここに、ごく自然に「あたかも神と人間とが結局一つになってしまうかのように誤解してしまうもっとも恐るべき冒瀆」が生ずることについてはわかりますね。もう一度言いますと、安直にごく単純に「神＝人」という等号を認める「冒瀆」、この等号の背後に両者の比較を絶した差異があることに思いいたらないという「冒瀆」です。

しかし、じつのところキリスト教は、こうした「冒瀆」から身を守る術、すなわち「つまずき」という助けを借りる術を心得ていた、ということこそ限りなく重要なのです。これを自然に読めば、神は人間たちがイエスに「つまずく」ことを見越して、イエスを人間たちのもとに遣わした、ということであり、人間たちが、この「つまずき」を克服して、信仰に入ることをすでに算定していた、ということでしょう。

しかし、キルケゴールの見立てによると、残念ながら、そうした神の賢明な計らいを反古にするような「神＝人の教説」が、現在のキリスト教界（デンマーク国教会）にまかり通っている、というわけです。次の大いなる嘆息は解説の要もないでしょう。

禍いなるかな、だらしない説教者たちよ。禍いなるかな、軽薄な思想家たちよ、禍いなるかな、禍いなるかな、彼らから学び、彼らを賞讃してきたすべての帰依者たちよ！　（二一八頁）

その次の段落です。

人世〔人間存在〕において秩序が保たれねばならぬとすれば——それは神の欲したもうところで

ある、なぜなら、神は混乱《みだれ》の神ではないからである――何よりもまず、人間めいめいが単独の人間であるということに、単独の人間であることを自覚するにいたることに、注意が向けられなければならない。（二一八頁）

ここに言う「秩序」とは、もちろん「神と人とのあいだの無限の質的差異」という秩序です。これが、キルケゴールにおいては、直ちに人間が「単独者」であることの「自覚」に繋がる。なぜか？ここには大幅に省かれた論理があって、人間が「単独者」として「神の前に」あることは、すなわち「罪人」として「神の前に」あることですが、神は「罪人」でないのはもちろん、さらに「罪を赦す者」である。すなわち、「罪を赦す」イエス・キリストは、「つまずかせる者」であるのに対して、人間はそれに「つまずく者」であって、こう言いかえると、両者の「無限の質的差異」は明らかでしょう。

三　神の前における単独者

1 「群集」という抽象物

そして、こうした第一の図式に、さらに第二の図式、すなわち人間は集団になると、「みずからを神の地位に高めようとする」という「妄想」に陥る――このような当時の民主主義、社会主義、人間中心主義（フォイエルバッハ）などに対する批判、いわばジャーナリスティックな現代批判が重なり合っています。
このあと、キルケゴールは、長々と第二の図式を論じているのですが、私見では、この側面は「単独者」という概念にとってどこまでも「従」の地位に留まるように思いますが、いかがでしょうか？次の箇所の記述など、社会の表層をチラッと観察すれば、たちまちわかる程度のレベルですよね。とはいえ、実際のところ、キルケゴールの「単独者」という概念には、こうした社会思想的な側面も意外に濃厚に含まれています。

人間がまず、集まって、アリストテレスが動物の定めと呼んでいるもの、すなわち、群集、になる許可をえ、ついで、この抽象物が（これは無よりも以下のものであり、この上なくくだらぬ有象無象よりも以下のものであるはずなのに）何かひとかどのものと見なされることになると、やがて、この抽象物は神となるにいたるのである。そうなると、それは、哲学的ニ神＝人の教説とみごとに一致することになる。群集が国王を威圧したり、新聞が政府の役人を威圧したりするのを、人々はいろいろな国家で学び知っているが、それと同じように、人々は、ついには、すべての人間が総ガカリデ神を威圧するということを発見するにいたるのである。このようにして、これが、神＝人の教説、すなわち、神と人間とがマッタク同ジモノであるとする教説と呼ばれるのである。
（二一八頁）

この後に続く論述は、キルケゴール独特のシャープなイロニーに充ちていて、やっと本来のキルケゴールが立ち帰ってきた感じです。

個に対する類の優位を説くこの学説の普及に協力した哲学者たちの多くが、賤民が神=人であるとされるまでにその学説が下落するにいたっては、嫌悪の念をもってそれに背を向けることはいうまでもない。けれども、この哲学者たちは、それがやはり彼らの学説であることを忘れているのである。彼らは、彼らの学説が、貴族たちによって受け入れられていたときにも、えりぬきの貴族たちや選ばれた哲学者仲間が自分たちを神の化身と思っていたときにも、いまより以上に真理であったわけではないことを、見逃しているのである。

(二一八―二一九頁)

「ここはなかなかイローニッシュな見方であり、キルケゴールの『単独者』という概念を裏側から支持する見解でしょう」とお配りしたものに書きましたが、解読できたでしょうか？　まず、槍玉に挙げているのは、「個に対する類の優位を説くこの学説」です。この学説の提唱者の多くは、「賤民が神=人であるとされる」ことまでは望んでいなかったふうに見える。しかし、彼らは、やはりこう主張していることになるのだ。以上が、この箇所の論旨です。

イロニーの最たる部分は、「彼らの学説が、貴族たちによって受け入れられていたときにも、えりぬきの貴族たちや選ばれた哲学者仲間が自分たちを神の化身と思っていたときにも」、じつのところ「賤民が神=人であるとされる」ことを承認していたという洞察でしょう。

このあとの肝心要の箇所、「いまより以上に真理であるわけではない」という翻訳がわかりにくいのですが、「賤民が神=人であるとされる」真理「より以上に真理であるわけではない」という意味でしょう。

2　神＝人の教説

ここから展開されるのは、キルケゴールの「つまずき」に関する思想の中核であって、正統的キリスト教（ルター）批判とみなしていいのでしょうが、これがルター派から見て妥当しているかどうかはわからない。このあたりはペンディングにしておきましょう。

要するに、神＝人の教説が、キリスト教界を厚顔にしたのである。まるで神があまりに弱すぎた、と見えるほどである。神にとっては、ちょうど、気だてのよい人があまりに大きい譲歩をしたために忘恩をもって報いられるのと同じ仕打ちを受けたようなものである。（二一九頁）

「神＝人の教説」とは、人間の女マリアから生まれたイエスが同時に神の子であるという教説であり、正統派ユダヤ教ともっとも異なる教説と言っていい。ですから、まともなユダヤ教徒は、これに当然「つまずく」のです。言いかえれば、このことに「つまずかない」ことがキリスト教徒の条件となっている。

ここまでが、正統的キリスト教の教説ですが、キルケゴールはここに「嚙みつく」。キルケゴールは、そういうキリスト教徒に尋ねる。「あなたは、本当に『神＝人の教説』に『つまずかない』のですか？あなたは、それが何を意味するか、わかっているのですか？」と。キルケゴールにとって、誰も、じつは誰もこのとてつもない等号の意味がわかっていないのです。しかし、イエスの出現は『聖書』に書いてありますから、キリスト教徒は安心して（安直に）この等号を受け容れてしまい、「キリスト教界を厚顔にした」。神が、あまりにも自分を卑下して、あるいは人間の理解力を買いかぶって、自分を「弱すぎた」ものにしたのです。

つまり確かに、イエスに従うことがキリスト教徒の条件なのですが、それほど安直に承認しては困る。とはいえ、ユダヤ教徒のように、ガンとしてこれを拒否するのではない。そうではなく、このことにまず真剣につまずいてから、真のその意味を理解して、つまずかない境地にいたってほしい。まさに、ここに――ヘーゲルとは異なる――独特の弁証法が作用しています。

以下、キルケゴールはこの経緯を、当時デンマークで公布された自由憲法（国民主権的憲法）になぞらえている。これによって「厚顔にも」国民は、自分たちが国王と等しいと思い込んでしまった、というわけです。

神＝人の教説を創り出したのは神である、ところがいまや、キリスト教界は厚顔にも事態を逆転させて、なれなれしくも神を親類呼ばわりしている。そこで、神のなしたもうた譲歩は、国王が自由憲法を発布するという最近の出来事がもつという意義とほとんど同じ意義しかもたないことになる――人々は、自由憲法の発布がどういう意義もっているかをよく心得ている。つまり、「国王はそうせざるをえなかったのだ」と言うのである。（二一九頁）

最後の箇所は、時代の趨勢として、国王がその地位を保つには「そうせざるをえなかったのだ」というわけでしょう。ここでキルケゴールは、神＝人の教説と国王＝国民の教説とを重ね合わせているのですが、ここで注意すべきですが、彼は、後者には賛同するが、と言いたいわけではない。こういう国民主権も彼にとっては同様に唾棄すべきもの。まさに集合としての国民（群集）が陥っている「厚顔さ」なのです。

神は当惑のていである。賢い人が神に向かって次のように言うとしても、もっともだと思われそうである。〝それはあなたご自身の責任です、なぜあなたはそのように深く人間にかかわりあわれたのですか。神と人間とのあいだにそういう同一性があろうなどとは、どんな人間だってけっして思いつくことではなかったでしょうし、どんな人間の心にだって思い浮かぶことではなかったでしょう。それをお知らせになったのは、あなたご自身だったのです。そしていま、あなたはその実を刈り取っておられるわけです〟と。（二一九―二二〇頁）

ここで面白いのは、あれほど神に絶対的存在を認めながら、キルケゴールが神を批判（非難）していることです。もっとも、彼の神に対する態度には、「神への反抗」という恐るべきものが含まれているのではありますが。

3　罪の範疇は単独者の範疇である

次に、キルケゴールは、これまでの議論を「単独者」につなげます。

けれども、キリスト教は最初から身を守ってきたのである。キリスト教は罪の教説からはじまる。

罪の範疇は単独性の範疇である。罪は思弁的にはけっして思惟されえない。すなわち、単独な人間は、概念以下のところにある、人は単独な人間を思惟することはできない、ただ人間という概念を思惟しうるばかりである。

（二二〇頁）

ここの文脈（文意のつながり）は、これだけではわからないでしょう。なぜ、「キリスト教は最初から身を守ってきた」ことが、「キリスト教は罪の教説からはじまる」ことにつながるのか？　まず、わかることは、安直な神＝人の教説を突破するには、「罪」に注目すればいい。人間はみな罪人ですが、――イエスを含め――神はけっしてそうではないからです。ここで、神＝人の教説と罪の教説とがぶつかり合います。言いかえれば、「つまずかない」ことと「つまずく」こととがぶつかり合うということです。

さて、ここまで準備して、初めの問い、このことと「単独者」の思想との関係をさぐることにしましょう。どうもキルケゴールは、人間を群集としてとらえると神＝人の教説を安直に承認してしまうが、「単独者」としてとらえると、そんなことはなく、神と人との絶対的差異を自覚する、という図式に落とし込みたいようですが、これはそんなにわかりやすいロジックではない。

というのも、キルケゴールにおける「単独者」という言葉は、われわれ人間存在は、互いに絶対的に他人から隔絶しているという、ヤスパース、ハイデガー、サルトルという二〇世紀実存主義の旗手たちの思想とは異なり、各人は絶対的に他人と共有できない「罪を負う」というところにあるからです。そして、ここに、穢れた血のもとに生まれ、不安に苛まれ、レギーネとその家族を侮辱した、セーレン・キルケゴールという「単独者」の罪への拘りがあることは言うまでもありません。

さらに考えると、「つまずき」とは、神〔イエス〕がこの罪さえ赦すことに対して、各自は「単独者」として「つまずく」という意味になる。以下、こう解さなければ、「単独者」に対するキルケゴールの拘りはわからないでしょう。

——それだから、思弁はただちに、個に対する類の優位という説に落ち込んだのである。思弁に、現実に関する概念の無力さを承認させるなどということは、土台、無理な要求だからである。

（二二〇頁）

ここは、わかりますね。よって、「個に対する類の優位という説」は、罪も「つまずき」も捉えていないことになります。しかも、このことをこの説の信望者——ヘーゲル学派に染まった一九世紀後半のデンマーク国教会に集う者——に「承認させるなどと言うことは、土台、無理な要求」なのです。なお、「個に対する類の優位という説」が具体的に指し示すものは、ヘーゲルより、むしろフォイルバッハかもしれない。フォイルバッハは、その主著『キリスト教の本質』——これをキルケゴールは読んでいる——の中で「類的本質（Gattungswesen）」を強調しているからです。

——ところで、人は、単独の人間を思惟することができないように、単独な罪人を思惟することもできない、罪を思惟することはできる（その場合、罪は消極的なものとなる）が、しかし単独な罪人を思惟することはできない。しかし、それだからこそ、罪をただ思惟しようとばかりする場合には、罪が厳粛な問題となることができないのである。なぜなら、厳粛さは、まさに、なんじとわたしが罪人である、という点にあるからである。厳粛さは、罪一般ではなくて、厳粛さの重点は、単独者である罪人の上におかれているのである。（二二〇頁）

このあたりのキルケゴールの文章も繰り返しが多く、そのうえ「消極的」とか「厳粛」など、概念が漠然としていて、すっきりわからないのですが、彼の異様な拘りはよくわかる。というのも、思惟とか概念を拒否する姿勢は、むしろ「生理的嫌悪感」とでも言えるほど彼の内面に巣喰っていて、説明するのももどかしいといった口調だからです。

そして、こうした意味での「概念拒否」は、キルケゴールが一度だけ受講したシェリング後期の「積極哲学」とも重なり、そんなに特異なものではない。むしろ、宗教や信仰にかかわることも、すべて概念や思惟によって処理できるとするヘーゲルの姿勢のほうが、もともと概念や思惟など信じてもいない日本人にとっては、違和感を呼び起こすものでしょう。ここには、キルケゴールが声を限りに（？）、自分の提示するキリスト教解釈の特異性と斬新性を強調しても、わが国民の多くは、「あたりまえ」として受け取ってしまう、こういう危険があるのではないでしょうか？

4　思弁は単独者をとらえられない

同じテーマについてのキルケゴールの拘りは、まだまだ続きます。

「単独の人間」といえば、もとより思弁は、それが首尾一貫しているかぎり、人が単独な人間であるとか、思惟されえないものであるとかいうことを、ひどく軽蔑するにちがいない。もし思弁がこの角度から、何か然るべき忠言を与える気になったら、思弁は単独者に向かってこう言うにちがいない。〝単独者なんてものを問題にするのは暇つぶしというものだ、まずもって、そんなことは忘れてしまうんだね。単独な人間であるってことは、何物でもないということなのだ〟、

（二二〇―二二一頁）

ヘーゲルが、いやデンマーク国教会の牧師たちが、こんな軽薄なこと言うはずがないのですが、このあたりはキルケゴールの「うさばらし」にすぎず、効果的ではない。憎き相手にもっとシャープなことを言わせたほうがいいように思われますが。このことは、まるごと次の箇所にも当てはまります。

〝思惟したまえ――そうすれば、きみは全人類なのだ、ワレ思ウ故ニワレ在りなんだよ〟と。けれども、おそらくこれも嘘であろう。単独な人間が、単独な人間であることが、最高のことなのであろう。しかしまあ思弁の言うとおりだとしておこう。すると思弁は、まったく当然のこととして、また次のように言うにちがいあるまい。〝単独の罪人であるということは、何物でもないということだ。それは概念以下のことだ。そんなことで時間を浪費するのはよしたまえ〟など、など、と。

（二二一頁）

この箇所の解説も必要ないですね。とはいえ、こういう「くだけた」箇所も、ただの研究書ではないこの書に独特の魅力を添えている、と言うこともできるでしょう。

5　単独者とキリスト教

次の箇所を読むと、質的弁証法は思いのほか込み入っていることがわかります。すなわち、神と人との関係は同一でなく、かつ同一であるに留まらず、同一でないからこそ同一なのです。確かに、ここまでこなければ、質的弁証法は「弁証法」とは言えないでしょう。正統的ルター派がイエスに「つまずかない」のに対して、キルケゴールの見解がイエスに「つまずく」だけなら、ユダヤ教に逆戻りするばかりです。まさに、質的弁証法は、イエスに「つまずいて、つまずかない」のでなければならない。

ここにおいてキリスト教は、罪の教説とともに、したがってまた単独者とともに、はじまるのである。神＝人の教説、神と人とのあいだの同一性の教説を説いたのは、もちろん、キリスト教だからである。しかし、キリスト教は、あつかましく生意気な押し付けがましさをはなはだ憎むのである。

（二二二頁）

ここで言う「キリスト教」とは、本来の、すなわちキルケゴールが解するキリスト教であり、それは以上の質的弁証法を含む意味において、やはり「神＝人の教説」なのです。ただ、「（本来の）キリスト教は、あつかましくも生意気な押し付けがましさをはなはだ憎む」ので、洞察力のある人間なら、ここに含まれる弁証法に用心して「神＝人」を提示するというわけです。

罪と単独の罪人についての教説によって、神とキリストとは、どこかの国王のやり方とまったく違った仕方で、国民や人民や大衆や公衆、等々に対して、同ジョウニ自由憲法発布のあらゆる要求に対しても、断乎として身を守ったのである。これら一切の抽象物は、神の前ではまったく存在しない、ただ単独の人間たち（罪人たち）のみが、キリストにおいて神の前に生きているのである。

（二二二―二二三頁）

しかし、先に論じたように、一九世紀後半のデンマーク国教会のように、おうおうにして近代のキリスト教界は、ちょうど国王を引きずりおろして自由憲法を、国民主権を主張するように、軽薄に神＝人を主張してしまう、というふうに論旨はつながっていく。

――しかも神はよく全体を見渡すことができる、のみならず、神はすずめの面倒までも見たまうことができるのである。神は一般に秩序の友である、そしてこの目的のために、神自身はあらゆる場所に、あらゆる瞬間に臨在したもう（これは神の名を呼ぶ称号の一つとして教科書のなかで挙げられるものであるが、人々はただときおり少しだけそれを考えてみるだけで、あらゆる瞬間にそれを考えてみようなどとはけっしてしないのである）、神は遍在したもうのである。

（二二三頁）

これまでとはちょっと内容の異なるこの箇所、わかりますか？　なぜ、ここでキルケゴールは、突如「神の遍在」を言い出すのか？　なお、以下の記述は、この問いに対する答えのヒントを与えるでしょう。

神の概念は人間の概念とは違っている。単独者は、概念のなかに割り切られてしまうことのできないものとして、人間の概念以下のところにある。神の概念は一切を包括している、また或る別の意味においては、神はまったく概念をもっていないのである。神は略語の助けなど必要としない、神は現実そのものを、一切の単独者を、概念的に把握している（包握シテイル）。神にとっては、単独者は概念以下にあるものではないのである。

（二二三頁）

神は人間という単独者とは異なり、あらゆるところに、あらゆる瞬簡に遍在しているので、「神の概念は一切を包括している」と同時に、「神は一切のものを、一切の単独者を、概念的に把握している（包握シテイル）」。これを、神においては存在と概念との対立がない、と言いかえてもいい。よって、神は、「一切の単独者を、〔この特殊な意味で〕概念的に把握している（包握シテイル）」ことになる。「略語（Abbreviatur）」とは、代用品のこと。人間は何かを概念的に把握するとき、「略語＝代用品＝文字」を使いますが、神はそれを必要としない。直接、個物（単独者）を概念的に把握することができるのです。

これは、概念史的に見直すと「知的直観（intelektuelle Anschauung）」という能力に重なる。ただし「知的直観」の場合は、普遍も直観できる能力と解されているのに対して、ここでキルケゴールが考えているのは、むしろ個物も――「略語＝代用品＝文字」なしに――直接、概念把握（思惟）できる能力なのです。

人間においては、神においてとは異なり、概念把握と個物把握が対立しているのですが、デカルト以降の思惟（概念）の優位のせいで、個物把握が場所を失ったかに見える。しかし、じつのところそれは「単独者」としての人間の自己把握のうちにこそ生きている。そして、このことはとりもなおさず、「存在＝概念」を一挙にとらえることのできる神との差異性を自覚することなのです。

6　罪と単独者

次は、二二三頁の注記ないし補足ですが、テーマはこれまでの続きであり、解説はほとんど必要ないと思います。

＊　人類の罪についての教説は、次の点に注意が払われなかったがために、しばしば濫用されてきた。すなわち、罪は万人に共通なものではあるけれども、人間を一つの共通概念に、社会とか会社とかにまとめてしまうものではなく（「これは、戸外の墓地で死者の群が社会を構成することがないの同様である」）、むしろ人間を単独者に分散させて、めいめいの単独者を罪人として捉えて離さぬものである。（二二三頁）

「罪は万人に共通なものではあるけれども」とは、「すべての人は原罪を負うという点で共通であるけれども」という意味でしょう。しかし。その内容は完全に異なる。よって、――何度も言って恐縮ですが――各人はその人固有の意味で「罪人」であり、これがすなわち各人が「単独者」であることにほかならないのです。

そして、この分散は、また別の意味では、人間の完全さと調和してもいるし、また目的論的に完全さの方向を目指してもいるのである。この点に人々は注意を払わなかった。そこで、堕落した人類をキリストによって一挙にふたたび善きものに立ち帰らせてしまったのである。このようにしてまた、人々は、抽象物を神に背負わせてしまったのであるが、この抽象物が、抽象物のくせに、あえて神と近親な間柄だと主張するのである。しかしそれは、ただ人間を厚顔にするだけの口実なのである。

（二二三―二二四頁）

この箇所のロジックは、そんなに単純ではない。というより、私見では「政治的なもの」を過度に混入することによって、ポイントがずれてしまっている。まず、「この分散」すなわち「単独者への分散」は「人間の完全さと調和もしている」、とはいかなることか？

おそらくこれは、人間は個人としては不完全だが類＝集団としては完全である、という当時勃興していた社会主義思想であり、それに対するキルケゴールの反撥でしょう。彼はすべてを転倒して、「いや、集団は不完全であり、むしろ個人こそ完全である」と言っているのです。

「堕落した人類をキリストによって一挙にふたたび善きものに立ち帰らせてしまった」というのも、当時、社会主義をキリスト教に直結させる思想もあったのですが、これに限定しなくとも、「人間平等」という思想は、個人の固有性や各人のあいだの差異性を覆い隠す作用をしているのは事実でしょう。このあとのキルケゴールの文章は、まさに憤懣やるかたないという口調です。

人々は、抽象物を神に背負わせてしまったのであるが、この抽象物が、抽象物のくせに、あえて神と近親な間柄だと主張するのである。しかしそれは、ただ人間を厚顔にするだけの口実なのである。

（二二四頁）

キルケゴールに触れずとも、群集を神の地位にまで高める根拠がどこにあるのか、わかる人、いるでしょうか？「この抽象物が、抽象物のくせに、あえて神と近親な間柄だと主張する……ただ人間を厚顔にするだけ」と、キルケゴールがこき下ろすのもわかる気がします。

四　聖霊に逆らう罪

1　神と近親の間柄にあることのおそれとおののき

すなわち、もし「単独者」が神と近親な間柄にあることを感ずべきであるとしたら（そして、これがキリスト教の教説なのである）、人間はそこから生ずる全重圧をも、おそれとおののきのうちに。感じ取らなければならない。彼は、それが昔から発見されているものでないなら、つまずきの可能性を発見しなければならない。

（二二四頁）

「神＝人の教説」に対して、とるべきわれわれ人間の態度は、それを否定するのではなく、当然のように肯定するのでもなく、「そこから生ずる全重圧をも。おそれとおののきのうちに感じ取〔る〕」

ことなのです。そして、「おそれとおののき」とは、キルケゴールの視野では、「イサクをモリアの山で生け贄にせよ」という神の声を聞いたときのアブラハムの心境であって、「神＝人の教説」を神からさずかったとき、各自はこれほどにも大きな衝撃を覚えねばならないということ。

そして、まさにここに「つまずきの可能性を発見し」てしまうのです。アブラハムは、黙々とその命令に従いますが、ここでほとんどの人は「つまずく」でしょう。そして、場合によっては、「つまずき」を克服するでしょう。「神＝人の教説」を受け容れるとは、これほど苛酷なことなのです。

だが、単独者が抽象物を介してこの栄光に到達すべきものとすれば、事態はあまりにも浅薄なものとなり、結局は、空しいものとなってしまうのである。そのとき、単独者は、謙虚な気持にさせて深く意気を銷沈させるとともに心を引き立たせもするあの神の巨大な圧力を受け取ることがない、単独者は、あの抽象物に分与することによって、一切のものを無造作に所有するものと思いなしてしまうのである。（二二四頁）

「単独者は、あの抽象物に分与することによって、一切のものを無造作に所有するものと思いなしてしまう」という箇所を多少言いかえてみると、「単独者は、〔類としての人間という〕あの抽象物に分与することによって〔が尊厳をもつという思想によって〕、一切の〔神聖な〕ものを無造作に〔当然のごとく、みずから〕所有するものと思いなしてしまう」のです。

人間であるということは、個々の例がつねに類より以下のものであるような動物のあり方とは違

う。人間は、ふつう挙げられるようなもろもろの特徴によって他の動物類よりもぬきんでている
ばかりでなく、個体が、単独者が類より以上のものであるということによって、質的にぬきんで
ているのである。そしてこの規定がまた弁証法的であって、それは、単独者が罪人であることを
意味し、しかもまた、単独者であることが完全さであることをも、意味しているのである。

（二二四頁）

古典的には――カントが典型的ですが――、人間が「他の動物類よりもぬきんでている」のは、理性によってであり、人間は理性的動物なのです。キルケゴールはこれを知りつつ、そうではなくて、個の確立だと言う。その意図は、これまでの考察に示されているように、動物の中で人間だけが、個体＝単独者であって、すなわち、各人が固有の罪を背負っているというところに求める。

そして、キルケゴールは、これが「完全」だとも言う。文章の繋がりから見て、理性的動物が「完全な動物」と見なされていたように、固有の意味で罪人である単独者は「完全な動物」なのです。ここで、キルケゴールは、あえて「弁証法的」という言葉を使っていますが、「実践理性」に限定すれば、それは自由な自律的・倫理的自己意識なのですから、カントの線とそれほど違わないかもしれない。言いかえれば、人間以外の動物は罪を犯しえないほど下等なのです。

罪の教説、なんじとわたしが罪人であると説く教説、「衆」を完全に分散させてしまうこの教説は、ついで、神と人間とのあいだの質的差異を、かつてその例を見ないほど深く、打ち立てる――これはまた神のみのなしうることだからである、「罪」とは、つまり神の前で、云々にほかならな

いからである。人間が、すなわち、めいめいの人間が、罪人であり、それも「神の前で」罪人であるという点においてほど、人間が神から区別されている点はない。
（二二四―二二五頁）

この箇所の趣旨も、何度も提示されたことであり、神と人間との差異は「罪人」という概念によって、くっきりと浮き立ってくる。神は「罪」を犯さないばかりではなく、むしろ「罪を赦す」者です。神と人間とは「罪」をめぐって、これほど隔たっている。これを、キルケゴールは「質的差異」と呼んでいる。そして、この質的差異を打ち立てたのも神なのです。

次の箇所（二二二頁）を読むと、質的弁証法は思いのほか込み入っていることがわかる。すなわち、神と人との関係は同一ではなく、かつ同一であるに留まらず、同一ではないからこそ同一なのです。確かに、ここまでこなければ、質的弁証法は「弁証法」とは言えないでしょう。正統的ルター派がイエスに「つまずかない」のに対して、キルケゴールの見解がイエスに「つまずく」だけなら、ユダヤ教に逆戻りするだけです。まさに、質的弁証法は、イエスに「つまずいて、つまずかない」のでなければならない。

ここにおいてキリスト教は、罪の教説とともに、したがってまた単独者とともに、はじまるのである。神＝人の教説、神と人間とのあいだの同一性の教説を説いたのは、もちろん、キリスト教だからである。しかし、キリスト教は、あつかましく生意気な押し付けがましさをはなはだ憎むのである。
（二二二頁）

ここで言う「キリスト教」とは、本来の、すなわちキルケゴールが解するキリスト教であり、それは以上の質的弁証法を含む意味において、やはり「神＝人の教説」なのです。ただ、「(本来の）キリスト教は、あつかましくも生意気な押し付けがましさをはなはだ憎む」ので、洞察力のある人間なら、ここに含まれる弁証法に用心して「神＝人」を提示するというわけです。

罪と単独の罪人についての教説によって、神とキリストとは、どこかの国王のやり方とはまったく違った仕方で、国民や人民や大衆や公衆、等々に対して、同ジヨウニ自由憲法発布のあらゆる要求に対しても、断乎として身を守ったのである。これら一切の抽象物は、神の前ではまったく存在しない、ただ単独の人間たち（罪人たち）のみが、キリストにおいて神の前に生きているのである。

（二二二―二二三頁）

しかし、先に論じたように、一九世紀後半のデンマーク国教会のように、おうおうにして近代のキリスト教界は、ちょうど国王を引きずりおろして自由憲法を、国民主権を主張するように、軽薄に神＝人を主張してしまう、というふうに論旨はつながっていく。

――しかも神はよく全体を見渡すことができる、のみならず、神はすずめの面倒までも見たもうことができるのである。神は一般に秩序の友である、そしてこの目的のために、神自身はあらゆる場所に、あらゆる瞬簡に臨在したもう（これは神の名を呼ぶ称号の一つとして教科書のなかで挙げられるものであるが、人々はただときおり少しだけそれを考えてみるだけで、あらゆる瞬間にそれを考えてみようなどとはけっしてしないのである)、神は遍在したもうのである。

（二二三頁）

これまでとはちょっと内容の異なるこの箇所、わかるでしょうか？　なぜ、ここでキルケゴールは、突如「神の遍在」を言い出すのか？　なお、以下の記述は、この問いに対する答えのヒントを与えるでしょう。

神の概念は人間の概念とは違っている。単独者は、概念のなかに割り切られてしまうことのできないものとして、人間の概念以下のところにある。神の概念は一切を包括している、また或る別の意味においては、神はまったく概念をもっていないのである。神は略語の助けなど必要としない、神は現実そのものを、一切の単独者を、概念的に把握している（包握シテイル）。神にとっては、単独者は概念以下にあるものではないのである。

（二二三頁）

神は人間という単独者とは異なり、あらゆるところに、あらゆる瞬間に遍在しているので、「神の概念は一切を包括している」と同時に、「神は一切のものを、一切の単独者を、概念的に把握している（包握シテイル）」。

これを、神においては存在と概念との対立がない、と言いかえてもいい。よって、神は、「一切の単独者を、「この特殊な意味で」概念的に把握している（包握シテイル）」ことになる。「略語（Abbreviatur）」とは、代用品のこと。人間は何かを概念的に把握するとき「略語＝代用品＝文字」

を使いますが、神はそれを必要としない。直接、個物（単独者）を概念的に把握することができるのです。

これは、概念史的に見直すと「知的直観（intelektualle Anschauung）」という能力に重なる。ただし「知的直観」の場合は、普遍も直観できる能力と解されているのに対して、ここでキルケゴールが考えているのは、むしろ個物も――「略語＝代用品＝文字」なしに――直接、概念把握（思惟）できる能力なのです。

人間においては、神においてとは異なり、概念把握と個物把握が対立しているのですが、デカルト以降の思惟（概念）の優位のせいで、個物把握が場所を失ったかに見える。しかし、じつのところそれは「単独者」としての人間の自己把握のうちにこそ生きている。そして、このことはとりもなおさず、「存在＝概念」を一挙に捉えることのできる神との差異性を自覚することなのです。

次の箇所のテーマはこれまでの続きであり、解説はほとんど必要ないと思います。

＊　人類の罪についての教説は、次の点に注意が払われなかったがために、しばしば濫用されてきた。すなわち、罪は万人に共通なものではあるけれども、人間を一つの共通概念に、社会とか会社とかにまとめてしまうものではなく（「これは、戸外の墓地で死者の群が社会を構成することがないのと同様である」）、むしろ人間を単独者に分散させて、めいめいの単独者を罪人として捉えて離さぬものである。

（二二三頁）

「罪は万人に共通なものではあるけれども」とは、「すべての人は原罪を負うという点で共通であるけれども」という意味でしょう。しかし。その内容は完全に異なる。よって、――何度も言って恐縮ですが――各人はその人固有の意味で「罪人」であり、これがすなわち各人が「単独者」であることにほかならないのです。

そして、この分散は、また別の意味では、人世の完全さと調和してもいるし、また目的論的に完全さの方向を目指してもいるのである。この点に人々は注意を払わなかった。そこで、堕落した人類をキリストによって一挙にふたたび善きものに立ち帰らせてしまったのである。このようにしてまた、人々は、抽象物を神に背負わせてしまったのであるが、この抽象物が、抽象物のくせに、あえて神と近親な間柄だと主張するのである。しかしそれは、ただ人間を厚顔にするだけの口実なのである。

（二二三―二二四頁）

この箇所のロジックは、そんなに単純ではない。というより、私見では「政治的なもの」を過度に混入させることによって、ポイントがずれてしまっている。まず、「この分散」すなわち「単独者への分散」が「人間の完全さと調和もしている」とは、いかなることか？　おそらくこれは、人間は個人としては不完全だが類＝集団としては完全である、という当時勃興していた社会主義思想であり、それに対するキルケゴールの反撥でしょう。彼はすべてを転倒して、「いや、集団は不完全であり、むしろ個人こそ完全である」と言っているのです。

「堕落した人間をキリストによって一挙にふたたび善きものに立ち帰らせてしまった」というのも、

当時、社会主義をキリスト教に直結させる思想もあったのですが、これに限定しなくとも、「人間平等」という思想は、個人の固有性や各人のあいだの差異性を覆い隠す作用をしているのは事実でしょう。このあとのキルケゴールの文章は、まさに憤懣やるかたないという口調です。

人々は、抽象物を神に背負わせてしまったのであるが、この抽象物が、抽象物のくせに、あえて神と近親な間柄だと主張するのである。しかしそれは、ただ人間を厚顔にするだけの口実なのである。

（二二四頁）

キルケゴールといわずとも、群集を神の地位にまで高める根拠がどこにあるのか、わかる人いるでしょうか？「この抽象物が、抽象物のくせに、あえて神と近親な間柄だと主張する……ただ人間を厚顔にするだけ」と、キルケゴールがこきおろすのもわかる気がします。

2　神と人とは結び付けられるゆえに、その差異は際立ってくる

キルケゴールの思考過程を、ここまで正確にたどってきた者にとって、神と人との関係についての次の叙述は、ストンと腑に落ちるものでしょう。

しかしそれによって、実は、相対立するものが、二重の意味で、結び付られるのである。すなわち、この相対立するものは結び合わされる（離レヌヨウニクッツケラレル）、彼らはお互いに離れることを許されない、がしかし、そのようにして結び付られているがために、両者の差異はい

よいよ際立ってくるのである。それはちょうど二つの色を結び付た場合に、両方の色がひときわ際立つと言われるのと同じである、相反スルモノハ、互イニ並ベテオカレルト、ヒトキワ、際立ツノデアル。

（二二五頁）

神と人とは、「二重の意味で、結び合わされる」。一つは「お互いに離れることを赦されないほど結び付られている」。そしてもう一つは、だからこそ「両者の差異はいよいよ際立ってくる」。すなわち、「二重の意味」といっても、相反する意味ではなく、一つの否定的自己関係のような意味です。

ちなみに、こういう人間関係はいくらでもある。「互いに離れることを赦されないほど結び合わされている」のですが、ありとあらゆる点で異なっている夫婦や友人って、珍しくないですよね？

しかし、キルケゴールの提示する神と人との関係は、やはり特殊なものです。人は「神の前でしか罪を犯すことはできない。そして、神が人を赦すことができるためには、人は罪を犯すのでなければならない。ここから「原罪」の思想が生まれ、まさに、この関係において、両者は「互いに離れることを赦されないほど結び合わされている」のであり、しかも「両者の差異はいよいよ際立ってくる」のです。

これを弁証法的に言いかえれば、神と人とは同一ではなく、かつ同一であるに留まらず、同一でないからこそ同一だということ。確かにここまでこなければ「質的」弁証法とは言えないでしょう。

正統的ルター派が、イエスに「つまずかない」のに対して、キルケゴールの見解が、イエスに「つまずく」だけなら、ユダヤ教に逆戻りするだけです。まさに質的弁証法は、イエスに「つまずいて、つまずかない」のでなければならない。

3 「神は罪人ではない」という命題

罪は、ふつう人間について述語となるすべてのもののなかで、否定ノ道ニオイテモ、肯定ノ道ニオイテモ、いかにしても、神の述語とはなりえない唯一のものである。神について（神は無限であるということを、神は有限ではない、という、つまり否定ノ道ニヨッテ言い表わすのと同じような意味で）、神は罪人ではない、という言い表わし方をするならば、それは神の冒瀆である。

（二二五頁）

「神は罪人ではない」という否定的表現が、「神の冒瀆」であるのはなぜか。いくつかの段階に分けて考えてみましょう。まず、純粋に論議学的観点から考察すると、これはカントやヘーゲルが問題にした「無限判断」にかかわる。すなわち「魂は死すべきではない」は「否定判断」ですが、「魂は不死である」は、これとは別の「無限判断」なのです。

ここには、「死すべき」が形式的には肯定的ですが、否定的意味を有するのに対して、「不死の」は形式的には否定的ですが肯定的意味を有するという一種のねじれが生じている。ですから、「神は死すべきではない」という判断は、まず神に「死すべき」という否定的意味をもつ述語を賦与して、次にその述語を否定するという手続きになっている。この手続きの全体が「神を冒瀆する」わけです。

これは、日常的・直感的にも理解できるのではないでしょうか？「あなたは卑劣ではない」と言われるとき、言われた当人は、いったん自分に「卑劣である」という述語を付与し、次にこの述語を否定するという操作をするゆえに、あまりいい気分ではない。さらに、同時に「あなたは誠実でもない」という意味も感じ取り、誉められた気がしないのです。

4 「質」という底知れぬ深淵

罪人として人間は、質という底知れぬ深淵によって神から断絶されている。そしてまた言うまでもないことだが、神が人間を赦したもう場合にも、神は同じく質という底知れぬ深淵によって人間から断絶されているのである。すなわち、ほかの場合なら、一種の逆の適応によって神的なものを人間的なものに移すことができるにしても、罪を赦すという一事においては、人間は永遠に神に等しいものとはなれないのである。（二二五頁）

この箇所の最後の文章によって、「神＝人という教説」に執拗に反対するキルケゴールの意図がさらによく見えてきます。

じつは、私はこれまで人が神の前で単独者として罪人であることは素直にわかりながら、キルケゴールの議論では、神が「罪を赦す」という点に限定されていることが、どうしても腑に落ちなかったのですが、これも彼固有のレギーネ体験と結びつければよくわかる。

レギーネとその家族を屈辱にまみれさせ、憤慨させ、絶望させた婚約破棄というキルケゴールの行為をレギーネもその家族も、いや、自分自身でさえ赦せない。さらに、他の誰も赦せるわけがない。つまり人間のレベルでは、赦せないのですが、神はそれでも赦すのです。こうして、「罪人として人間は、質という底知れぬ深淵によって神から断絶されている」ゆえに、人間レベルでは赦されるはずもないキルケゴールの罪さえも、神は赦す。人間はこれほどまでに寛大な神の愛に「つまずき」、さらに信仰の力によって「つまずかない」境地にいたることができるのです。

こう解釈すると、キルケゴールが「神はすべての罪を赦す」と安直に語るキリスト教徒を激しく非難するのもよくわかるのではないでしょうか。

なお、ここに登場する「質」とは、ヘーゲルに由来するのですが、「量」に対するものであり、例えばある物が変化するときに、量的変化に収まらない変化を質的変化と言う。ある日は春にしては暑いのですが（量的変化）、翌日の暑さはもう「春」とは言えず「夏」と言わねばならない（質的変化）。同じように、イエスは「罪を犯さない人間」と言うには収まらず、「神」と言わねばならない。

5　つまずきの極度の集中

かくしてここに、つまずきの極度の集中がある、それは、ほかならぬ神と人間とのあいだの同一性を教えた教説が必要と考えたものである。

ところで、つまずきは、主体性の、単独な人間のもっとも決定的な規定である。もちろん、つまずいた人を考えることなしにつまずきを考えることは、笛吹きのいないときに笛の吹奏を考えることができないほど、不可能なことではない。けれども、つまずきは、恋情より以上に非現実的な概念であって、つまずく人が、つまずく単独者がそこにいるたびごとにはじめて現実的なものになるということを、確かに思惟でさえも認めないわけにはゆかないのである。（二二六頁）

この箇所は大変わかりにくい。テーマは、あいかわらず「単独者」と「罪人」、そして「つまずき」であって、これまで述べたこと以上の内容はないのですが、そのもってまわった表現には、いらいらしますが、一つずつ丁寧に解きほぐしていきましょう。

まず、ひっかかるのが、「つまずいた人を考えることなしにつまずきを考えることは、笛吹きのいないときに笛の吹奏を考えることができないほど、不可能なことではない」という部分です。キルケゴールは「笛吹きのいないときに笛の吹奏を考えることができない」という例を出しているのですから、「それと同じように」と続くかと思いきや、「不可能なことではない」と続く。

この段階で、読者は途方に暮れるでしょう。そこでさらに先に進むと、「けれども、つまずきは、恋情より以上に非現実的な概念であって」と、また別の例が出てくるのですから、もうわけがわからない。そこを堪えて、この箇所を補充すると、「つまずいた人を考えることのないつまずきは、恋情を懐く人を考えることのない恋情以上に非現実的な概念であって」となるはずです。

そこで、先の「不可能」という述語と後の「非現実的」という述語との違いに注目して、「つまずいた人を考えることのないつまずきは、不可能ではない（可能だ）が、非現実的である」となる。ここで、これまでの論述を想い起こせば、「単独者ではなく、人間一般ないし人民＝群集にとってのつまずきは、不可能ではない（可能だ）が、非現実的である」となるでしょう。

しかし、苦労してこう解釈した末に、もっと簡単に書けるはずだという思いに襲われ、キルケゴールに対する反感が増してきます。というのも、このすべてはどう考えても、「つまずきは、単独の人間のもっとも決定的な規定である」ということ。すなわち、これまで何度も確認したように、「単独者」

とは、「神の前」で固有の意味で「罪人」であることであり、だが、神は「罪人」であるはずがないから、「神＝人という教説」に「つまずく」という図式を言いかえているだけだからです．

したがって、つまずきは単独者にかかわる。そして、そこから、すなわち、めいめいの人間を単独者に、単独の罪人にすることから、キリスト教ははじまるのである。それから、キリスト教は、天と地が探し出すことができる一切のつまずきの可能性を一点に集中する（このことにのみ神は御心《みこころ》を用いたもうのである）、これがキリスト教なのである。かくしてキリスト教は、めいめいの単独者に向かって言う、なんじ信ずべし、すなわち、なんじはつまずくか、それとも信ずるか、いずれかをすべきである、と。（二二六頁）

この箇所の前半は、これまで述べたことの繰り返しですからいいとして、問題は最後の文章です。「つまずくか、それとも信ずるか、いずれか」と、こう簡単に言い切っていいのでしょうか？　ここには、「あれかこれか」ではなく、「つまずくことによって、つまずかない」という弁証法があったのではないでしょうか？　キルケゴールによれば、キリスト教は「つまずかずに信仰にいたる」ことを警戒し、「つまずき」というきわめて賢明な媒介を用意していたのではないでしょうか？

それ以上は一言も言わない、それ以上つけ加えることは何もないのである。「もうわたしは語ってしまった」と神は天上にあって言いたもう、「わたしたちは永遠の世界でまた話し合うことにしよう。それまでのあいだは、おまえはおまえのしたいことをするがいい、しかし、審判は間近に迫っている」。

（二二六頁）

神は、各人に「つまずくか、それとも信ずるか、いずれかをすべきである」という課題を残して、沈黙してしまう。単独者としての各人には「つまずく」ことによって信仰にいたらないか、「つまずかない」ことによって信仰にいたるか、という二本の道が延びている。こう言うと簡単明瞭ですが、先にも述べましたが、これでは正統的ルター派の「素直な」教義と変わらず、キルケゴールの見解としては、はなはだ違和感を覚えます。

6 審判は集団に対してはおこなわれない

『（最後の）審判』にまで話がいたったのですが、これからどんな深遠な議論が展開されるだろうと期待していると（？）、見事に裏切られて、多数派（集団）を非難する演説に切り替わる。

審判！ 確かに、わたしたち人間がすでに学び知ったことであり、また現に経験が教えていることであるが、舟の上や軍隊のなかで暴動が起こる場合には、有罪者の数があまりにも多いので、処罰は断念されざるをえないし、またそれが公衆、名誉ある教養高い公衆か人民である場合には、それは犯罪でないばかりか、福音書や啓示と同様に信頼できる新聞によれば、それは神の意志なのである。どうしてそういうことになるのか？ 審判という概念は単独者に対応するものだからである。

（二二七頁）

審判は集団デはおこなわれないのである。おおぜいの者を集団的《ヒトマトメ》ニ打ち殺すことはできる。おおぜいの者に集団的《イッショ》ニ水をぶっかけることはできる、集団的《イッショ》ニおおぜいの者のご機嫌をとることはできる、要するに、いろいろな仕方でおおぜいの者を家畜のように取り扱うことはできる。しかし、おおぜいの者を家畜のように裁く、これはできないことだ。家畜を裁くことはできないからである。

（二二七頁）

ここからしばらく続く文章の解読は、それほど難しいことではないでしょう。キルケゴールは、ルター派の基本的スローガンである「神の前に（coram Deo）」に、「群衆としてではなく、単独者として」という限定を加えているのですが、このことはルターのこの言葉の中にもともと含意されていますので、とくに意味を変えているわけではない。

ただ、キルケゴールは一九世紀後半のデンマーク国教会では、これが忘れ去られていて、あたかも「群衆として神の前に」であるかのような趨勢に対して敵意を燃やしているのです。

このあと、少し論理が「もつれて」いるので、適度に「ほどいて」解読していきましょう。それはまず、「おおぜいの者を家畜のように裁く、これはできないことだ」と言いながら、そのすぐ後で「家畜を裁くことはできないからである」と言っていること。ここで、キルケゴールが「家畜」を問題にしているのでないことは明らかですから、ここは「家蓄＝群集」と読んで、「おおぜいの者を、あたかも家畜のように、群集として裁くことはできない」と解読できます。

たとえどれほど多くの人が裁かれるにしても、およそ裁くということが厳粛なことであり真実なことであるべきものとすれば、めいめいの単独者が裁かれるのである。*
* 見よ、神が「審判者」であるのは、神にとっては、衆はなく、ただ単独者があるばかりだからである。

（二二七頁）

この箇所は、以上の確認であり、とくに新しい主張はないように思われます。すなわち、われわれは「群衆としてではなく、単独者として、神の前に（coram Deo）」あるのですが、これを神の側から言いかえれば、「神は（群）衆ではなく、ただ単独者を裁くだけ」だということになる。

ここからあと、また論理がやや濁ってきます。

ところで、有罪者の数が非常に多い場合には、人間の力では裁き尽くすことができない。そこで、裁くこと自体が諦められる。そこでは審判などということは問題になりえないことがわかるのである。有罪者が多すぎて裁ききれないというわけだ。多くの有罪者をそれぞれ単独者として捉えることもできなければ、それぞれ単独者として捉える術もわからない。そこで、審判することを諦めざるをえないのである。

（二二七頁）

「有罪者の数が非常に多い場合には、人間の力では裁き尽くすことができない」ので、「審判することを諦めざるをえない」というわけで、そのかぎりにおいてわかりますが、これは彼が言いたいことそのものではない。むしろ、彼が主張したいのは、これを通して、「しかし、神はいかに有罪者の数が多くても、審判することを諦めない」ということ。神の審判は全人類に及び、しかも各々の単独者に及ぶということです。

さて、文明の進んだこんにちの時代においては、神を人間と同じような姿をし、人間と同じような感情をもつものと考えるあらゆる擬人的な神観念は時代遅れだと思われているくせに、ふつうの区裁判所判事や軍法会議判事と同じような審判者として神を考えることは、別に時代遅れだとは思われていないのである、ところが、ふつうの判事はそれほど広汎にわたる事件を処理できるものではない、——そこで、永遠の世界においてもそれとまったく同じことであろう、と推論されることになるのである。（二二八頁）

ここは、解説の必要はないでしょう。「文明の進んだ今日の時代において」神を擬人化することを嫌っていながら、神の審判に関してだけはこの世の裁判所における審判と同じようなものだと見なしてしまう。その結果、人間の判事も「それほど広汎にわたる事件を処理できるものではない」から、神もやはり全人類の各々を裁くことなどできないだろう、と推論してしまう、ということ。

キルケゴールが何に基づいてこうした主張をしているのか、判然としませんが、目くじらを立てなければ、なんとなくそんな感じもしてしまい、わかりやすい議論でしょう。

そこで、われわれはできるだけ一致団結して、安全を図り、牧師がそういうふうに説教してくれるようにしよう、ということになる。もしあえて異説をとなえる単独者があったら、愚かにも、おそれとおののきのうちに、自分の生活をみずから不安なもの、責任あるものとなし、そのうえ、他の人々まで苦しめようとするような単独者があったら、そういう輩は、狂人とみなすか、必要とあらば、打ち殺すかして、われわれの身を守ろうではないか、ということになる。

（二二八頁）

正直言って、私にはこの箇所の意味が正確にはわからない。「もしあえて異説を唱える単独者があったら、愚かにも、おそれとおののきのうちに、自分の生活をみずから不安なもの、責任あるものとなし、そのうえ、他の人々まで苦しめようとするような単独者があったら、そういう輩は、狂人とみなすか、必要とあらば、打ち殺すかして、われわれの身を守ろうではないか」という口ぶりの背後にある「怒り」がよくわからないのです。

とはいえ、推察はつきます。人間＝人民＝国民は神の地位に高まる、とみなしている者にとって、「単独者」すなわち「神の前」での「罪人」として、あくまでも神と人間との無限の質的差異を承認する者は、勝手に「おそれとおののき」の人生を歩めばいいし、それによって、他人を巻き込むなら「狂人とみなすか、必要とあらば、打ち殺すか」すればいいというわけでしょう。

先に問題にした「怒り」とは、近代にいたり、長く続いた不毛な教会の権威から脱して、人間たちはやっと集団として神に達するまでに自らを高めたのに、時代に逆行して、神と人間との無限の質的差異にいぜん拘っている輩がいることに対する「怒り」なのでしょう。

しかし、私が理解できないのは、当時、集団主義者（人民＝国民主義者ないし社会主義者）の力がいかに大きくても、彼らの思想が、本来のキリスト教の「神＝人という教説」、すなわち人間の姿をした神であるイエス・キリストに関する教説から無限に隔たっていることは明らかなのに、キルケゴールがこの隔たりに着目せずに、集団主義者の思想にこれほど拘っていることです。
これを解く一つの鍵が「単独者」という思想であって、キルケゴールがこの概念ににイエス・キリストという独特の存在から反集団主義までの広範な意味を与えてしまったことによるのかもしれません。

7　多数派は正しい？

次も、「多数派は（それだけで）正しい」という暴論を皮肉たっぷりに紹介しているだけなので、ほとんど解説はいらないでしょう。

その場合われわれのほうが多数でありさえすれば、それは何も不正なことでなくなる。多数者が不正をなしうるなどというのは、ナンセンスであり、時代遅れなのである。多数者のなすところ、それが神の意志であるというわけだ。この知恵の前では、これまですべての人間が、国王も皇帝も閣下も、みんな頭を下げてきたのだ、われわれはそれを経験で知っている――われわれは未経験な若者ではないのだ、われわれはいい加減な出まかせをいっているのではない、われわれは経験をつんだ大人として言っているのである――この知恵のおかげで、われわれすべての被造物は、これまで救われてきたのである、だから神もきっといまにこの知恵の前に頭を下げるようになるにちがいない。要するに、われわれが多数者になりさえすればよいのだ、一致団結するほんとうの多数者になることだ、そうなりさえすれば、われわれは永遠の審判に対しても安泰なのだ。

（二二八―二二九頁）

キルケゴールの言い方は過激に見えますが、そうでしょうか？　現代日本においても「国民は」と言いさえすれば、天皇も、総理大臣も、閣僚も、最高裁判事も、大企業の社長も、大芸術家も、大科学者も……たちまち黙ってしまい、「この知恵の前に」、すなわちこの抽象的な名前の前に、「頭を下げる」のではないでしょうか？

そして、たとえこれってちょっとおかしい、という思いが心をよぎっても、誰もあえて――とくに公的席では――異論を出せないのではないでしょうか？

――確かに、もし彼らが永遠の世界においてはじめて単独者になるのだとしたら、彼らは安泰であろう。しかし、彼らは神の前でいつも単独者であったし、またいまもそうなのである。ガラス箱のなかに坐っている人間でも、神の前で見すかされているひとりひとりの人間ほどにはただちに報告書が作られ、しかも罪過を犯す者自身がその報告書を書かねばならないような仕組みになっているのである。

（二二九頁）

比較的わかりやすい文章だと思いますが、いかがでしょうか？　このあとは、同じことの繰り返し。しかし、次第に「たとえ話（比喩）」がヴィヴィッドになっていきます。こうした鮮やかな比喩によって説明することもキルケゴールの得意技ですね。

しかし、その報告書は神秘なインキで書かれるので。永遠の世界で光にかざされるとき、永遠が良心を吟味するとき、そのときはじめて、はっきり見えてくるのである。要するに、人間は誰でも、永遠の世界に到着するときには、自分が犯したり怠けたりしたどんな些細なことでも洩らさずしるした詳細な報告書を自分でたずさえていって手渡すのである。それだから、永遠の世界で審判をつかさどることなら、子供にもできるくらいである。そこではもともと第三者のなすべきことは何もなく、語られたことはごく些細なことばのはしばしにいたるまで、すべてが調書に記載されているのである。

（二二九頁）

この箇所は、読解においてとくにひっかかるところはないと思いますので、解説は割愛します。しかし、比喩はこのあとますます冴えてきて、キルケゴールはそのエスプリを全開する。どうも、彼は、こういう「たとえ話」を語りだすと、次から次へと湧き出て、止まらなくなるようです。

人生を通って永遠にいたる旅路の途上にある犯罪者は、汽車に乗ってその汽車の速力で現場から――そして自分の犯罪から、逃走しようとする殺人者のようなものである。哀れなことに、彼が坐っている車の真下には、彼の人相書きと、次の駅で彼を逮捕せよという指令とをしるした電信が走っているである。駅に着いて車から降りると、彼は囚人なのだ――彼はいわば調書を自分でたずさえてきたのである。

（二二九―二三〇頁）

この部分、宮沢賢治の『銀河鉄道の夜』のイメージを呼び起こしますね。このあとは、「夢中で遊んでいた」子供がふっと現実に帰るように、冷静な――まじめな――「論述」で終わっています。

このようにして、罪の赦しに対して絶望することはつまずきなのである。そしてつまずきとは、絶望の度の強まったものである。このことに、ふつう人々はけっして思い至らない。ふつうには、つまずきはほとんど罪のうちに数えられない。だからそういう罪はついに語られず、つまずきを含まないような罪についてのみ語られるのである。ましてや、つまずきが罪の度の強まったものと考えられることもない。キリスト教的に、罪――信仰、が対立させられないで、罪――徳、が対立させられるからである。（二三〇頁）

ここは、キルケゴールの論述の「しかけ」（質的弁証法）がふんだんに盛り込まれている。「水面下」を丁寧に読み解いてみましょう。すべてが、「罪の赦しに対して絶望することはつまずきなのである」という冒頭の文章の解説です。

「罪の赦しに対して絶望すること」とは、各人（単独者）が、自分の固有の罪は赦されるわけがない、と思い込むこと。それが「つまずき」であるとは、神の無限の力を認めないことであり、さらに具体化すると、マリアから生まれ、人間の姿をし、十字架上で死んだイエス・キリストの無限の力を認めないことです。

「ふつうには」以下は、「ふつうには」「罪」を「十戒」に反する罪と考えがちですが、イエスの出現とともに、もっとも大きな罪はイエスの存在に「つまずく」ことであり、これはまさにキリスト教の教義の根幹につまずくこと、すなわちキリスト教を否認することにほかならない。

イエスの出現以前〔『(旧約)聖書』の時代〕には、十戒を守って生活することが「徳」であり、それに反することが「罪」だったのですが、イエスの出現とともに、イエスの存在に「つまずく」というまったく次元の異なった「罪」が成立することとなった。言いかえれば、イエスを神の子として認めないという罪です。これを認めることが「信仰」にほかならないのですから、「キリスト教的に、罪――信仰、が対立させられる」わけです。

8　聖霊に反する罪

C　キリスト教を肯定式的に廃棄し、それを虚偽であると説く罪
これは聖霊に対する罪である。自己はここでもっとも絶望的にその度を強められている。自己はキリスト教全体を投げ捨てるばかりでなく、キリスト教を嘘であり虚偽であるとするのである――このような自己は、自己自身について、なんという恐ろしく絶望的な観念をもたなければならないことであろう！　（二三〇頁）

「キリスト教を肯定式的に廃棄し、それを虚偽であると説く罪」が、なぜ「聖霊に対する罪」なのか？　その前に、訳注〔桝田注(261)〕にある「マタイ」一二章31―32節からの言葉をあらためて引用しておきましょう。

だから、あなたがたにいっておく。人には、その犯すすべての罪も神を汚す言葉も、ゆるされる。しかし、聖霊を汚す言葉は、ゆるされることはない。また人の子に対して言い逆らう者は、ゆるされるであろう。しかし、聖霊に対して言い逆らう者は、この世でも、きたるべき世でも、ゆるされることはない。

正直に告白しますと、私にはこの意味がストンとわかるわけではない。もちろん、聖霊は父と子をつなぐものであるのみならず、あらゆるキリスト教徒をつなぐものですから、聖霊を認めないことは、すなわち「キリスト教を肯定式的に廃棄し、それを虚偽であると説く」ことにほかならないことはわかる。

キリスト教が人間に対して「ある」かぎり、聖霊という媒体を認めなければ、そもそもキリスト教の教義の中核をなす父なる神と子イエスとの関係が築かれないし、人間がそれを「信じる」というキリスト教と人間との関係、ひいては人間と人間との関係（教会）も築かれない。

ここまではいいのですが、「神を汚す言葉」も「人の子に対して言い逆らう者」も赦されるが、「聖霊を汚す言葉は、ゆるされることはない」という対比（格差）がわからない。

これは、私自身の課題にして、次に進みましょう。

罪が人間と神とのあいだの戦いとして把握されると、罪の度の高まりが明瞭に見られる、この戦いでは、戦術が変わり、度の強まりは、守勢から攻勢への高まりなのである。罪は絶望である、この場合には、戦いは逃避的におこなわれる。次に、自己の罪について絶望が表われたが、この場合にも、戦いはいま一度、逃避的に、すなわち、退却地点だけは固守しはするが、しかし絶えず退却シナガラおこなわれる。ところがこんどは戦術が一変する。罪がますます自己自身のなかに深まってゆき、かくして神から遠ざかってゆくにもかかわらず、しかも別の意味では、だんだんと神に近づき、いよいよ決定的に自己自身となるのである。（二三一頁）

論旨は、「戦いはいま一度、逃避的に、すなわち、退却地点だけは固守しはするが、しかし絶えず退却シナガラおこなわれる。ところがこんどは戦術が一変する。罪がますます自己自身のなかに深まってゆき、かくして神から遠ざかってゆくにもかかわらず、しかも別の意味では、だんだんと神に近づき、いよいよ決定的に自己自身となるのである」（同頁）というわけで、「神に対する反抗」の構造そのものですから、わかるでしょう。

9　キリスト教は虚偽であるという罪

罪の赦しについての絶望は、神の慈悲ある申し出に対する一定の身構えである。この罪はまったく逃避的なものではない、単に守勢的なものではない。むしろ、キリスト教を虚偽であり嘘であるとして廃棄する罪は、攻勢の戦いなのである。これに先立つすべての罪は、ともかく或る程度まで、相手に対して、相手のほうが強いことを承認している。ところが、いまや罪は攻勢に出るのである。（二三一頁）

キルケゴールがここで言わんとすることは、少し詮索するとわからなくなる。「罪の赦しについての絶望」とは、罪が赦されることを「信じない」ということであって、一見ネガティヴ（逃避的・守勢的）であるように思われるが、そうではなくポズィティヴ（攻勢的）だということ。

ここまではわかる。しかし、クリスチャンであって、罪が赦されることを「信じない」とは、いかなることか？　ここからがわからないのです。そこで、続きを読むと、ふたたび「聖霊に逆らう罪」がテーマになっている。

聖霊に逆らう罪は、つまずきの積極的な形態である。

キリスト教の教説は、神＝人の教説であり、神と人間とのあいだの親近性についての教説である。しかし注意すべきことに、それにはつまずきの可能性が、いってみれば、人間が神にあまりに近づきすぎることのないように、神が身を守るための保証となっているのである。つまずきの可能性は、あらゆるキリスト教的なものにおける弁証法的契機である。もしこれが取り除かれるならば、キリスト教的なものは、異教と同じになってしまうばかりでなく、きわめて空想的なものになってしまって、異教はこれをたわごとだと言明するにちがいあるまい。（二三二―二三三頁）

ふたたび確認すると、「聖霊」とは神とその子イエスとをつなぐ媒介者であり、さらにイエスと使徒たち、さらにすべてのクリスチャンをつなぐ媒介者です。ですから、これに逆らうことは、キリスト教の根幹に逆らうことになる。言いかえれば、それはイエスの存在に「つまずく」ことであり、さらにはイエスの「赦し」を含める言動に「つまずく」ことになる。まさに、「もしこれが取り除かれるならば、キリスト教的なものは、異教と同じになってしまう」のです。

こう解しても、むしろ先に提起した疑問――では、なぜ、それでも「異教と同じになってしまう」だけであって、「異教」ではないのか？――はますます高まりますが、じつはずっとあとで解答らしきものが示される。ここは忍耐強く、しばらくキルケゴールの思索にそって進むことにしましょう。

10 イエスの存在に対して「つまずく」ということ

キリスト教の教えるところによれば、人間はキリストにおいて神に達することができ、神に達することが許され、また神に達すべきなのであるが、そのように神に近くあることは、かつていかなる人間の心にも思い浮かばなかったことなのである。（二三二頁）

この箇所は問題ですね。果たして、「キリスト教の教えるところによれば、人間はキリストにおいて神に達することができ、神に達することが許され、また神に達すべき」なのでしょうか？『聖書』のどこに、イエスの言葉のどこに、こんなことが書いてあるでしょうか？

イエスは確かに、正真正銘の人間なのですが、やはり特別の人間なのではないのか。「神＝人の教説」とは、「〔一般に〕人間はキリストにおいて神に達することができ〔る〕」という教説ではなく、「キリストという特別の人間のみが神に達することができ〔る〕」、というよりむしろ、彼はもともと「神の子」であるという教説ではないのか。

私には素朴にこう思われるのですが、はたして次の箇所でキルケゴールは急速にこういう方向に舵を切っています。

いまもしこのことが単純に、したがってまったく無造作に、少しの保留もなく、まったく無頓着に、ずうずうしく、理解されてよいものとすれば、神々についての異教の創作を人間的狂気と呼ぶなら、キリスト教は狂気した神の作り事である。このような教説は、正気を失った神のみが思いつきえたものである――まだ正気を失わずにいる人間なら、そう判断せざるをえないのである。人間の姿をとった神は、もし人間がそのように無造作に神の同僚になれるとしたら、シェイクスピアのヘンリー王と好一対をなすこととなるであろう。（二三二頁）

この箇所の意味は解説なしでわかりますね。キルケゴールは、あっという間に単純に神＝人間が理解されるなら、「キリスト教は狂気した神の作り事である」とまで言っている。「シェイクスピアのヘンリー王」については、後ろの訳注〔桝田注（260）〕を参照してください。

こうして、まさに急転回して、キルケゴールの言わんとすることに戻っている。とすると、先に問題にした文章は、「〔正気を失った〕キリスト教の教えるところによれば、人間はキリストにおいて神に達することができ、神に達することが許され、また神に達すべきなのであるが、そのように神に近くあることは、かつていかなる人間の心にも思い浮かばなかったことなのである」というように解釈するのが妥当でしょう。

神と人間とは、そのあいだに無限の質の差異がある二つの質である。この差異を見逃すあらゆる教説は、人間的にいえば、狂気であり、神的に解すれば、神の冒瀆である。異教にあっては、人間が神を人間となした（人＝神）、キリスト教にあっては、神がみずからを人間となした（神＝人）――けれども神は、この慈悲深い恩寵の無限の愛のなかで、一つの条件を設ける、神はそうするほかないのである。「神がそうするほかない」ということ、これこそキリストの悲しみなのである。

（二三二頁）

ここにいたって、ようやくキルケゴールの本来の意図が仄見えてくる。「神と人間とは、そのあいだに無限の質の差異がある二つの質である」ということが原則です。しかし、神は人間に対して「無限の愛」を注いだので、この原則に「一つの条件を設ける」。それは、ふつうに解して「つまずき」という条件でしょう。このことは、「神はそうするほかないのである。『神がそうするほかない』ということ、これこそキリスト教の悲しみなのである」という箇所によってわかります。

神は、人間を愛したがゆえに、人間の姿をしたそのひとり子イエスを人間たちのもとに送った。それは、人間たちを救うためであったが、同時に「悲しみ」をもって人間たちがイエスに「つまずく」という条件を付加せざるをえなかった。そして、人間が信仰によってこの条件を克服することができるようにもした。だいたい、こういう筋書きになるでしょう。

ここで通俗的教育論をもちだすのは場違いかもしれませんが、「かわいい子には旅をさせよ」という次第で、親は、愛しかつその能力を信じている子には、厳しい試練と同時にそれを克服する能力をも与える、という思想であり、以上のキルケゴールの思想は、意外とこれに近いところに収まるかもしれません。

11　神との関係とレギーネとの関係

次の箇所ですが、これまでの流れで読めると思います。

神はみずからを賤しい者となし、下僕《しもべ》の姿をとり、苦しみを受け、人間のために死ぬことができるし、すべての人をわれに来たれと招き、その生涯の毎日毎日を、そして毎日の毎時間毎時間を、いな、生命をさえも、犠牲にすることができる――しかし、つまずきの可能性は、神もこれを取り除くことができないのである。

（二三二―二三三頁）

以下も、同じトーンの文章ですが、この辺りから、私の耳には（?）「レギーネを愛するがゆえに、彼女を不幸にする自分の悲しみ」という音色が聞こえてくるのですが、いかがでしょうか？

「唯一の愛の業なのだ！　ああ、愛の測り知れない悲しみなのだ！　神ご自身にさえそれができないということは――これは別の意味では神の欲しないことでもあり、神の欲しえないことでもある――しかし、よし神がそれを欲したにしても、その愛の業が人間にはかえって逆のものに、悲惨の極みになるかもしれないということを不可能にすることは、神自身にもできないのである。

（二三三頁）

全体のロジックがヘンと言えばヘンなのですが、そこをなるべくそれなりの合理性をもって読み解いてもらいたい。愛するレギーネに対するキルケゴールの「悲しみ」を、ここにどの程度読み込むかも、各自の解釈（印象）に委ねます。

すなわち、「ここで神の全能と人間に対する愛とが一見齟齬をきたしている。神がそれほど人間を愛するのなら、そのまま人間を『つまずき』に落ち込ませずに救えばいいのに、あえて『つまずき』という関門を設けている。しかも、これ以外のことは『神ご自身にさえ』できない」。よって、神は「測り知れない悲しみ」に陥っている。しかも、この悲しみは「愛」ゆえの悲しみなのです。

最後にまとめていますが、「よし神がそれを欲したにしても、その愛の業が人間にはかえって逆のものに、悲惨の極みになるかもしれないということを不可能にすることは、神自身にもできない」のです。このあたりは、どう考えても、キリスト教の神概念を逸脱している。あまりに人間的な神だからです。しかし、以上の文章における「神」を「私＝キルケゴール」に、「人間」に「レギーネ」を置き換えれば、すんなりとわかる。

すなわち、以下のようになります（これをSとしましょう）。

唯一の愛の業なのだ！　ああ、愛の測り知れない悲しみなのだ！　私自身にさえそれができないということは――これは別の意味では私の欲しないことでもあり、私の欲しえないことでもある――しかし、よし私がそれを欲したにしても、その愛の業がレギーネにはかえって逆のものに、悲惨の極みになるかもしれないということを不可能にすることは、私自身にもできないのである。

ここまで整理した上での解答ですが、キルケゴールは、この箇所では疑いなく、まずこのSという章を念頭に置いていたでしょう。そして、次にそれに人間に対する神の愛ゆえの「つまずき」という教説を重ね合わせ、その上で、両者の主従関係を逆転して、文章を作成したと見るのが自然でしょう。言いかえれば、この書の最終部分にいたってキルケゴールは、自分とレギーネとの関係を表に出しすぎており、キリスト教の教説としては、不自然な相貌を呈しているように思われます。次が、その基本構造を形成しているようです。

おもうに、人間の最大の悲惨は、罪よりもいっそう大きい悲惨は、キリストにつまずいて、そのつまずきのうちにとどまっていることなのである。そしてこのつまずきは、キリストもそれを不可能にすることができず、「愛」もそれを不可能にすることができないのである。見よ、だからこそキリストは言いたもうのである、「わたしにつまずかない者はさいわいである」。それ以上のことは、彼にはできないのである。（二三三頁）

まず「人間の最大の悲惨」とありますが、これは「クリスチャンの最大の悲惨」と読みかえるべきでしょう。クリスチャンであって、あるいはクリスチャンであろうとして、イエス・キリストという存在に「つまずいて」いるのですから。彼が人間の男として人間の女マリアから生まれ、かつ神の子であるというキリスト教の教義の根幹で「つまずいて」いるのですから。

そして、この事態に対するキルケゴール特有の解釈は、「キリストもそれを不可能にすることができず、〔神の〕『愛』もそれを不可能にすることができない」ということです。キルケゴールは、この一見不可解な事態に人間に対する神の独特の「愛」を読み込むのですが、どう考えても、自分のレギーネに対する愛という原型が透けて見える。以下、こうした解釈にそって読んでいきます。

それゆえに、キリストはその愛のゆえに人間を、かつてなりえたことがないほど悲惨にすることができる。そういうことが可能なのである。おお、なんという愛の測り知れぬ矛盾であろう！　しかしそれにもかかわらず、彼は――愛のゆえに、あえて、その愛の業を果たすことをやめることはできないのである。ああ、それがために、人間は、さもなければけっしてそうはならなかったであろうほど悲惨なものになるのであるのに！

（二三三頁）

ここで「悲惨」とは、「キリストにつまずいて、そのつまずきにとどまっていること」ですから、神は人間を愛するがゆえに、人間にこの悲惨をもたらす。それを、キルケゴールは「愛の測り知れぬ矛盾」と呼ぶ。

何度も言いますが、このあたり、どう考えても、自分がレギーネを愛するがゆえに、レギーネを悲惨にさせるという「愛の測り知れぬ矛盾」をモデルにしているように思われる。「イエスにつまずくこと」にキルケゴールがこれほど拘っているのも、このモデルゆえであるように思われる。この推測は、次の「ああ、それがために、人間〔レギーネ〕は、さもなければけっしてそうはならなかったであろうほど悲惨なものになるのであるのに！」という大げさな嘆息によって、さらに信憑性を高めます。

以上の推測をいったん離れると、ここの表向きのロジックは、神は人間を愛するがゆえに、あえて人間のもとにイエスをつかわして、人間を「つまずかせる」ことを目論んでいる、しかも、そのイエスをして「わたしにつまずかない者はさいわいである」と言わしめている、となります。

キルケゴールは、まさにここに、キリスト教の核心を見ているのでしょう。すなわち、神と人間とのあいだの無限の質的差異を基盤にして、まず人間をイエスの存在に「つまずかせ」、その上で人間に具わる信仰の力によって「つまずき」を克服する、という弁証法です。なぜ、神はこのようなきわどい仕方をとったのか？　あくまでも私見ですが、神はすべてを人間に気前よく与えるのではなく、まさに人間の側の信仰の力によって「つまずき」を克服する、という「狭き門」を選んだからではないでしょうか？　あえて喩えると、優れた教師は、難問の解答をすぐに生徒に教えるのではなく、生徒に考えさせ、みずからの力でそれを解くように導く——ここに登場する神は、あたかもそんな賢い教師のようですね。

12　愛に基づく一切のものを犠牲にする

ここで取り上げる箇所は二三四頁からです。後ろの訳注〔桝田注（263）〕にもありますが、右に続く次の箇所こそ、キルケゴールがレギーネを「思いながら」書いたことが、透けて見えるところと言っていい。

このことについて、まったく人間的に語ってみよう。愛のゆえに、愛に基づく一切のものを犠牲にしようとする衝動をかつて感じたことのない者、したがってそれをなしえなかった者、ああ、そのよう人はなんという憐れむべき人間であろう！　しかし、愛のゆえにすべてを犠牲にしようとする衝動を感じたとき、ほかならぬこの愛ゆえの彼の犠牲が、かえって他の人を、恋人を、不幸のどん底におとしいれるかもしれないということを、そういう可能性のありうることを、彼が発見したとしたら、そしたらどうであろうか？
（二三四頁）

「愛に基づく一切のもの」とは、幸せな結婚生活とか、子供の誕生とか、立派な市民として認知される……という意味でしょう。これらすべてをキルケゴールは「愛のゆえに。犠牲にしようとする衝動」を感じた。いやそれに留まらず、現に「犠牲にした」のです。

そして、このことは当然、「他の人を、恋人を、不幸のどん底におとしいれる」のですが、彼（自分）は、そうせざるをえない。ここにいたって、この書におけるキルケゴールの思索は、まさに「このこと」を機軸に回転していることがわかります。このあと、論述はやや一般的な方向に流れていきますが、やはり「独白的色彩」は残っている。

そのときには、次の二つのいずれかであろう。一つの場合には、彼のうちにある愛情は、その弾力を失い、力強い生命力であることをやめて、悲哀の感情の閉ざされた煩悶へとくずおれてしまう、彼は愛を捨ててしまう。彼は、愛の業の重みではなくあの可能性の重みに圧しつぶされて、あえてこの愛の業を果たそうとはしなくなる。それというのも、重みが棒の一端にかかると、その重みはどこまでも重くなってゆき、それを持ち上げようとする人は棒の他の端を握らざるをえないものだが、それと同じように、あらゆる業は、それが弁証法的になると、はてしなく困難なものとなり、それが同情的＝弁証法的になると、この上なく困難なものとなる、それがために、愛が恋人のためにするように駆りたてることを、別の意味では、恋人に対する心遣いが思いとどまらせるように思われるからである。

（二三四頁）

「愛ゆえに」自己を犠牲にし、恋人を不幸にすることがわかった場合、どうすべきか？　その一つは、当然、涙を呑んで、恋人に対する「愛を捨ててしまう」道です。しかし、キルケギールがこの道をとれるはずがない。とすると、あとの道は一つしかない。

――もう一つの場合には、愛が勝利を占めるであろう、そして彼は愛のゆえにあの愛の業をあえてするであろう。しかし、ああ、その愛の喜びのなかには（愛というものは常に喜ばしいものなのだ、わけても、愛がすべてを犠牲にするときには）深い悲しみがあるのだ――だって、愛のゆえに恋人を不幸にするかもしれないではないか！

（二三四―二三五頁）

彼は、それでも愛を貫く。その場合、愛が――自分に対して――すべてを犠牲にさせることはかまわない。しかし、最大の試練は、「愛のゆえに、恋人を不幸にする」という「悲しみ」に耐えねばならないこと。そしてまさに、これこそキルケゴールがとった道であることは明らかです。

13　真の愛の業の上に漂う「暗い可能性」

見よ、それだから、彼はおのれのこの愛の業をなしとげることを、犠牲をもたらすことを（彼としては、歓喜して犠牲をささげたであろう）涙なくしてはなしえなかったであろう。この、何と名づけたらいいか、この内面性の歴史画ともいうべきものの上には、あの暗い可能性が漂っているのである。しかも、もしこの暗い可能性がその上に漂っていなかったとしたら、彼の業は真の愛の業ではなかったであろう。

（二三五頁）

この箇所に当面する読者への注文としては、「もしこの暗い可能性がその上に漂っていなかったとしたら、彼の業は真の愛の業ではなかったであろう」にきちんと行き着くこと。私が読者に期待していることは、自己犠牲は「歓喜して」堪えられるが、相手を不幸にするという可能性に対しても堪えなければならないという思想、いや、このあと急転回して「この暗い可能性がその上に漂っていなかったとしたら、彼の業は真の愛の業ではなかったであろう」という思想、すなわち相手を不幸にするという可能性を有することこそ「真の愛の業」であるという、「危険思想」に対して真剣に向き合うことです。

ここで冷静に、なぜこういうロジックになるのかを考えてもらいたい。すると、この思想はそれほどとっぴなものではないことがわかる。すぐに、「幸福に対する義務の優位」というカントの道徳思想が思い浮かびます。われわれは何をすべきかを判断するとき、他人（相手）の幸福を第一にしてはならない。相手が道徳法則に反し、かつ幸福であることがありえるからです。

これを言いかえると、われわれは、何をすべきかを判断するとき、たとえ相手が不幸になっても、道徳法則に適うことをしなければならない。これがカント倫理学の根幹です。

『死にいたる病』のこの箇所のロジックは、以上の「道徳」を「愛」に、「道徳法則」を「神の命令（意志）」に変えるだけで出てくる。キルケゴールは、自分は多大な犠牲を負い、かつレギーネを不幸に陥れることがわかっていても、神の命令（意志）にそって行為した。これは、クリスチャンとして、むしろ自然な振舞いです。

しかし、キルケゴールはさらに突き進む。すなわち、「もし神の命令（意志）にそって行為することが、相手を不幸にするという暗い可能性を伴なわなかったとしたら、彼の業は真の愛の業ではなかったであろう」となり、カントから、さらに一歩を踏み出すのです。

正直に告白すると、私にはこのロジックがよくわからない。単純に考えて、「相手を不幸にするという暗い可能性を伴なわなくても」、神の命令（意志）に適う行為はありうるように思えますから。このあたり、私見によると、「真の愛の業」の意味に、レギーネ体験が加重に影響を及ぼしているように思われますが……。

——おお、わが友よ、いったいきみはこの人生において何をしてみたというのか！　きみの頭脳を引き締めたまえ、一切の覆いを払い除けて、きみの胸のなかにある感情の臓腑をさらけ出したまえ、きみが読む作家からきみを引き離す一切の障害を取り払いたまえ、そしてそれから、シェイクスピアを読みたまえ——そうすれば、きみはもろもろの葛藤の前で戦慄することだろう。

（二三五頁）

この文章だけだと意味はよくわからないかもしれない。しかし、次の文章が続くことにより、方向が見えてくる。

けれども、本来の宗教的な葛藤の前では、シェイクスピアでさえも、恐れたじろいだもののように思われる。おそらく、そのような宗教的な葛藤は、ただ神々のことばによってのみ表現されるものなのであろう。そして、神々のことばは、とうてい人間の語りうるものではない。なぜなら、すでにギリシア人がいみじくも言ったように、人間は、人間からは語ることを学び、神々からは黙することを学ぶ、からである。（二三五頁）

「本来の宗教的な葛藤」という言葉によって、想い起こされるのは、『（旧約）聖書』「創世記」に描かれているアブラハムの葛藤でしょう。神がアブラハムに、イサクをモリアの山で燔祭《はんさい》に捧げるように命じた。それはたしかに、「シェイクスピアでさえも、恐れたじろいだもの」でしょう。それにもかかわらず、たしかにこのとき、アブラハムは黙々とイサクを燔祭に捧げる準備をしたのです。

五　神の法廷

1　イエスとキルケゴール

さて、キルケゴールの言いたいことは、これだけでしょうか？　そうではなく、レギーネとの婚約を破棄するべきか否かという葛藤も、確実に視界にあるでしょう。いやむしろ、彼は、こちらの葛藤を第一に見据えて、それはアブラハムの葛藤にも匹敵すると主張したいのではないでしょうか？

と、ここまで言ってしまったので、これまで言いたい欲望を必死の思いで抑えてきたのですが（?）、どう考えてもキルケゴールは、Ａ イエス・キリストの存在と言動にクリスチャンが「つまずく」のは、神の「真の愛の業」ゆえであるということと、Ｂ 自分の存在と言動にレギーネが「つまずく」のは、自分の「真の愛の業」ゆえであるということを重ね合わせているように思われます。これは、すさまじく傲慢に思われますが、この線を完全に消すことはできないでしょう。

この解釈を逃れる道は一つしかないように思われます。すなわち「つまずき」の主体を、レギーネから自分自身に変換するのです。自分は「真の愛の業」ゆえにレギーネを不幸のドン底に追いやった。そして、キルケゴール自身が、自分自身のこの「正しい」行為に「つまずいて」しまう。それを受け容れられずに、身もだえする。この「つまずき」からは、信仰の力によって立ち直るしかない。

つまり、この行為さえ、イエス（神）によって「赦される」のです。まさにここに、神と人間との無限の質の差異がはたらいている。レギーネとの婚約を破棄したことは、人間の見地からは赦されない。しかし、神の見地からは赦されるのです。この解釈が正しいかどうか、それほどの自信はないのですが、「つまずき」とレギーネ体験との連関について、目下、私が読み解けるのはここまでです。

2 「わたしにつまずかない者はさいわいである」

この後しばらくは、これまでの繰り返しであって、とくに新しい論点はない。ただ、イエスに肉薄して「わたしにつまずかない者はさいわいである」という彼の言葉を読者に理解させようとしている、その情熱は印象的だと言えましょう。

神と人間とのあいだに無限の質の差異があるということ、これが取り去ることのできないつまずきの可能性である。愛のゆえに神は人間となりたもうのである。神は語りたもう。見よ、ここに人間であるということがいかなることであるかが示されている。しかし、と神は付け加える。……神は人間として卑しい下僕《しもべ》の姿をとる、神は、何ぴとも自分を除け者と思うことのないように、また、人を神に近づけるものが人間的な名声や、人々のあいだで博する名声だなどと考えることのないように、卑しい人間であることが何であるかを、示しておられるのである。そのとおり、わたしは卑しい人間なのである。彼は言う、こちらを見よ、そして、人間であるということがいかなることかを得心せよ。おお、しかし、なんじ、注意《こころ》せよ、わたしは同時に神である――わたしにつまずかない者はさいわいである、と。あるいは逆にこう言うかもしれない。父とわたしとは一つである。けれども、わたしは、このとおり取るに足らぬ卑しい人間で、貧しく、見捨てられ、人々の手に渡されている――わたしにつまずかない者はさいわいである。わたしこそ、この卑しい人間であるわたしこそ、聾者《みみしい》を聞かせ、盲人を見させ、跛者《あしなえ》を歩ませ、癩病人を潔め、死者を甦えらせる者である――わたしにつまずかない者はさいわいである。(二三五―二三六頁)

キルケゴールの情熱的弁舌はなおも続きます。

それゆえに、神の法廷における責任を負って、あえてわたしは言おう、わたしにつまずかない者はさいわいである、というこのことばは、最後の晩餐の聖餐制定のことばと同じようにではないけれども、だれでもまず自分を吟味せよ、ということばと同じように、キリストの告知のうちに共に含まれているのである。それはキリスト自身のことばであって、ことにキリスト教界においては、いくどでも教えてしっかりと心に刻み込み、とりわけ、ひとりひとりに繰り返し繰り返し言い聞かされなければならない。どこであれ*、このことばが共に響いてこないところでは、あるいは、ともかく、キリスト教的なものの叙述がすみずみまでこの思想によって打ち貫かれていないところでは、そのようなキリスト教は神の冒瀆である。

（二三六―二三七頁）

私など、こうした文章の意味より、むしろ「つまずき」にこれほど拘るキルケゴールの心情に興味を覚えるのですが……。一九世紀のデンマーク国教会は、「つまずき」の恐ろしさとその深い教訓を忘れて、「神＝人」という等号を安直に受け容れていることに対する怒りがよほど強烈だったのでしょう。

なお、「最後の晩餐の聖餐制度のことば」と「だれでも自分を吟味せよ」については、後ろの訳注〔桝田注(269)(270)〕を参照のこと。さらに、右の引用の、6行目、「どこであれ」に*がついています。

* こんにちでは、ほとんどすべてのキリスト教徒がそうなのである。すなわち、キリスト自身が、あれほど幾重にも繰り返して、あれほど心をこめて、つまずくなと戒められたということを、その生涯の終わりに及んでもなお、最初から彼につき従い彼のために一切を捨て去った忠実な使徒たちに向かってさえ、そう戒められたということを、まったく無視しているか、でなければ、つまずきの可能性に少しも気づかないでいてもキリストへの信仰をもつことができることを幾千幾万の人の経験が保証しているとして、おそらく心ひそかに、それをキリストの取り越し苦労だと考えているか、そのどちらかなのである。しかし、それは誤りであろう。それ

が誤りであることは、つまずきの可能性がキリスト教界を裁く日がきたとき、きっと明らかになることであろう。

（二三七—二三八頁）

キルケゴールは、あらためて「わたしにつまずかない者はさいわいである」というイエスの言葉のうちに響く、「愛ゆえの戒め」を聴きとる。そして、それを聞きとろうとしない現代のキリスト教界を告発しているのです。

キリストは、彼のために道を備え、あそこに来る人は誰だろうと人々の目をそばだたせるような護衛も従者も従えることなく、卑しい下僕の姿でこの地上をさまよったのである。しかし、つまずきの可能性が（ああ、これが、キリストにとって、彼の愛のうちにあってどれほどの悲しみであったことだろう！）、昔も今もキリストを護衛し、キリストと、彼の側近くいて彼とごく近しかった者とのあいだに、大きく口を開いた深淵を厳として設けているのである。（二三七頁）

「つまずきの可能性が……キリストにとって、彼の愛のうちにあってどれほどの悲しみであったことだろう！」という文章は、きわめてキルケゴール的であって、イエスは「愛から」弟子たちが「つまずく」ように振舞ったのですが、じっさいに彼らが自分に「つまずく」と「悲しみ」に陥る……というきわめて人間的なイエス像がここにあります。じつは、このあたりから、自分だけがイエスの気持ちがわかるというキルケゴールの傲慢至極な態度が前面に出てきます——このあたりは最後にまた問題にしましょう。

3　キリスト教を概念的に把握しようとすると「つまずく」

　ところで、つまずかない者も、信じつつ礼拝しているのである。しかし、礼拝は、信仰の表現であって、礼拝する者と礼拝される者とのあいだに、質の無限に大きく口を開いた深淵が厳として設けられていることを表わすものである。なぜなら、信仰においても、また、つまずきの可能性が弁証法的契機だからである。*　（二三八頁）

「礼拝は、信仰の表現であって、礼拝する者と礼拝される者とのあいだに、質の無限に大きく口を開いた深淵が厳として設けられていることを表わすものである」から、「神＝人」という等号に「つまずいている」ことを示しているはずですが、ほとんどのキリスト教徒は自覚していない。なぜなら、イエスが神の子であって、かつ人間の女マリアの子であることに「つまずき」、さらにそれを「弁証法的契機」によって理解するしかないのですが、ほとんどのキリスト教徒は、真剣に「つまずく」ことを経ずに信仰にいたる。よって、礼拝が「質の無限に大きく口を開いた深淵が厳として設けられていることを表わす」ことを忘れているのです。

引用したこの箇所の最後に＊が付けられ、その内容は久しぶりにヘーゲル批判です。

＊　ここに、観察者にとって小さな課題がある。説教をしたり説教を書いたりしているわが国および外国の多くの牧師たちのすべてが、信仰をもったキリスト者であると仮定したら、特にわ

れわれの時代にふさわしいはずの次のような祈りが少しも聞かれもせず読まれもしないという事実は、いったいどう説明されるものであろうか。天にいます神よ、わたくしは、あなたがキリスト教を概念的に把握することを人間に要求したまわなかったことを、あなたに感謝いたします。もしそれが要求されておりましたら、わたくしはすべての人々のうちでもっとも惨めなものであったことでしょう。キリスト教を概念的に把握しようと努めれば努めるほど、キリスト教はわたくしにはますます概念的に把握しがたいものに思われてきて、わたくしはいよいよ多くつまずきの可能性を発見するばかりでございます。……このような祈禱は、正統派から見ても、まったく正当なものであろうし、そう祈る者がほんとうに祈っているのであれば、この祈りは同時に思弁全体に対する適切なイロニーでもあるだろう。しかし、このような信仰が地上に見られるであろうか！

（二三八頁）

この箇所の核心をなす文章は、「キリスト教を概念的に把握しようと努めれば努めるほど、キリスト教はわたくしにはますます概念的に把握しがたいものに思われてきて、わたくしはいよいよ多くつまずきの可能性を発見するばかりでございます」というものです。こうして、この長い箇所は、概念的把握によっては、「つまずき」からの立ち直りは不可能である、という単純な結論に行き着くでしょう。

4　イエスの存在に無関心であるという「つまずき」

次にキルケゴールは、「つまずき」から信仰の力によって立ち直らない場合を論じている。

しかし、いまここで問題にしている種類のつまずきは積極的ナものである、それはキリスト教を虚偽であり嘘であると言明し、したがってまた、キリストについても同じことを言明するものである。

この種のつまずきを解明するためには。つまずきのさまざまな形態を見てゆくのがいちばんいいであろう。つまずきは原理的には逆説（キリスト）にかかわるものであり、したがって、キリスト教的なもののあらゆる規定に繰り返し現われる。それはつまり、そのようなキリスト教的なものの規定は、いずれも、キリストにかかわり、キリストを念頭ニオイテいるからである。

（二三八―二三九頁）

これは、「C」の初めに論じられていた「聖霊に対する罪」に重なり、イエスの存在を「虚偽であり嘘であると言明」すると要約される。つまり神とイエスとを媒介する聖霊を否認するのであり、さらにはイエスと使徒たちとを媒介する聖霊をも否認する。こうした、そもそもキリスト教の教義の根幹を否認するものです。

ここで、テーマが変わります。

つまずきのもっとも低い形態、つまり、人間的にいえば、もっとも無邪気な形態は、キリストに関するすべての問題を未決定のままにしておいて、わたしはその問題についてはあえて何とも判断をくださない、わたしは信仰もしないが、判断をくだすこともしない、と判断するものである。

これがつまずきの一つの形態であることを、たいていの人は見逃している。実をいえば、人は「なんじ……べし」というこのキリスト教的なものをまったく忘れてしまっているのである。それだから、このようにキリストに対して無関心な態度をとることがつまずきであることを、人は知らずにいることになるのである。キリスト教がきみに宣べ伝えられたということが、きみがキリストに関して一つの意見をもつべきであることを意味している。キリスト自身が、言いかえれば、キリストが現にいますということ、またキリストが現にいましましたということ、それが全人世〔現存在〕の運命を決する重大事なのである。キリスト教がきみに宣べ伝えられたとき、それについてわたしは何の意見も持とうとは思わない、というのは、つまずきなのである。

（二三九―二四〇頁）

ここからしばらくは、こうした「キリストに関するすべての問題を未決定のままにしておいて、わたしはその問題についてはあえて何とも判断をくださない」という立場を批判しているのですが、あらゆる「教条主義」を嫌う当時の「もののわかった」インテリの態度とも言えますね。キルケゴールは、そもそもイエスが神の子であるか、単なる人間であるか、という二者択一を拒む。こうした「聖書物語」に関与せずにクリスチャンであろうとする人々、と言いかえていいでしょう。彼らは、こうしたかたちで「つまずき」を回避したつもりになっているのですが、キルケゴールによると、これこそ、新たな形態の「つまずき」なのです。なぜか？

けれども、キリスト教が現に見られるようにごく月並みなふうにしか宣べ伝えられていないこんにちの時代にあっては、右に述べたことも若干の制限を付して理解されなければならない。確かに、キリスト教の宣教は聞いたが、この「べし」ということについては何も聞いたことがないという人が、幾千人となくいるのである。しかし、それを聞いておりながら、わたしはそれについて何の意見も持とうとは思わない、という人があれば、その人はつまずいているのである。すなわち、彼はキリストの神性を、キリストが意見をもつべきことを人間に要求する権利をもっているということを、否認しているのである。そのような人が、「わたしは何も言明しはしない、キリストについて然りとも否とも言ってやしない」と言ってみたところで、何にもなりはしない。それなら、彼にこう尋ねるだけのことだ。〝それではきみは、キリストに関してきみが何らかの意見をもつべきか否かということについても、何の意見も持っていないのかね?〟と。これに対して彼が、もっている、と答えるなら、彼は自縄自縛におちいるし、またもし、もっていない、と答えるなら、やはりキリスト教は彼に有罪を宣告する。というのは、キリスト教は、彼がそれについて、したがってまた、キリストについても、一つの意見をもつべきであるとし、いかなる人間もキリストの生涯を骨董品並みに棚ざらしにしておくというような僭越なことをすべきでない、とするからである。

（二四〇頁）

正直に言って、はじめ私には、このことをこうして話題にすること自体がよくわからなかった。というのも、「イエスが神の子である」ことに対して「無関心な態度をとる」ことが、クリスチャンとしてあるまじきことであり、いまさらこういうかたちで問題にする必要もないように思われたからです。

しかし、「キリスト教が……ごく月並みなふうにしか宣べ伝えられていないこんにちの時代にあっては」、たしかに「キリスト教の宣教は聞いたが、この『べし』ということについては、何も聞いたことがないという人が、幾千人となくいる」かもしれないと思いいたりました。一九世紀の教会においては、『聖書』の中のさまざまな感動的な物語は何度も聞かされるが、そもそもなぜ神が人間の姿をしたイエスを人間たちのもとに遣わしたのかは、説明されないかもしれないということです。

それはともかく、キルケゴールは、「イエスが神の子である」ことに対して、まず真摯に「つまずき」、その上で信仰の力によって、その「つまずき」から立ち直るという弁証法的過程を辿るのが、真のクリスチャンだと考えていることは確かでしょう。

これに続く次の箇所は、とりわけ「イローニッシュに」解釈しなければならない。

神がみずからを誕生せしめて人間となるということは、神の暇つぶしな思いつきではない、とにかく何かやってみようかというので、おそらく、厚顔にも言われたように、神の存在と結びついているという退屈を追っぱらうために、神が考えついたことなどではない——神は冒険をしてみたくてそんなことをされたのではない。いな、神が人間となりたもうたということ、これは人の世の厳粛な事実なのである。そしてさらに、人めいめいがそのことについて意見をもつべきであるということは、この厳粛な事実のなかの厳粛な問題なのである。（二四一頁）

まずキルケゴールは、「神がみずからを誕生せしめて人間となる」と、いかにも物語りふうに叙述を始め、この信じがたいことが「厳粛な事実のなかの厳粛な問題なのである」と結んでいる。なんでも合理的に理解しようとする一九世紀のインテリどもへの挑戦状という響きをもっています。

国王が田舎の町を訪れた場合、役人が正当の理由もないのに伺候することを怠るなら、国王はそれを侮辱と見なすだろう。またもしその役人が、国王がその町にきているという事実そのものを無視して、野人然と「国王が何だ、王法が何だ」とうそぶくとしたら、いったい国王は何と判断することだろう？　神が人間になろうと思《おぼ》し召されたときに、――人間が（人間めいめいの神に対する関係は、あの役人の国王に対する関係と同じことである）それについて、いや、そんなことについてはわたしは意見をもちたくない、という気になるとしたら、これもあの役人の場合と同じことである。このようなものの言い方は、心の底では軽蔑していることを、体裁よく語るものので、したがって、神を体裁よくないがしろにするものなのだ。（二四一頁）

この比喩は前も出てきたのですが、わかりやすいもので、解説を必要としないでしょう。国王が――お忍びで――ある田舎町を訪れるさいに、役人がそれを文字通りにとって、いっさいの警護をしないということ。これは、人間が「神が人になる」ということに疑問をもたず、文字通りにとって、それに関する意見をまったくもたないことに比べられる、という。しかし、あえて難癖をつければ国王の田舎町へのお忍び訪問は、「神が人になる」ことに比べて、ずっと気楽で通俗的なことであって、どう考えても、比喩として成功していないように思われますが……。

5　否定的・受動的なつまずき

つまずきの第二の形態は否定的な、しかし受動的なそれである。この形のつまずきは、キリストを無視することのできないことを感じており、キリストに関することを打ち棄てておいてその他の生活にせわしなく立ち働くということができない。しかしまた、信仰することもできず、ただ同じ一点を、逆説を、いつまでもじっと見つめているのである。そのかぎりでは、それはとにかくキリスト教を尊敬しているのであり、キリストのことをおまえはどう思うか、というこの問題が、ほんとうに何よりの重大な問題であることを表わしているのである。この形態のつまずきにおちいっている者は、影のように生きている。彼の生命は、すりへらされてゆく、彼は心の奥底でたえずこの重大な問題の決断に取り組んでいるからである。このようにして彼は、（失恋の悩みが、愛の実在性を表わしているのと同じように）キリスト教がいかなる実在性をもっているかを、表わしているのである。

（二四一―二四二頁）

この立場にある人は、「神が人になった」ことについて、思考し続けており、信仰しようと意志し続けており、しかし、けっして信仰に入らないし、とはいえ信仰を拒絶もしない。こうした非決断状態をずっと保持しているのです。

では、最後の「このようにして彼は、（失恋の悩みが、愛の実在性を表わしているのと同じように）キリスト教がいかなる実在性をもっているかを、表わしているのである」とはいかなることか？

この箇所の解読に必要な限りで、整理してみると、「実在性」に対立する概念は「観念性」であり、前者が主観の判断を超越した存在という意味であるのに対して、後者は主観の判断に依存する存在と言っていい。「失恋」に悩む人は、失われた愛が実在的であって、彼の主観的判断や解釈によって左右されないと考えているゆえに、悩む。

同じように、キリスト教は、人間の姿をした神の子イエスの存在において実在的であって、彼は、これを彼の主観的判断や解釈によって左右されないと考えているゆえに、悩むのです。

6　積極的なつまずき

しかし、さらに決定的で最終的な「つまずき」がある。それは、次のような「つまずき」です。

つまずきの最後の形態は、わたしたちがここで問題にしているもので、積極的なつまずきである。それはキリスト教を虚偽であり嘘であると説き、キリストを（彼が現にいましましたことを、そして、彼がそのことばどおりいますかたであることを）仮現説の立場からか、あるいは、合理主義の立場からか、そのいずれかから否認するものである。そこで、キリストは現実に単独の人間とはならないでただ仮象的なものとなるか、それともただの単独の人間となるかのいずれかであり、したがって、キリストは、仮現説的に、現実であることを要求しようとしない詩となり神話となるか、それとも、合理主義的に、神であることを要求しようとしない現実性となり終わるかのいずれかなのである。逆説としてのキリストをこうして否認することのうちには、当然、罪、罪の赦し、等々のすべてのキリスト教的なものの否認も含まれているのである。

つまずきのこの形態は、聖霊に逆らう罪である。ユダヤ人はキリストのことを、彼は悪鬼の助けを借りて悪鬼を追い払う者だ、と言ったが、それと同じように、このつまずきはキリストを悪鬼の作り事にしてしまうのである。

（二四二―二四三頁）

積極的なつまずきは「キリスト教を虚偽であり嘘であると説〔く〕」のですが、これは、「仮現説」と「合理主義」とに区分される。前者はイエスに関する言説を「詩」あるいは「神話」と見なす立場であり、後者もこれに重なるところがありますが、イエスを人間としてのみ認める立場。すなわち神とイエスとを媒介する聖霊に「つまずく」のですから、「聖霊に逆らう罪」となります。

このつまずきは、罪の度のもっとも強まったものなのであるが、たいていの場合、それが見逃がされている。それは、キリスト教的に、罪――信仰、を対立させることをしないからである。それに反して、この対立は、本書〔この書〕の全巻にわたって主張されてきた、本書の冒頭、第一編AのAにおいて、絶望のまったく存在しない状態を表わす公式を立てて、自己自身に関係し、自己自身であろうと欲するに際して、自己を置いた力のうちに透明に自己を基づける、と謳われているのである。わたしはこれを思い起こしてもらうようしばしば繰り返して注意をうながしてきたのであるが、この公式がまた信仰の定義でもある。

（二四三頁）

これが、この書『死にいたる病』の結論とも言える箇所ですので、慎重に読み解いていきましょう。積極的な「つまずき」が生じても「見逃がされている」理由は、「キリスト教的に、罪――信仰、を対立させない」からである。これが骨子です。

「罪」とはこの場合、「聖霊に逆らう罪」すなわち人間の姿をした神の子イエスの存在に「つまずく」罪であって、個の「うずき」から立ち直ることが「信仰」であるから、「罪――信」は「つまずき――信」ということにほかならない。

この構造をこれまでの論述に続けると、イエスにつまずいても、それから立ち直ることこそ、キリスト教にとってもっとも重要な力動であるのに、「たいていの場合、それが見逃されている」というわけです。言いかえれば、イエスの存在に単純に「つまずかない」ことが、キリスト教の信仰だと思い誤られているのですが、これは神と人との質的差異を簡単に跳び越してしまうことであって。断じてキリスト教の信仰ではないと言いたいのでしょう。

7 絶望のまったく存在しない状態

最後の最後に、「本書の冒頭、第一編AのAにおいて、絶望のまったく存在しない状態を表わす公式を立てて、自己自身に関係し、自己自身であろうと欲するに際して、自己を置いた力のうちに透明に自己を基づける、と謳われているのである。わたしはこれを思い起こしてもらうようしばしば繰り返して注意をうながしてきた」(二四三頁)とキルケゴールは書いていますが、ここでこの書の構成を思い返してみると、第一篇Aは「絶望論」、第二篇Bは「罪論」ないし「つまずき論」がテーマなのですが、両者ともに「信仰」に対立している。

第一篇の最後は「絶望の最高の段階」であり、それは「絶望して自己自身であろうと欲する」ことでした。この場合、「自己自身」を神と対立的にとらえているのであって、――うすうす不可能と思いながら――神に反抗しているのです。

そして、これに対立するものが、「自己自身」を神の側、永遠の側に置くことであって、それがここで、「自己自身であろうと欲するに際して、自己を置いた力のうちに透明に自己を基づける」ということにほかならない。この文章は、この書の三〇頁にあり、さらに三七頁の以下の文章において、正確に表現されています。

絶望の死は、絶えず生に転化するのである。絶望者は死ぬことができない。……「その蛆は死なず、その火は消えることのない」絶望も、絶望の根柢にある永遠なもの、自己を、食いくすことはできない。（三七頁）

この一文をもって、キルケゴール『死にいたる病』への旅を終えたいと思います。長いあいだ、お付き合いくださり、ありがとうございました。

文献一覧

セーレン・キルケゴール
『死にいたる病』桝田啓三郎訳、ちくま学芸文庫、一九九六年
『死に至る病』斎藤信治訳、岩波文庫、一九三九年
『死に至る病』鈴木祐丞訳、講談社学術文庫、二〇一七年

『おそれとおののき・反復』桝田啓三郎・前田敬作訳、キルケゴール著作集五、白水社、一九六二年
『キリスト教の修練』杉山好訳、キルケゴール著作集一七、白水社、一九六三年
『野の百合・空の鳥』田淵義三郎・久山康訳、キルケゴール著作集一八、白水社、一九六三年
『不安の概念・序文ばかり』氷上英広・熊沢義宣訳、キルケゴール著作集一〇、白水社、一九六四年
『瞬間・自らを裁け』松浪信三郎・泉治典・山本和訳、キルケゴール著作集一九、白水社、一九六四年
『イロニーの概念』飯島宗享・福島保夫・鈴木正明訳、キルケゴール著作集二〇、二一、白水社、一九七一年
『人生行路の諸段階』全三冊、佐藤晃一訳、キルケゴール著作集一二―一四、白水社、一九七一年
『あれか、これか』浅井真男・志波一富訳、世界の大思想三二、河出書房新社、一九七二年
『不安の概念』斎藤信治訳、岩波文庫、一九七九年

キルケゴール、セーレン・オービュイ『単独者と憂愁――キルケゴールの思想』飯島宗享編訳・解説、未知谷、二〇一二年
工藤綏夫『キルケゴール』人と思想一九、清水書院、二〇一四年
ゲーテ、ヨハン・ヴォルフガング・フォン『詩と真実』第一部―第四部、山崎章甫訳、岩波文庫、一九九七年

ドストエフスキー、フョードル『地下生活者の手記』米川正夫訳、新潮文庫、一九五五年
ニーチェ、フリードリヒ『ツァラトゥストラ』吉沢伝三郎訳、ニーチェ全集一〇、ちくま学芸文庫、一九九三年
フォイルバッハ、ルートヴィヒ・アンドレアス『キリスト教の本質』上下、船山信一訳、岩波文庫、一九六五年
マン、トーマス『トニオ・クレエゲル』実吉捷郎、岩波文庫、二〇〇三年

あとがき

『てってい的にキルケゴール　その三　本気で、つまずくということ』（最終巻）をお送りします。八割がた完成していた今年三月に筆者を襲った災難（脳出血）のために、「その三」が大幅に遅れましたことをお詫びいたします。同じ理由により、第七章以下「読者との対話」も全面的にカットしました。心苦しい限りですが、とはいえ、『死にいたる病』の「自己流厳密解釈」をとにかく完遂できて、ほっとしております。本シリーズを——一部でも——手にとってくださったみなさま、ほんとうにありとうございました。

二〇二三年一一月一日

中島義道

中島義道

1946年生まれ．東京大学法学部卒．同大学院人文科学研究科修士課程修了．ウィーン大学基礎総合学部修了（哲学博士）．電気通信大学教授を経て，現在は哲学塾主宰．
著書に，『カントの時間構成の理論』（理想社．のち改題『カントの時間論』講談社学術文庫），『時間を哲学する――過去はどこへ行ったのか』（講談社現代新書），『哲学の教科書』（講談社学術文庫），『モラリストとしてのカント１』（北樹出版．のち改題『カントの人間学』講談社現代新書），『時間論』（ちくま学芸文庫），『「私」の秘密――私はなぜ〈いま・ここ〉にいないのか』（講談社学術文庫），『カントの自我論』（日本評論社．のち岩波現代文庫），『悪について』（岩波新書），『後悔と自責の哲学』（河出文庫），『「死」を哲学する』（岩波書店），『差別感情の哲学』（講談社学術文庫），『悪への自由――カント倫理学の深層文法』（勁草書房．のち改題『カントの「悪」論』講談社学術文庫），『哲学塾授業――難解書物の読み解き方』（講談社．のち改題『哲学塾の風景――哲学書を読み解く』講談社学術文庫），『ニーチェ――ニヒリズムを生きる』（河出ブックス．のち改題『過酷なるニーチェ』河出文庫），『生き生きした過去――大森荘蔵の時間論，その批判的解説』（河出書房新社），『不在の哲学』（ちくま学芸文庫），『時間と死――不在と無のあいだで』（ぷねうま舎），『明るく死ぬための哲学』（文藝春秋），『死の練習――シニアのための哲学入門』（ワニブックスPLUS 新書），『晩年のカント』（講談社現代新書），『てってい的にキルケゴール その一　絶望ってなんだ』『その二　私が私であることの深淵に』（ぷねうま舎）など．

てってい的にキルケゴール　その三
本気で、つまずくということ

2023年12月22日　第１刷発行

著　者　中島義道《なかじまよしみち》

発行者　中川和夫

発行所　株式会社 ぷねうま舎
〒162-0805　東京都新宿区矢来町122　第二矢来ビル3F
電話 03-5228-5842　　ファックス 03-5228-5843
http://www.pneumasha.com

印刷・製本　真生印刷株式会社

ISBN 978-4-910154-50-3　　Printed in Japan

てってい的にキルケゴール その一 絶望ってなんだ
中島義道 四六判・二五六頁 本体二四〇〇円

てってい的にキルケゴール その二 私が私であることの深淵に
中島義道 四六判・二五六頁 本体二四〇〇円

時間と死
――不在と無のあいだで――
中島義道 四六判・二一〇頁 本体二三〇〇円

香山リカと哲学者たち 明るい哲学の練習 最後に支えてくれるものへ
中島義道・永井 均 入不二基義・香山リカ 四六判・二四六頁 本体二〇〇〇円

跳訳 道元
――仏説微塵経で読む正法眼蔵――
齋藤嘉文 四六判・二四八頁 本体二五〇〇円

大いなる夜の物語
清水将吾 四六判・二二〇頁 本体二〇〇〇円

《未来哲学双書》

仏教哲学序説
護山真也 四六判・二八〇頁 本体二四〇〇円

無駄な死など、どこにもない
――パンデミックと向きあう哲学――
山内志朗 四六判・二五六頁 本体一八〇〇円

絶望でなく、希望を
――明日を生きるための哲学――
末木文美士 四六判・二四〇頁 本体二三〇〇円

―――― ぷねうま舎 ――――

表示の本体価格に消費税が加算されます
2023年12月現在